HANNELORE FAULSTICH-WIELAND

# KOEDUKATION – ENTTÄUSCHTE HOFFNUNGEN?

HANNELORE FAULSTICH-WIELAND

# KOEDUKATION – ENTTÄUSCHTE HOFFNUNGEN?

WISSENSCHAFTLICHE BUCHGESELLSCHAFT
DARMSTADT

Einbandgestaltung: Studio Franz & McBeath, Stuttgart.

Bestellnummer 11024-2


Gedruckt auf säurefreiem und alterungsbeständigem Werkdruckpapier
Gesamtherstellung: Wissenschaftliche Buchgesellschaft, Darmstadt
Printed in Germany
Schrift: Times, 9.5/11

INHALTSVERZEICHNIS

## VERZEICHNIS DER TABELLEN

# VERZEICHNIS DER ABBILDUNGEN

# 1. EINLEITUNG

Die Koedukation (lat.-engl.), die gemeinsame Erziehung von Mädchen und Jungen in Schulen und Internaten, ist erneut ein bildungspolitisches Thema geworden. Im Gegensatz zu früheren Diskussionen geht es dabei um die Infragestellung der Art und Weise, in der Koedukation realisiert wurde. Die Geschlechterfrage wurde in der Bildungspolitik mit unterschiedlichen Akzenten immer wieder thematisiert. Im Zusammenhang der letzten „großen" bildungspolitischen Veränderungen in den 70er Jahren – ausgelöst durch die Rede vom „Bildungsnotstand", die sich speziell mit geschlechtsspezifischen Ungleichheiten befaßte, charakterisierten die „Mahner" wie GEORG PICHT, FRIEDRICH EDDING, RALF DAHRENDORF und HELGE PROSS Mädchen als bildungsbenachteiligte Gruppe. Die Meßlatte für diese Beurteilung war die Beteiligung an weiterführenden Schulen. Als am stärksten benachteiligt galt dabei die Kunstfigur des „katholischen Arbeitermädchens vom Lande". Die bildungspolitischen Veränderungen betrafen vor allem Bildungswerbekampagnen und das Gesamtschulexperiment – Koedukation wurde dabei, und zwar quasi nebenbei, ebenfalls eingeführt. Weitgehend unhinterfragt galt sie als wichtige Möglichkeit zur Verbesserung der Bildungssituation des weiblichen Geschlechts.

Die in den 70er Jahren entstandene neue Frauenbewegung wendete sich ab Anfang der 80er Jahre auch der Bildungsfrage zu und löste damit gleichzeitig eine neue Koedukationsdebatte aus. Den ersten Anstoß dazu gab eine Gruppe von fünf Lehrerinnen, die sich „Gruppe Sexismus in der Schule" nannte und in der Frauenzeitschrift COURAGE im September 1980 einen Artikel „Verführung zur Ohnmacht – Koedukation" veröffentlichte. Die Frauen befaßten sich vor allem mit dem Widerspruch, den sie darin sahen, daß Mädchen die Koedukation befürworteten, Jungen dagegen selbstbewußt sich eher für Jungenschulen aussprachen. Die Gruppe wertete dies als Ausdruck tiefer Unsicherheit und negativer Selbsteinschätzung von Frauen und charakterisierte diese als „Angst vor gesellschaftlicher Ächtung, getarnt als fortschrittliches Ablehnen männlicher Definitionen des weiblichen

Rollenbildes". Die Befürwortung der Koedukation hatte ihrer Meinung nach „mit dem altbekannten, in sich paradoxen Versuch zu tun, über die Aneignung männlicher Normen (z.B. die 'Inferiorität der Frau') gegen diese Normen zu kämpfen (but you can't have the cake and eat it)" (LENGERKE u.a. 1980, S. 37). Mit dieser Einschätzung bezeichneten die Frauen treffend die zentrale Frage für unser Thema, nämlich jene nach dem Bild von Weiblichkeit, das wir haben. Während diese Gruppe in ihren Vorschlägen dennoch keine Rückkehr zur Mädchenschule propagierte – die Titelankündigung auf dem COURAGE-Deckblatt war als Frage „Zurück zur Mädchenschule?" formuliert –, sondern Vorschläge zur zeitweiligen Trennung in bestimmten Fächern und zu bestimmten Themen machte, ging INGRID STROBL 1981 in ihrem Beitrag „Macht Koedukation Mädchen dumm?", der in der Zeitschrift EMMA erschien, weiter, wenn sie schrieb: „Ich träume von der feministischen Mädchenschule."

1981 gründete sich im Verein „Sozialwissenschaftliche Forschung und Praxis für Frauen e. V." eine Arbeitsgemeinschaft „Frauen und Schule", die seit 1982 jährliche Fachtagungen zum Thema veranstaltet. Auftakt ihrer Aktivitäten war zweifellos ein Gutachterauftrag zum „Sexismus in der Schule", den die Initiatorinnen der Arbeitsgemeinschaft vom Bundesministerium für Bildung und Wissenschaft erhielten. Die Ergebnisse dieses Gutachtens bildeten weitgehend auch die Inhalte der ersten beiden Fachtagungen, die 1982 in Gießen und 1983 in Bielefeld stattfanden. Neben grundsätzlichen Fragen zur geschlechtsspezifischen Sozialisation und zu rechtlichen Problemen der Diskriminierung von Mädchen und Frauen in der Schule ging es dabei um Forschungsergebnisse und Erfahrungsberichte über und von Schülerinnen, Lehrerinnen und Müttern. Die Beiträge hatten überwiegend den Anspruch, „der Frauenfeindlichkeit der Institution Schule und der mangelnden Vermittlung der gesellschaftlichen Leistungen und Erfahrungen von Frauen in Vergangenheit und Gegenwart" nachzugehen. „Die schulische Sozialisation von Schülerinnen, Lehrerinnen und Müttern zur weiblichen 'Normalität' und ihre Folgen für die jeweils betroffenen Frauen werden sichtbar gemacht und analysiert" (ARBEITSGRUPPE ELTERNARBEIT [Hrsg.] 1984, S. 4f.). In bezug auf die einzelnen Fächer und ihre Fachdidaktiken wurde eine Bestandsaufnahme der sexistischen Tendenzen in Unterrichtsmaterialien und -büchern vorgenommen. 1984 folgte in Berlin die dritte Tagung der Arbeitsgruppe mit dem Titel „Feminismus in der Schule", 1985 in Frankfurt die Tagung „Frauen Macht Schule". 1986 fand der Fachkongreß in München unter dem Thema „Frauen verändern Schule", 1987 in Kiel zum Thema „Frauen verändern Lernen" statt, und 1988 hatte die Tagung in Dortmund den Titel „Frauen bilden Macht". Nach einer Finanzierungsproblemen geschuldeten Pause fand im März 1991 der 8. Fachkongreß unter dem Motto „Frauen bilden – Zukunft planen" in Hamburg statt.

Auf der 3. Fachtagung in Berlin wurde die Auseinandersetzung darum, was feministische Pädagogik und, entsprechend, was weibliche Identität ausmacht, aufgenommen – ein Thema, das sich in den folgenden Kongressen durch die einzelnen Beiträge zieht. Die Teilnehmerinnen der 4. Fachtagung in Frankfurt verabschiedeten Forderungen, mit denen Veränderungen zugunsten von Mädchen und Frauen erreicht werden sollten. Im Forderungskatalog werden zwölf verschiedene Punkte thematisiert:

- Lehre und Forschung in der Ausbildung von Lehrpersonen
  Hier geht es um die verstärkte Einrichtung von Frauenforschungsmöglichkeiten, die institutionell in und außerhalb der Universitäten verankert und gefördert werden soll. Dazu gehört auch die Absicherung der Forscherinnen.
- Referendariat
  Das Referendariat soll grundsätzlich überprüft werden, um sicherzustellen, daß Frauen nicht mehr diskriminiert werden.
- Fortbildung der Lehrpersonen
  In der LehrerInnenfortbildung sollen Fragen der geschlechtsspezifischen Sozialisation und der Realisierung der Gleichberechtigung als eigenständige Bereiche eingerichtet werden.
- Funktions- und Schulleitungsstellen für Frauen
  Durch Frauenförderpläne soll der Anteil der Frauen in Funktionsstellen erhöht werden.
- Schulbücher
  Die Veränderung der Schulbücher soll so aussehen, daß sie „die gesellschaftliche Wirklichkeit wiedergeben und sie kritisch beleuchten" (FIF u. a. 1986, S. 192). Um dies zu erreichen, sollen die Schulbuchausschüsse paritätisch mit Frauenforscherinnen besetzt werden und „nichtsexistische Unterrichtseinheiten und -materialien" gesammelt und entwickelt werden.
- Inhalte und Rahmenrichtlinien
  Gleichberechtigung und Berücksichtigung des Alltags von Mäd-

chen und Frauen sollen als übergreifendes Ziel in die Entwicklung von Inhalten und Richtlinien eingehen.

- Rassismus
  Hier wird gefordert, „unabhängige Fachausschüsse von weißen, deutschen, afro-deutschen, jüdischen und ausländischen Frauen" einzusetzen, die über die Zulassung von Lehrmaterialien entscheiden sollen.
- Mütter und Hausaufgaben
  Gefordert wird, daß „an die Stelle von Schulaufgaben als Hausarbeit die Hausarbeit als Schulaufgabe tritt". Gemeint ist damit zum einen die vermehrte Einstellung von Lehrerinnen, so daß die Lernbedingungen verbessert und nicht von der häuslichen – in der Regel von der Mutter zu leistenden – Unterstützung abhängt. Zum anderen soll Hausarbeit Thema des Unterrichts werden.
- Offene Mädchenarbeit
  Von der Jugendhilfe sollen Einrichtungen speziell für Mädchen geschaffen werden wie Mädchentreffs, Mädchengruppen u. ä.

Als „Übergreifende Forderungen" werden die Einrichtung von Frauenbeauftragten-Stellen, die Schaffung eines Schwerpunkts „Feministische Schulforschung" bei der DFG und die allgemeine Verbesserung der Situation von Frauen genannt. In den „Abschließenden Bemerkungen" werden die einzelnen Forderungen nochmals zusammengefaßt. Bis auf die Forderung nach Einrichtung spezieller „Mädchenräume" im Jugendhilfebereich wird die Koedukation selber in der Resolution nicht angesprochen.

Parallel zu den Tagungen gab die Arbeitsgemeinschaft auch eine Zeitschrift für Mädchen- und Frauenbildung – Frauen und Schule heraus, die sich im August 1985 in einem Heft dem Thema ›Koedukation‹ zuwandte. Darin gab es Plädoyers für die Erhaltung von Mädchenschulen sowie massive Kritik an der koedukativen Praxis. Auf der Münchner Tagung 1986 wurde die Koedukation dann ebenfalls explizit zum Thema gemacht. Damit setzte auch der Prozeß der Öffentlichwerdung des Themas ein, bei dem zunächst von seiten der Medien deutlich ablehnend Stellung bezogen wurde.

In einem Aufsatz in der Zeit vom 28. 11. 86 von Dörte Schubert mit dem Titel: „Die Mädchen, immer noch die alten? Trotz der Bildungsreform sind die Schülerinnen von der Chancengleichheit weit entfernt – Feministinnen möchten die Koedukation abschaffen" schließt die Verfasserin ihre Darlegungen mit folgender Einschätzung:

„So landen wir möglicherweise bei den weiblichen Enklaven in einer barbarischen Herrenwelt, in denen die vermeintlichen natürlichen Tugenden der Frau kultiviert werden. Weibliche Spiritualität, Schönheitssinn, Mütterlichkeit. Auf zur neuen Puddingschule.“

Auf der 6. Fachtagung der AG „Frauen und Schule“ Pfingsten 1987 versuchten die Referentinnen – neben der weiteren Bearbeitung der auch bisher angesprochenen Themenbereiche wie geschlechtsspezifische Sozialisation, feministische Pädagogik und Frauen im Beruf – konkrete Veränderungsmöglichkeiten in einzelnen Fachbereichen bzw. Fächern aufzuzeigen. Dazu gehörten vor allem die Naturwissenschaften und das neue Gebiet der Informations- und Kommunikationstechniken, aber auch Geschichte, Mathematik, Religion, Kunst und Sport.

Die Frankfurter Rundschau gab am 20. 8. 87 den Wissenschaftlerinnen Sigrid Metz-Göckel, Maria Anna Kreienbaum und Christine Roloff vom Hochschuldidaktischen Zentrum der Universität Dortmund die Möglichkeit, sich zum Streit um die Auswirkungen der Koedukation zu äußern. Dort ist die Perspektive denn auch schon wesentlich differenzierter als noch in dem Zeit-Artikel ein Jahr zuvor:

„Diese Ergebnisse sollten nicht als Plädoyer für die Wiedereinführung der Mädchenschule verstanden werden, vielmehr muß der ungebrochene Glaube an die Koedukation als einhelliger Fortschritt neu bedacht werden. Vor der unkritischen Übernahme der vielfach verbreiteten Ansicht, Koedukation trage zur größeren Gleichstellung zwischen den Geschlechtern bei, sei gewarnt: das formale Prinzip allein bürgt nicht für seine gleichzeitige reale Verwirklichung. Berechtigte Kritik scheint an der herrschenden Form der Koedukation angebracht, keineswegs am Prinzip der Koedukation.“

Allerdings heißt die Veröffentlichung eines solchen Beitrags in einer verbreiteten Tageszeitung nicht, daß bereits das Thema wirklich akzeptiert ist. Aber es war einiges in Bewegung gekommen: Parallel zu den Aktivitäten der „AG Frauen und Schule“ hatte sich auch in der „etablierten“ Erziehungswissenschaft – in der Koedukation lange Zeit gar kein Begriff mehr war, durchforstet man etwa die Lexika und Handbücher – eine Hinwendung zur Frauenforschung ergeben. 1984 wurde in der Deutschen Gesellschaft für Erziehungswissenschaft eine „Arbeitsgruppe Frauenforschung“ gegründet, die 1985 ihre erste Fachtagung zum Thema Koedukation durchführte. Aus dieser ging 1987 ein Sammelband ›Abschied von der Koedukation?‹ (Faulstich-Wieland [Hrsg.]) hervor.

Reaktionen zeitigte das Thema aber nicht nur in der bisher beschriebenen Weise: Von seiten der katholische Kirche wurde es geradezu begierig aufgegriffen. In den Beiträgen aus dieser Richtung finden sich noch am deutlichsten die Befürworter einer (erneuten) Trennung der Geschlechter. Der Beirat „Erziehung und Schule“ gab am 2. 10. 1985 ein Arbeitspapier zur Koedukation heraus, in dem zwar keine Absage an koedukative Schulen, aber ein deutliches Plädoyer für den Erhalt geschlechtshomogener Schulen erfolgte:

„Um das pädagogische Anliegen einer geschlechtsspezifischen Erziehung langfristig in Theorie und Praxis sichern zu können, ist die Verwirklichung in reinen Jungen- und Mädchenschulen auch in Zukunft unverzichtbar. Die Träger von katholischen Schulen, die traditionell allein für Jungen oder für Mädchen offenstehen, sollten daher ermutigt werden, diese Tradition weiter fortzusetzen und nicht aus pragmatischen Gründen oder wegen aktueller Schwierigkeiten ihren spezifischen Charakter aufzugeben“ (abgedruckt in: ENGAGEMENT 2/86, S. 151–153, hier S. 153).

1988 war dann nach meiner Einschätzung das Jahr, in dem ein Diskussionsdurchbruch erfolgte. Auf dem 11. Kongreß der Deutschen Gesellschaft für Erziehungswissenschaften im März 1988 in Saarbrücken fand ein Symposion „Koedukation – Geschlechterverhältnisse in der Erziehung“ statt, dessen erster Teil sich der historischen Entwicklung des Koedukationsgedankens und seiner Realisierung widmete, das im zweiten Teil Forschungsergebnisse zur Realität des Geschlechterverhältnisses in der Schule präsentierte und sich im letzten Teil speziell dem Bereich Informationstechnik zuwandte. Die Beiträge beanspruchten, den Diskussionsstand als komplexen, reflektierten und differenzierten aufzuweisen. Im Mai 1988 erschien erneut ein Schwerpunktheft der Zeitschrift FRAUEN UND SCHULE zu dem Thema mit dem Titel ›Für eine reformierte Koedukation!‹. Die Herausgeberinnen der Zeitschrift formulierten als Stränge der Reform erstens eine „Mädchenparteilichkeit“ bei einzelnen Unterrichtsthemen, zweitens die phasenweise Trennung der Geschlechter und drittens getrenntgeschlechtliche Gruppen oder Klassen als Angebot. Die Möglichkeit einer neuen Mädchenschule bezeichnen sie als vierte Möglichkeit und als „noch nicht ganz ausgebrütet. Als Gedankenspiel ist sie da und beflügelt manch handfest praktische Veränderung“ (1988, S. 3).

Obwohl also keineswegs radikalfeministische Positionen vertreten wurden, waren die Reaktionen in der Presse heftig. So wurde im Vorfeld des 11. Kongresses der DGfE bereits behauptet, Erziehungswissenschaftlerinnen favorisierten neuerdings die Wiedereinführung reiner Mädchenschulen. Solche Vorabetikettierung und Stigmatisierung erfuhren auch etliche Frauen, die der Aufforderung nachkamen, dieses Thema in Vorträgen oder auf Kongressen zu behandeln. Ich selbst referierte beispielsweise im Rahmen der Pädagogischen Woche an der Universität Oldenburg im Herbst 1988 und fand am gleichen Tag bereits einen Artikel in der OLDENBURGER ZEITUNG darüber vor, in dem ein Akademischer Rat der Universität Oldenburg das Schlußwort erhielt und darin sagen durfte: „Hände weg von der Auflösung der Koedukation ... Die Koedukation bedeutet einen bildungspolitischen Fortschritt." DER SPIEGEL brachte im Vorfeld des 7. Kongresses der „Arbeitsgemeinschaft Frauen und Schule" im November 1988 ein Heftthema zur Koedukation und griff dabei „genüßlich" Widersprüche in den Aussagen der Initiatorinnen auf – wie etwa jenen Widerspruch zwischen der aus der Parteilichkeit für Mädchen begründeten Forderung nach Geschlechtertrennung und ihrer Ablehnung für die eigenen Söhne.

Dieser Dortmunder „Frauen und Schule"-Kongreß stand voll im Zeichen der Koedukationsdiskussion. In ihrem Grußwort stellte die Parlamentarische Staatssekretärin für die Gleichstellung von Frau und Mann in Nordrhein-Westfalen, ILSE RIDDER-MELCHERS, ihre Position klar:

> „Ich will nicht zurück zur reinen Mädchenschule. Aufgabe muß es vielmehr heute sein, die formale Koedukation zu einer inhaltlichen fortzuentwickeln. Ziel muß es sein, eine gemeinsame Erziehung und Bildung zu ermöglichen, bei denen sich beide Geschlechter entsprechend ihrer Neigungen und Fähigkeiten partnerschaftlich entwickeln können und die die 'diskreten Diskriminierungen' abbaut. Dabei kann es z. B. hilfreich sein, in bestimmten Altersphasen und auch in bestimmten Fächern einmal getrennte Angebote zu machen" (in: KREIENBAUM [Hrsg.] 1989, S. 7).

Brachte die Zeitschrift EMMA in ihrem Januarheft 1989 mit dem Titelthema „K.O. edukation" noch einmal eine deutliche Polarisierung, indem ihre Redakteurin JUDITH RAUCH sich zu einem Pro für die Mädchenschule äußerte, so fand dennoch im Verlaufe dieses Jahres eine allmähliche Enttabuisierung statt. Die Leitstelle Gleichstellung der Frau der Freien und Hansestadt Hamburg veranstaltete vom 14. bis 15. März 1989 in Zusammenarbeit mit den für Gleichstellungs- und Frauenfragen zuständigen Stellen der Länder eine Tagung „Chancengleichheit für Mädchen und Jungen". Diese Landesfrauenbeauftragten erarbeiteten „Empfehlungen zur Gestaltung und Differenzierung des koedukativen Unterrichts, zur beruflichen Orientierung und zum Berufswahlunterricht an allgemeinbildenden Schulen". Der Berliner Senat hat am 3. Oktober 1989 eine Änderung des Schulgesetzes beschlossen: Nach dem neuen § 1 ist die Arbeit in der Schule nunmehr auch auf die „Gleichberechtigung der Geschlechter" verpflichtet (THOMAS 1990, Teil C).

In den öffentlichen Medien hat zur Enttabuisierung sicherlich auch wesentlich beigetragen, daß die damalige Kultusministerin von Schleswig-Holstein, EVA RÜHMKORF, bereit war, „lautes Nachdenken über getrennten Unterricht von Jungen und Mädchen" (FRANKFURTER RUNDSCHAU vom 14. 9. 89) vorzunehmen. Sie veranstaltete im Januar 1990 eine Tagung „Koedukation und Naturwissenschaften", die ursprünglich für ca. 70 TeilnehmerInnen gedacht, jedoch von mehr als 300 besucht wurde. Auch für die Kultusministerien der einzelnen Bundesländer war damit im Grunde genommen ein Anstoß gegeben, Geschlechterfragen mit Verweis auf den „Fortschritt Koedukation" nicht mehr ganz einfach zu ignorieren. Die beim Hamburger Senator für Schulwesen herausgegebene Zeitschrift HAMBURG MACHT SCHULE widmete ihr Heft 5/89 dem Thema ›Jungen und Mädchen – Sozialisation in der Schule‹. Der damalige niedersächsische Bildungsminister HORMANN äußerte sich sogar zustimmend zu einem getrennten Unterricht von Jungen und Mädchen in bestimmten Fächern und Unterrichtsphasen anläßlich der Präsentation der Ergebnisse des Versuchs „Mädchen und neue Technologien" (HESSISCH-NIEDERSÄCHSISCHE ALLGEMEINE vom 26. 1. 90). Der Bremer Senator für Bildung veranstaltete zusammen mit der Gleichstellungstelle im Oktober 1990 ebenfalls eine Tagung zum Thema „Geschlechterverhältnisse in der Schule".

Der Bundeselternrat sprach sich Anfang 1990 dafür aus, „an den Schulen Möglichkeiten zu schaffen, Mädchen und Jungen zeitweilig getrennt zu unterrichten. Dies sollte immer dort möglich sein, wo durch Unterschiede in den Vorerfahrungen oder durch geschlechtsspezifische Rollenerwartungen Lernbarrieren entstünden" (DPA-MELDUNG, abgedruckt in: E & W 1/90, S. 3). Eine Rückkehr zu getrennten Schulen befürwortet der Bundeselternrat allerdings nicht. Der 14. ordentliche Bundeskongreß des DGB verabschiedete im Frühjahr 1990 ebenfalls einen in die gleiche Richtung gehenden Antrag zur Koedukation. Verschiedene GEW-Landesverbände machten das Thema zum Schwerpunkt ihrer Gewerkschaftszeitung, so in Hessen (H. 3/90) und in Bremen (H. 10/90).

In dem vorliegenden Band soll nun aufgearbeitet werden, was „drin ist" in dem Thema Koedukation: Aus dem bisher schon Gesagten sollte deutlich geworden sein, daß es sich nicht um ein neues Thema handelt, vielmehr wird eine Diskussion fortgeführt, die bereits im vorigen Jahrhundert begonnen wurde. Bei den dazu immer wieder sporadisch aufkommenden Beiträgen ging es einerseits um theoretische und ideologische Positionen, andererseits um deren jeweilige empirische Absicherungen sowie um praktische Ansätze. Hintergrund ist immer das vorherrschende Geschlechterverhältnis – die Frage, welche gesellschaftliche Rolle sollen Frauen und Männer spielen, wie begründet sich diese Rolle und welche Folgen hat sie für das jeweilige Geschlecht. Meine These lautet folgendermaßen: Historisch wie aktuell geht es in der Koedukationsdiskussion um die Stellung der Geschlechter zueinander, wobei die Vormachtstellung der Männer sich bis heute erhalten hat, die Mechanismen ihrer Sicherung sich jedoch ebenso wandeln wie der Beitrag, den Frauen selber daran haben. Diese These soll belegt werden durch die Bearbeitung der historischen Entwicklung der Koedukation (Kap. 2), der Sichtung der zur Koedukationsdiskussion herangezogenen Argumente und empirischen Untersuchungen (Kap. 3), der Analyse des Geschlechterverhältnisses in einzelnen Schulfächern (Kap. 4) sowie der Diskussion der Perspektiven (Kap. 5).

## 2. ZUR HISTORISCHEN ENTWICKLUNG DER KOEDUKATION

Der historische Hintergrund der Bildungsdebatte rankt sich keineswegs primär um die Frage der Koedukation, sondern um die staatliche Verantwortung für Bildung, dabei in erster Linie um die Bildung der Jungen und die Bestimmung von Erziehungszielen. Ein staatliches Interesse an Mädchenschulen über die Elementarbildung hinaus gab es bis ins 19. Jahrhundert hinein kaum (BLOCHMANN 1966, S. 79).

Im 18. Jahrhundert entstanden erste ausformulierte Konzeptionen der Mädchenerziehung. Diese wurden von den führenden Philosophen und Pädagogen wie JEAN-JACQUES ROUSSEAU (1712–1778), JOACHIM HEINRICH CAMPE (1746–1818) und HEINRICH PESTALOZZI (1746–1827) in je eigener Ausprägung auf die „Bestimmung des Weibes zur Gattin, Hausfrau und Mutter (BLOCHMANN 1966, S. 29; vgl. SCHMID 1989) bezogen. Ihren Auffassungen zufolge brauchten Mädchen keine formale Bildung, sondern sollten im häuslichen Kontext zum weiblichen Wesen ihres Standes erzogen werden. Solche Positionen befanden sich in Übereinstimmung mit den Regelungen des Allgemeinen Preußischen Landrechts von 1794, das der Familie die Sorge für ein „menschliches Dasein" ihrer Mitglieder auferlegte. Staatliche Maßnahmen bezogen sich nur auf die Sicherung staatsbürgerlicher Aufgaben – und diese waren ausschließlich auf Männer zugeschnitten. Während Söhne bei Volljährigkeit aus der „väterlichen Gewalt" entlassen wurden, bestand diese gegenüber den Töchtern so lange weiter, wie sie unterhaltsbedürftig waren – notfalls ein Leben lang. Damit gab es aber auch kein Recht der Töchter auf eine Ausbildung (vgl. HEINEMANN 1990). MANFRED HEINEMANN vertritt die Auffassung, daß diese familienrechtlichen Grundlagen der unterschiedlichen Rechtsstellung der Geschlechter auch die Grenzen der Bildungspolitik in Preußen markierten. Die Trennung von Knaben- und Mädchenschulen war notwendig, weil der Staat juristisch eine Verpflichtung für die Ausbildung von Frauen ausgeschlossen hatte. „Für Mädchen liefen die Mindestansprüche auf Unterricht mit dem Auslaufen der Elementarbildung ab“ (ebd., S. 262). Koedukation hätte die „Aufhebung des Systemunterschieds der Bildungsansprüche“ (ebd.) bedeutet.

Ebenfalls im 18. Jahrhundert meldeten sich aber auch bereits Stimmen, die Bildung und Rechte für Frauen forderten. So glaubte z. B. MARY WOLLSTONECRAFT (1759–1797), daß eine gute Erziehung der Mädchen der der Jungen entsprechen und mit ihnen gemeinsam erfolgen müsse. Ein Argument u. a. von AMALIA HOLST (1758–1829) und THEODOR GOTTLIEB VON HIPPEL (1741–1796) (vgl. SCHMID 1989) war, daß nicht alle Frauen heirateten. Die Existenz solcher Frauen habe jedoch in den Konzepten vom „Weib als Gattin, Hausfrau und Mutter“ keinen Platz.

## 2.1 Elementarbildung und Koedukation in Preußen

Die in Preußen bereits 1717 eingeführte Schulpflicht galt für beide Geschlechter gleichermaßen, setzte sich aber für die Mädchen sehr viel langsamer durch als für die Jungen. Da die Elementarschulen im Regelfall von den Kindern niederer Stände besucht wurden und im Vordergrund die Frage der Ausstattung und Einrichtung der Schulen überhaupt, nicht jedoch die Geschlechterfrage stand, waren diese Schulen häufig koedukativ. RUDOLF LOCHNER hat die historische Entwicklung des Elementarschulwesens analysiert und dabei herausgearbeitet, daß zwei Linien für die Gestaltung entscheidend waren: Zum einen gab es die Tradition der deutschen städtischen Elementarbildung seit dem Mittelalter, die von Anfang an sowohl getrennte als auch koedukative Schulen umfaßte. Zum anderen entstand die allgemeine Volksschule, die für beide Geschlechter gedacht und in ländlichen Gebieten auch koedukativ eingerichtet wurde, in den Städten dagegen sich in das vorhandene Schulwesen eingliederte. Diese letztlich stärker „geschlechtervereinigenden“ Traditionen spielten sicherlich neben der finanziellen Frage eine wichtige Rolle dabei, daß der gemeinsame Unterricht trotz seiner Bestimmung als Notbehelf stark verbreitet war (1923, S. 43, S. 22 ff. u. S. 33). Im übrigen hieß „gemeinsamer Unterricht“ keineswegs, daß er auch als gemeinsame Erziehung erfolgte. So ist es durchaus denkbar, daß die Bildung der Jungen im Mittelpunkt stand, während die Mädchen mitbeschult wurden. Diese Darstellung findet man auf Gemälden etwa von Albert Anker aus der Mitte des vorigen Jahrhunderts: Während die Jungen im Klassenzimmer an Tischen saßen, besetzten Mädchen Bänke, die am Rande standen und ihnen auch keine Schreibmöglichkeiten boten.

Hans-Jürgen Apel zitiert aus dem Bericht eines preußischen Landschullehrers aus dem Jahre 1829 über dessen Praxis des gemeinsamen Unterrichts von Jungen und Mädchen:

„Die natürlichen Anlagen zur Tätigkeit habe ich Gelegenheit gehabt, unter den kleinsten Kindern in der Schule zu beobachten. Vorzugsweise fand ich diese Anlagen zu Handbeschäftigungen in den Schülerinnen. Sah ich von jeher den jüngeren Knaben in müßigen Stunden zum Spielen seine Zuflucht nehmen, so war es für mich eine um so erfreulichere Wahrnehmung, jüngere Schülerinnen Strumpfbänder anknüpfen und fertigstricken zu sehen, und gar in Ermangelung von Eisen sich Dornen zu bedienen. Dieses war die Veranlassung, der Beweggrund, dieser natürlichen Beflissenheit die rechte Seite abzugewinnen und statt Unterdrückung dieser Anlage derselben aufmunternd eine bildende Richtung zu geben. Hierbei leitete mich das Prinzip, das auf die Erziehung des Mädchens die größte Sorgfalt verwendet werden müsse; indem diese Erziehung sich nicht bloß auf die eigene Persönlichkeit beschränkt, sondern das Mädchen selbst zur Bildnerin wie zur Haushälterin bestimmt ist. Ist nämlich das Schulmädchen einmal für gute Sitten, Fleiß, Arbeitsamkeit und Ökonomie eingenommen und davon durchdrungen, so wird dasselbe nichts vernachlässigen, die in ihrem hohen Berufe liegenden Pflichten der Erziehung und des Haushaltes an der Nachkommenschaft zu erfüllen und dieser Sinn und Gefühl für jede häusliche Tugend einzuflößen." (Apel u. Klöckner 1986, S. 209–211)

Die staatliche Verantwortung für die Elementarbildung in den preußischen Volksschulen wurde in der zweiten Hälfte des 19. Jahrhunderts insbesondere auch unter politisch sozialisierenden Gesichtspunkten gesehen. Religion und Deutsch waren die Hauptfächer, die Unterordnung und Nationalerziehung bewirken sollten. Neben diesen beiden Fächern umfaßten die Lehrpläne der deutschen Volksschule Geschichte, Geographie, Naturkunde, Schreiben und Gesang. Turnunterricht war für Jungen obligatorisch, für Mädchen dagegen nicht. Für diese war Handarbeitsunterricht eingeführt, der den Jungen nur vereinzelt erteilt wurde. In einigen Volksschulen, insbesondere in den geschlechtsspezifisch getrennten, wurde in Mädchenvolksschulen in den oberen Klassen Haushaltungsunterricht erteilt. Der koedukative Unterricht war zwar die Regel, die Tendenz ging jedoch hin zur verstärkten Trennung. So berichtet J. Tews in seinem Beitrag über das Volksschulwesen (1907), daß 1886 54704 gemischte Klassen, 10297 Mädchenklassen und 10096 Jungenklassen

Abb. 1: Albert Anker: Dorfschule um 1848.

existierten, 1901 dagegen gab es 69722 gemischte Klassen, 17250 Mädchenklassen und 17110 Jungenklassen. Damit war innerhalb von 15 Jahren die Kinderzahl in getrennten um 700000, in gemischten jedoch nur um 200000 gestiegen, die Zahl der gemischten Klassen von 73% auf 67% gesunken (Tews in: Adele Schreiber 1907, S. 79f.).

## 2.2 Höhere Mädchenbildung und Koedukation in Preußen

Die bildungspolitischen Auseinandersetzungen bezogen sich auf die höhere Bildung. Entgegen den Mädchenbildungsvorstellungen von Rousseau, Campe und Pestalozzi waren die bürgerlichen Familien des 19. Jahrhunderts weitgehend nicht in der Lage, ohne formalisierte Bildung ihre Töchter standesgemäß zu erziehen. Die schulische Bildung der Söhne bedurfte etwas Komplementären, damit die zukünftige Gattin, Hausfrau und Mutter überhaupt ihre Rolle auszufüllen vermochte (vgl. Zinnecker 1973). Hinzu kamen die Zunahme der Zahl unverheirateter Frauen und der durch die Expansion des Kapitalismus sich ausweitende Bedarf an Arbeitskräften, die Lösungen der Mädchenbildungsfrage erforderten. Die im 19. Jahrhundert entstehenden privaten „höheren Töchterschulen" sollten diese Aufgaben wahrnehmen. Für sie gab es allerdings weder einheitliche Lehrpläne noch klare Regelungen über deren Dauer.

Der Streit um Mädchenbildung und Koedukation, der vor allem in der zweiten Hälfte des 19. Jahrhunderts zwischen den Organisationen der damals entstehenden Frauenbewegung, den Vereinigungen der Mädchenschulpädagogen und den staatlichen Vertretern vehement geführt wurde, betraf in erster Linie die Qualität der Mädchenschulen und nur vermittelt damit die Koedukationsfrage. Elisabeth Blochmann charakterisierte die Mädchenschule folgendermaßen:

> „Eine Schwäche vieler Anstalten dieser Anfangszeit war, daß sie zwar einen reichhaltigen Fächerkanon – den Realschulen ähnlich – hatten, daß sie sich aber, um der 'weiblichen Zartheit willen' mit geringeren Anforderungen im Unterricht – die Gründlichkeit galt als Gefahr! – zufrieden gaben und die Sachlichkeit der Schularbeit durch Gesinnungsprägung zu ersetzen suchten, daß also Schulen entstanden, die nicht vollwertig waren" (1966, S. 123).

Die Auseinandersetzungen, die im folgenden chronologisch wiedergegeben werden sollen, gingen im wesentlichen um drei Aspekte:
- Welche Bildung sollte Mädchen und Frauen vermittelt werden?

- Inwieweit sollten Mädchen durch Lehrerinnen unterrichtet werden? Die Ausweitung der Berufsmöglichkeiten von Frauen durch den Lehrerinnenberuf tangierte die Mädchenschule in doppelter Weise: zum einen als vorbereitende Qualifizierung für die Lehrerinnentätigkeit, zum anderen als reklamiertes Berufsfeld gegen die Interessen der Lehrer.
- Sollte Mädchenbildung von Frauen geleitet werden? Dieser Aspekt bestimmt zu Beginn des 20. Jahrhunderts als Frage der weiblichen Leitung von Mädchenschulen die Diskussion.

Während von seiten der Lehrer wie von seiten des Staates die Koedukation abgelehnt wurde, waren die Positionen der verschiedenen Organisationen der Frauenbewegung keineswegs einheitlich, gab es sowohl Befürworterinnen wie Gegnerinnen und auch wechselnde Auffassungen, die vor allem durch berufspolitische Interessen bestimmt wurden.

Auf einer der ersten Generalversammlungen des 1865 gegründeten „Allgemeinen Deutschen Frauenvereins (ADF)" wurde u. a. ein Antrag einstimmig angenommen, der die Zulassung von Mädchen zu Jungenschulen, d. h. eine erste Form der Koedukation forderte (Arolt 1987, S. 51). Die Begründung für den Antrag lautete, daß das weibliche Geschlecht höherer Bildung teilhaftig und besser erwerbsfähig zu machen sei. Die geplanten Petitionen an Regierungen und Kommunalbehörden, die diesem Antrag folgen sollten, sind offensichtlich jedoch nicht gestellt worden. Margrit Twellmann vermutet, daß man die Aussichtslosigkeit eines solchen Antrags vorweggenommen und ihn deshalb nicht weitergeleitet habe (ebd.).

Daß die Frauenbildung auch keineswegs auf Erwerbsfähigkeit und damit ein Stück Eigenständigkeit hinzielen sollte, zeigte die „den Hohen Deutschen Staatsregierungen gewidmete Denkschrift der Ersten Deutschen Hauptversammlung von Dirigenten und Lehrenden der Höheren Mädchenschulen betreffend einer gesetzlichen Normierung der Organisation und Stellung des höheren Mädchenschulwesens", die von dem neugegründeten Verein der Dirigenten und Lehrenden der Höheren Mädchenschulen am 30. September 1872 in Weimar verfaßt wurde. Die Organisation der Höheren Mädchenschule sei so zu wählen, daß sie „auf die Natur und Lebensbestimmung des Weibes Rücksicht nimmt" (zit. in: Beckmann 1936, S. 8). Was damit gemeint war, wurde in der Erläuterung zu dieser Forderung expliziert:

„Es gilt, dem Weibe eine der Geistesbildung des Mannes in der Allgemeinheit der Art und der Interessen ebenbürtige Bildung zu ermöglichen, damit der deutsche Mann nicht durch die geistige Kurzsichtigkeit und Engherzigkeit seiner Frau an dem häuslichen Herde gelangweilt und in seiner Hingabe an höhere Interessen gelähmt werde, daß ihm vielmehr das Weib mit Verständnis dieser Interessen und der Wärme des Gefühls für dieselben zur Seite stehe ...“ (ebd., S. 8f.; vgl. auch Bäumer 1907, S. 115f.).

Bestärkt wurde eine solche Position auch in der ebenfalls den Regierungen gewidmeten Denkschrift des Berliner Vereins für höhere Töchterschulen vom 30. Januar 1873, in der es hieß:

„Der verkennt die Mädchennatur gänzlich, der ihr, von Ausnahmen absehend, Talent und Neigung für gelehrte Studien unterlegt, deren das Weib weder um glücklich zu sein, noch glücklich zu machen, bedarf. Es wäre sogar trostlos, wenn den heimkehrenden Mann nichts als ein männlich geschultes Weib erwartete“ (ebd., S. 12).

Das preußische Unterrichtsministerium sah offensichtlich durchaus auch den Bedarf an weiblichen Arbeitskräften. In Protokollen der Konferenz im preußischen Unterrichtsministerium hieß es 1873 über das mittlere und höhere Mädchenschulwesen, daß dieses die Aufgabe habe,

„der weiblichen Jugend in einer ihrer Eigentümlichkeit entsprechenden Weise eine ähnliche allgemeine Bildung zu geben, wie sie auch die, über die Volksschule hinausgehenden Schulen für Knaben und Jünglinge bezwecken, und sie dadurch zu befähigen, sich an dem Geistesleben der Nation zu beteiligen und dasselbe mit den ihr eigenen Gaben zu fördern. Das Bedürfnis einer Vorbildung für eine künftige Berufsstellung ist durch besondere Einrichtungen ins Auge zu fassen“ (ebd., S. 15).

Die Übernahme staatlicher Verantwortung auch für die Mädchenbildung und insbesondere die Regelung der höheren Mädchenbildung ergab sich aus der Notwendigkeit, festzulegen, welche Bildung Mädchen und Frauen überhaupt genießen sollten. Mit einer solchen Festlegung sollten insbesondere weiterreichende Forderungen seitens der Frauen und der organisierten Frauenbewegung abgewehrt werden. In der Rede des Ministers der geistlichen Angelegenheiten Gossler auf der 41. Sitzung des Hauses der Abgeordneten am 5. Februar 1884 wurde dies sehr deutlich. Er machte darin klar, daß sein Kampf den seiner Meinung nach überzogenen Ansprüchen von Frauen galt:

„Wir haben gerade mit Rücksicht auf die normale Entwicklung und Freimachung unseres weiblichen Geschlechts mit den Bestrebungen zu rechnen, welche – in bester Absicht – darauf hinausgehen, den Mädchen immer mehr eine Gymnasialbildung zu geben und auch die Mädchen allmählich zu befähigen, gleichsam in ein weibliches Oberlehrertum einzutreten. (Rufe: Das fehlte noch!) Das sind keine Übertreibungen; für jeden, der diese Angelegenheiten hat an sich vorübergehen lassen, ist es – ich kann sagen – Acker und Pflug. Ich bekämpfe diese Bestrebungen von meinem Standpunkte, muß aber auch hier wiederholen, daß nur, weil ich sie bekämpfen konnte, es etwas besser geworden und eine gewisse Ernüchterung auf diesem Gebiete eingetreten ist. Meine Herren, hier steckt eine der schwierigsten Aufgaben für die Unterrichtsverwaltung, und ich würde den Tag segnen, wo es mir gelingen sollte, das Problem zu lösen und einen richtigen Lehrplan für unser höheres Töchterschulwesen hinausgehen lassen zu können; ich würde damit den Bestrebungen entgegenkommen, welche allen denen, die sich für die gesunde Entwicklung unseres ganzen Mädchenschulwesens interessieren, am Herzen liegen ..." (ebd., S. 23 f.).

Gossler spielte hiermit insbesondere an auf die Forderungen der Frauenbewegung auf Zulassung von Frauen zum Unterricht in den Oberklassen der höheren Mädchenschulen. Dazu wäre die qualifizierte Ausbildung und Vorbereitung der Lehrerinnen Voraussetzung. In seiner 1887 an das Preußische Unterrichtsministerium des Preußischen Abgeordnetenhauses gerichteten Petition wurde von Frauen gefordert:

„1. Daß dem weiblichen Element eine größere Beteiligung an dem wissenschaftlichen Unterricht auf Mittel- und Oberstufe der öffentlichen höheren Mädchenschulen gegeben und namentlich Religion und Deutsch in Frauenhand gelegt werde.
2. Daß von Staats wegen Anstalten zur Ausbildung wissenschaftlicher Lehrerinnen für die Oberklassen der höheren Mädchenschulen mögen errichtet werden" (ebd.).

Helene Lange, die Mitglied des Petitionsausschusses war und in der sogenannten gelben Broschüre, der Begleitschrift zu dieser Petition, die Gründe für die Forderungen darlegte, erklärte, warum die Frauenbewegung das Ziel der Mädchenbildung nicht mehr in der Bildung für den Mann sehen wollte:

„Solange die Frau nicht um ihrer selbst willen, als Mensch zum Menschen schlechtweg gebildet wird, solange sie im Anschluß an Rousseaus in bezug auf Frauenbildung sehr bedenkliche Ansichten in Deutschland nur des Mannes wegen erzogen werden soll, solange konsequenterweise die geistig unselbständige Frau die beste ist, da sie am ersten Garantie dafür bietet, den Interessen ihres zukünftigen Mannes, deren Richtung sie ja unmöglich voraussehen kann, 'Wärme des Gefühls' entgegenzubringen, solange wird es mit der deutschen Frauenbildung nicht anders werden ...

Nicht nur um die Frauen handelt es sich: In ihrem Geschick liegt das der werdenden Generation beschlossen, und mit diesem Wort ist die große Kulturaufgabe der Frau gegeben, die an Größe und Schönheit in nichts hinter der des Mannes zurücksteht, und die wir nicht mit der seinen vertauschen möchten. Während der Mann die äußere Welt erforscht und umgestaltet, sie nach seinem Sinn und Willen modelt, Zeit, Raum und Stoff zu zwingen versucht, liegt vorzugsweise in unserer Hand die Erziehung der werdenden Menschheit, die Pflege der edlen Eigenschaften, die den Menschen zum Menschen machen: Sittlichkeit, Liebe, Gottesfurcht. Wir sollen im Kinde die Welt des Gemüts anbauen, sollen es lehren, die Dinge in ihrem rechten Wert zu erkennen, das Göttliche höher zu achten als das Zeitliche, das Sittliche höher als das Sinnliche; wir sollen es aber auch denken und handeln lehren.

Glaubt man denn wirklich, für die Erfüllung dieser Aufgabe sei die Bildung, welche die Schule unseren Mädchen gibt, die geeignete Vorbereitung?" (ebd., S. 29).

Eine geschlechtsspezifische Arbeitsteilung war von der bürgerlichen Frauenbewegung damit akzeptiert, wenngleich sie sich nicht darauf reduzierte, daß Frauen nur in der Familie wirken sollten. Die Forderungen der Frauen nach einer qualifizierten Ausbildung als Lehrerinnen und nach einem entsprechenden Einsatz auch im höheren Mädchenschulwesen wurden jedoch heftig bekämpft. So verabschiedete der „Deutsche Verein für das Höhere Mädchenschulwesen" auf seiner Eisenacher Versammlung 1888 Thesen, nach denen die erziehliche Aufgabe der Schule am besten zu lösen sei, wenn auf der Unterstufe vorwiegend Lehrerinnen unterrichteten, auf der Mittelstufe Lehrer und Lehrerinnen tätig würden, „auf der oberen Stufe aber der männliche Einfluß überwiege" (ebd., S. 33). 1890 schlossen sich die Lehrerinnen zum „Allgemeinen Deutschen Lehrerinnenverein (ADLV)" zusammen und forderten erneut in ihrer Satzung die Verstärkung des Einflusses von Frauen auf die Mädchenbildung.

Ab 1893 wurden in verschiedenen Städten Gymnasien bzw. Gymnasialkurse eingerichtet, die den Mädchen den Weg zur Reifeprüfung ermöglichten. 1894 kam es dann zu einer Neuregelung des Preußischen Mädchenschulwesens, das jedoch für die Mädchen keinerlei Berechtigungen aus dem Schulabschluß vorsah. Den Forderungen der Frauenbewegung wurde insofern Rechnung getragen, als eine positive Votierung für die Einstellung auch von Lehrerinnen in den oberen Klassen erfolgte, jedoch in keiner Weise dem Anspruch nachgegeben wurde, Mädchenbildung nur durch Frauen zu gewährleisten.

Im gleichen Jahr schlossen sich die verschiedenen Frauenvereine zusammen im „Bund Deutscher Frauenvereine (BDF)". Die Tatsache, daß immer weniger Frauen eine Existenzsicherung durch Heirat fanden, sondern angewiesen waren auf Erwerbstätigkeit, verschärfte auch die Auseinandersetzungen um die Frauenbildung. Die Forderungen gingen dabei auf die Gewährleistung von Berechtigungen. Diese sollte durch eine Angleichung des höheren Mädchenschulsystems an das der höheren Jungenschulen erreicht werden. Ebenso sollte die Zulassung der Frauen zum Studium möglich gemacht werden. Allerdings brachte die Verschärfung der ökonomischen Situation von Frauen auch innerhalb der Frauenbewegung unterschiedliche Positionen hervor. So gründete sich 1900 ein „Verein Frauenwohl", der sich eher dem radikalen Flügel der bürgerlichen Frauenbewegung zugehörig fühlte. Dieser Verein forderte 1901 auf seiner ersten Generalversammlung die Einführung der Koedukation:

„1. Die heutige höhere Mädchenschule entspricht den Anforderungen nicht mehr, die wir an eine Schule stellen müssen, welche die Grundlage für eine zureichende Berufsbildung der Frau bilden muß.
2. Als das beste Mittel, diese zu erlangen, sehen wir die gemeinsame Erziehung der Geschlechter an, nicht weil wir eine absolute Gleichheit erzielen wollen, sondern weil wir glauben, daß die künstliche Trennung ... der Geschlechter nur auf diesem Weg beseitigt werden kann.
3. Wir erhoffen von der gemeinsamen Erziehung die sittliche Hebung des Mannes, die Festigung der Ehe und des Familienlebens.
4. Durch die gründliche Bildung der Frau hoffen wir auch, dieselbe zu ihrem mütterlichen Beruf tüchtiger zu machen" (zit. nach Arolt 1987, S. 53).

Der „Allgemeine Deutsche Frauenverein" und der „Allgemeine Deutsche Lehrerinnenverein" schlossen sich diesen Forderungen nicht an, weil sie insbesondere die Interessen der Lehrerinnen dadurch negativ beeinflußt sahen. Da Lehrerinnen nicht an Jungenschulen, und damit auch nicht an koedukativen Schulen unterrichten durften, würde die Einführung der Koedukation ihre Berufsmöglichkeiten erheblich verschlechtern. 1902 allerdings forderte die Dachorganisation beider Verbände, der „Bund Deutscher Frauenvereine", die beschränkte Koedukation, das heißt die Einführung der Koedukation in jenen kleinen und mittleren Städten, in denen es keine eigenen Mädchenschulen gab.

Von seiten des Ministeriums wurde auf die Forderungen der Frauen sehr deutlich reagiert. Die Ausgestaltung der geschlechtsspezifischen Arbeitsteilung, d.h. auch die Sicherung patriarchaler Herrschaft im Haus wie in der Gesellschaft bestimmte die Position der Staatsvertreter. Exemplarisch sei dies gezeigt an der Grundsatzerklärung des Preußischen Kultusministers STUDT, die er 1902 vor Abgeordneten gab, um die Maximen seiner Regierung für die höhere Mädchenbildung zu erörtern:

„Ich darf zum Schluß die Grundsätze noch kurz zusammenfassen, von denen die Unterrichtsverwaltung bisher ausgegangen ist, und die sie fortgesetzt zu beobachten gesonnen ist. Der deutschen Familie soll die eigenartig ideale Stellung der deutschen Frau nach Möglichkeit erhalten bleiben. Die Unterrichtsverwaltung kann nicht die Hand dazu bieten, daß aus einer z.T. dem deutschen Wesen gar nicht entsprechenden Agitation der Anlaß genommen werde, durch Errichtung von Mädchengymnasien, durch Teilnahme der Mädchen an dem Unterricht in den für Knaben bestimmten höheren Bildungsanstalten und durch Änderung der Grundsätze über die Zulassung von Frauen zum akademischen Studium eine vollständige Umgestaltung der bisherigen Verhältnisse herbeizuführen. Daß der Zudrang der Frauen zu den männlichen Berufsarten seitens der Unterrichtsverwaltung noch künstlich befördert werden sollte, das werden Sie, glaube ich, von der Unterrichtsverwaltung nicht verlangen können" (FRAUENBILDUNG 1902, H.1, S.123; zit. nach ZINNECKER 1973, S.88).

Die Vorstellungen von der Frauenrolle in der Gesellschaft bestimmten sehr wohl auch die Positionen innerhalb der Frauenbewegung. 1903 forderte der 1898 gegründete „Verein Frauenbildung – Frauenstudien" die Einführung der allgemeinen Koedukation. Der „Allgemeine Deutsche Lehrerinnenverein" lehnte auf seiner achten Generalversammlung in Gera erneut entsprechende Anträge ab, da das Ziel des Vereins die Erziehung der Frauen durch Frauen sei. 1905 bekannte sich der „Allgemeine Deutsche Frauenverein" jedoch zur Koedukation und forderte in seinem Programm:

„... eine Reorganisation der höheren Mädchenschule, durch welche diese unbeschadet ihrer dem Wirkungskreis der Frau entsprechenden Besonderheit, den höheren Knabenschulen gleichwertig wird. Den Mädchen muß sowohl innerhalb des Rahmens der höheren Mädchenschule, als auch durch die Zulassung zu den höheren Knabenschulen die Möglichkeit gegeben werden, an den

Berechtigungen der höheren Lehranstalten teilzunehmen" (zit. nach AROLD 1987, S. 54).

Zur gleichen Zeit wurde die Auseinandersetzung um die Mädchenschulen ausgeweitet auf die Frage der weiblichen Leitung solcher Schulen. So verabschiedete die 9. Generalversammlung des „Allgemeinen Deutschen Lehrerinnenvereins" in Bremen 1905 Thesen, in denen sie feststellte:

„Nachdem der Lehrerin in ausgedehnterer Weise ein Anteil an der Schularbeit auf der Unter- und Mittelstufe eingeräumt worden ist, nachdem die Notwendigkeit weiblicher Lehrkräfte auch für die Oberstufe anerkannt worden ist, ist die letzte, natürliche Konsequenz dieser Bestrebungen in dem Wunsche gegeben, auch die Leitung unserer Mädchenschulen in Frauenhände zu legen" (zit. in: BECKMANN 1933, S. 183).

In der Realität war man von solchen Möglichkeiten jedoch noch weit entfernt. 1907 veranstaltete der „Verein Frauenbildung – Frauenstudien" in Kassel einen Kongreß zum Thema „Die höhere Mädchenbildung". Dabei verabschiedeten die Frauen eine Resolution, die wiederum in einer Passage zur gemeinsamen Erziehung die Forderung nach Koedukation enthielt:

„Die am 12. Oktober in Kassel tagenden Frauen erklären den gemeinsamen Unterricht von Knaben und Mädchen für eines der zweckmäßigsten Mittel, sowohl zur Lösung der Frage höherer Frauenbildung als auch zur Entwicklung verfeinerter Beziehungen der Geschlechter.

Sie fordern die Zulassung von Mädchen zu den höheren Knabenschulen nach dem Vorbild mehrerer deutscher Bundesstaaten, wie Baden-Württemberg, Hessen, Elsaß-Lothringen usw., zunächst vor allem an denjenigen Orten, die den Ausbau der höheren Mädchenschulen durch die Errichtung von Vorbereitungsklassen für das Universitätsstudium nicht ermöglichen können oder wollen. Allerdings vertreten sie den Standpunkt, daß die Norm des gemeinsamen Unterrichts erst dann erreicht ist und sein erziehlicher Einfluß von Mädchen und Knaben erst dann zur Geltung kommen kann, wenn an gemischten Schulen auch Lehrerinnen wirken" (zit. in: BECKMANN 1933, S. 127).

Von seiten der radikalen Frauenvereine wurde die Forderung nach Koedukation noch wesentlich eindeutiger gestellt. So formulierte HEDWIG DOHM 1908:

„Wir aber fordern für das weibliche Kind dieselben Bildungsmöglichkeiten, die dem männlichen gewährleistet sind. Und wir wollen die gemeinsame Erziehung der Geschlechter. Durch die Trennung der Knaben und Mädchen in der Schule wird von vornherein die Geschlechtsunterschiedlichkeit scharf betont, wird darauf hingewiesen, daß dem Knaben anderes – d. h. mehr gebühre als dem Mädchen. Und damit der Grund gelegt zu der Geringschätzung des Knaben dem Mädchen gegenüber“ (1908, S. 256).

1908 gab es 270 öffentliche neun- und zehnklassige höhere Mädchenschulen mit ungefähr 71000 Schülerinnen. Gleichzeitig gab es 675 private höhere Mädchenschulen mit 86000 Schülerinnen. Dagegen gab es in Preußen 708 höhere Lehranstalten für Jungen, von denen 470 zum Abitur und 238 zur einjährigen Reife führten. Da die öffentlichen höheren Mädchenschulen obendrein sich nicht auf 270 Städte verteilten, sondern vor allem in den größeren Städten mehrere Mädchenschulen existierten, gab es zahlreiche Petitionen von Eltern aus Städten, in denen keine öffentliche höhere Mädchenschule existierte, mit der Forderung nach Zulassung von Mädchen zu Jungenschulen. Mit diesen Forderungen und der Frage der Koedukation beschäftigte sich am 6. und 8. Mai 1908 das Preußische Abgeordnetenhaus. Helene Lange zitiert den Ministerialdirektor Schwarzkopf mit seinen Ausführungen zur Koedukation:

„Meine Herren, wir lehnen aber die Koedukation auch mit Rücksicht auf die Knabenanstalten ab. Man muß damit rechnen, daß die Knabenanstalten historisch gewordene Gebilde in Deutschland sind. Will man die Mädchen und die Knaben in dieselben Anstalten setzen, so befürchten wir dadurch eine ungünstige Einwirkung auf die Knabenanstalten (sehr richtig), eine Zurückdrängung der Knaben durch die Mädchen.

Meine Herren, das tritt zunächst einmal in ganz kleinen Äußerungen zutage. Ich habe selbst gelacht, als ich in den letzten Tagen in der Zeitung las, daß die jungen Mädchen sehr ägriert darüber waren, daß sie in einzelnen der höheren Lehranstalten nun nicht mit Fräulein angeredet wurden (Heiterkeit). Ja, meine Herren, denken Sie sich nun eine Unterprima mit Knaben und Mädchen zusammen. Die Mädchen verlangen hier, mit Fräulein angeredet zu werden. Da ist die Konsequenz, daß sie unsere Jungs mit Herr anreden (große Heiterkeit). Noch einen Punkt! Ich habe in den letzten Tagen den Bericht eines Provinzialschulrats in Händen gehabt, der die bestehenden gymnasialen und realgymnasialen Kurse genau beobachtet hat. Er lobt sehr den Fleiß der Mädchen und ihre Entwicklung; er sagt aber! Es ist nur bedauerlich, daß die Eltern trotz der Schwere der Aufgabe, die den Mädchen gestellt ist, sich nicht entschließen können, davon abzusehen, die Mädchen auf allerhand Vergnügungen, Bälle usw. mitzunehmen. Er sagt: Ich habe es wiederholt erlebt, daß die jungen Mädchen, wenn sie die Nacht durchgetanzt haben, am anderen

Morgen früh acht Uhr in die Schule kommen, sich auf die Schulbank setzen und dann mit Lateinstudien anfangen. Ja meine Herren, da schreibt der Korreferent in den Akten daneben: Nubendi causa (große Heiterkeit). Natürlich, meine Herren, kein Vater will schließlich darauf verzichten, daß seine Tochter heiratet, wenn sie 18, 19 Jahre alt ist. Daraus ergeben sich Konstellationen, die man für die Knabenanstalten recht schlecht verwerten kann. Stellen Sie sich vor: ein junges Mädchen, das die Nacht hindurch im Ballsaal Triumphe gefeiert hat, erscheint morgens in der Schule. Auf der einen Bank sitzen die Mädchen, auf der anderen die jungen Herren, um den Ausdruck zu gebrauchen. Daß das nichts gleichartiges ist, das liegt auf der Hand (sehr richtig!). Es kommen dadurch Gesichtspunkte in die Schule hinein, die den Knabenanstalten total fernliegen. Unsere jungen Leute werden in einer gewissen Unreife erhalten; sie werden noch nicht auf Gesellschaften mitgenommen, am wenigsten auf Bälle. Wenn das aber nachher Klassengespräch wird, fühlen sich die jungen Herren natürlich zurückgesetzt und kommen in ein gewisses Mißverständnis; von einem rein kameradschaftlichen Verkehr kann man bei diesen Verhältnissen wirklich nicht reden. Meine Herren, wir haben doch sogar den Fall gelesen, daß ein junges Mädchen ihre Verlobungsanzeige mit dem Titel Unterprimanerin in die Welt schickte. Denken Sie sich diese Klassensituation, wenn das öfter eintritt, wenn die jungen Mädchen ihre Verlobung in der Klasse mitteilen und es den jungen Herren überlassen, ihnen zu gratulieren! (Heiterkeit). Meine Herren, diese Erfahrungen macht man doch: die jungen Leute fühlen sich den jungen Mädchen gegenüber zurückgedrängt und zurückgesetzt, und, wie ich glaube, mit Recht (sehr richtig!). Zweifellos, meine Herren, würde ich als Lehrer, wenn ich z. B. zwei Bänke zusammen habe, auf der einen sitzt eine Anzahl von sehr fähigen, sehr intelligenten und fleißigen jungen Mädchen, mich natürlich lieber mit denen beschäftigen (große Heiterkeit) als mit den Jungen, die doch ein ganz anderes Material darstellen; das sind ja schließlich alles Äußerlichkeiten. Die Hauptsache bleibt, daß die Mischung von Knaben und Mädchen eine ganz andere Behandlung der Klassenführung anstellen muß usw. Man bringt hier ein Element in unsere Knabenerziehung, das diese umgestalten muß, während die geschichtliche Entwicklung in Deutschland aber eine andere gewesen ist.

Meine Herren, von hier aus ist die Unterrichtsverwaltung zu der Entscheidung gekommen, daß es im Interesse unserer Knabenanstalten nicht gut ist, wenn man die Mädchen in diese Anstalten hineinläßt, sondern besondere Anstalten für sie errichtet. Das letztere wäre überflüssig, wenn man den Mädchen die Knabenanstalten öffnen wollte“ (zit. in: Beckmann 1933, S. 173ff.).

Am 15. August 1908 nahm das Preußische Ministerium dann eine Neuordnung des höheren Mädchenschulwesens vor. Sie umfaßte insbesondere eine Ausweitung bzw. Einführung des mathematischen und naturwissenschaftlichen Unterrichts. Mädchen sollten vom 6. bis zum

16. Lebensjahr ein Lyzeum besuchen können, darauf aufbauend gab es dann drei verschiedene Zweige eines Oberlyzeums: einen hauswirtschaftlichen Zweig, die sog. Frauenschule, ein höheres Lehrerinnenseminar und eine Studienanstalt, die zum Abitur führte (vgl. APEL 1988). Im gleichen Jahr wurden Frauen auch erstmals in Preußen zum Studium zugelassen. Die getroffenen Regelungen zur Mädchenbildung genügten zwar einerseits den veränderten gesellschaftlichen Ansprüchen, schufen andererseits aber Organisationsformen, die das „Besondere" der Frauenbildung festschrieben. Dies wurde auch explizit in dem Erlaß zur Regelung der Mädchenbildung ausgesprochen:

> „Doch soll durch diese Änderung die weibliche Eigenart in keiner Weise benachteiligt werden. Vielmehr werden Religion und Deutsch nach wie vor im Mittelpunkt der Mädchen- und Frauenbildung stehen" (zit. in: BECKMANN 1933, S. 130).

Die Auseinandersetzungen um die Koedukationsfrage ging auch nach der Neuordnung der Mädchenbildung ebenso weiter wie jene um die weibliche Leitung von Mädchenschulen.

Der „Verein Deutscher Katholischer Lehrerinnen" bekräftigte am Ende des Jahres 1908 seine Gegnerschaft zur Koedukation: „Die gemeinsame Erziehung von Knaben und Mädchen lehnen wir als Prinzip ab" (ebd., S. 175). Allerdings wollten die katholischen deutschen Lehrerinnen den Mädchen ausnahmsweise gestatten, eine höhere Knabenschule zu besuchen, wobei diese Möglichkeit von den Aufsichtsbehörden von Fall zu Fall zu entscheiden wäre.

Der „Verband der Oberlehrer an höheren Mädchenschulen" verabschiedete im selben Jahr eine Petition gegen die weibliche Leitung. Darin hieß es:

> „Es widerspricht dies auch der ganzen Auffassung des deutschen Volkes, Männer, die unter der Leitung einer Frau stehen, werden nicht als vollwertig angesehen" (ebd., S. 186).

Ein Jahr später wiederholte der Verband in einer erneuten Petition seine Position und malte darin das Schreckensbild des Endes männlicher Herrschaft:

> „Die Einführung weiblicher Vorgesetzter auf dem Schulgebiete wird mit Sicherheit im Laufe der Zeit auch zu ähnlichen Ansprüchen und Erfolgen der Frauen in anderen Berufen führen und damit zu einer allgemeinen großen Gefahr für das Staatswohl werden. Der Staat ist in erster Linie ein Produkt männlicher Initiative und Kraft und bedarf zu einer gesunden Fortentwicklung des

spezifisch männlichen Geistes. So wünschenswert die Mitarbeit der Frauen auf den verschiedensten Gebieten des Kulturlebens ist, so wenig kann eine Herrschaft derselben im öffentlichen Staatsleben geduldet werden. In den Staaten mit allgemeiner Wehrpflicht, unter denen der preußische Staat an erster Stelle steht, bedeutet die amtliche Unterordnung des Mannes unter die ledige Frau geradezu eine Gefährdung des militärischen Geistes und der Wehrtüchtigkeit" (ebd., S. 187).

Der Oberlehrerverband beschloß sogar, Lehrer, die unter Direktorinnen arbeiteten, von der Mitgliedschaft auszuschließen. L. Mittenzwey, der selber Schulleiter in Leipzig war, hat 1909 in seinem Buch ›Frauenfrage und Schule‹ dezidiert gegen Lehrerinnen und vor allem Schulleiterinnen damit argumentiert, es gebe schon genug Männer mit akademischer Bildung, die „sich kärglich nähren müssen und in subalterne Stellungen hinabgedrückt werden", so daß eine Vergrößerung des „Gelehrtenproletariats" doch sehr zu bedenken sei (1909, S. 99).

Gertrud Bäumer veröffentlichte 1911 in Die Frau einen Beitrag, in dem sie sich mit den „Gegnern der weiblichen Leitung öffentlicher Mädchenschulen und ihrer Kampfesweise" auseinandersetzte. Sie sah das entscheidende Problem der Petition des Oberlehrerverbandes darin, daß Lehrer mit einer solchen Einstellung natürlich kaum im Interesse der Mädchen und Frauen liegende Erziehungsarbeit leisten können.

„Die Ironie dieser Episode aus dem Konkurrenzkampf der Männer gegen die Frauen liegt darin, daß ihn die Lehrer der reformierten höheren Mädchenschulen führen. Unsere weibliche Jugend wird für neue Aufgaben im Berufsleben von Männern vorgebildet, die ihr gleichzeitig diese Aufgabe bestreiten und zu entziehen bemüht sind" (1911, S. 275).

Auch von dem „Allgemeinen Deutschen Lehrerinnenverein" sowie der darin gebildeten Sektion für mittlere und höhere Schulen und dem „Landesverein Preußischer Volksschullehrerinnen" wurde im Januar 1911 Stellung genommen zu den Petitionen der Oberlehrer. Es heißt darin:

„Wir bedauern, daß durch die Begründung der Petition den Lehrerinnen von ihren Kollegen zugemutet wird, prinzipiell auf eine rein sachliche Einschätzung ihrer Persönlichkeit und ihrer Leistungen zu verzichten und sich um ihres Geschlechtes willen für minderwertig zu halten, selbst wenn sie an persönlicher Geeignetheit zur Leitung den Kollegen gleichstehen oder sie übertreffen. Wir bedauern, daß die Vertreter der Mädchenschule die ihnen anvertraute Schule und ihre Arbeit selbst in der öffentlichen Meinung herabsetzen. Denn wer der Ansicht ist, daß ein Mann, der unter weiblichem Direktorat arbeitet, sich der öffentlichen Geringschätzung aussetzt, bekennt sich damit zu einem prinzipiellen Rangunterschied der Geschlechter, bei dem dann auch konsequenterweise die Arbeit an der weiblichen Jugend als die wertlosere erscheinen muß.

Wir bedauern ferner, daß die Erziehung von Mädchen Männern anvertraut ist, die eine solche prinzipielle Geringschätzung der Frau öffentlich bekunden. So sehr wir an sich die gemeinsame Arbeit von Mann und Frau an der Mädchenerziehung wünschen, so überzeugt sind wir doch davon, daß Männer, die sich etwas zu vergeben fürchten, wenn sie die Leistungen einer Frau ohne Rücksicht auf ihr Geschlecht rein sachlich anerkennen, nicht berufen sind, die weibliche Jugend für die Erfüllung der Aufgaben tüchtig zu machen, die der Frau heute im Familien- und Volksleben zufallen" (zit. in: BECKMANN 1933, S. 188).

Für die koedukative Erziehung spielte diese Einstellung der Lehrer natürlich ebenfalls eine Rolle. MARGARETE TREUGE kam in ihrer Abwägung der Argumente für eine Gemeinschaftserziehung zu dem Resultat, daß die Frage eigentlich nicht lauten könne, „Soll man den Schulen (den koedukativen) diese Schülerinnen wünschen?", sondern: „Soll man den Schülerinnen diese Lehrer wünschen?" (1913, S. 264). Auch für ANNA LINDEMANN, die ihren Beitrag zur Gemeinschaftserziehung vom Elternstandpunkt aus formulierte, stand fest, daß nur, wenn sich die Anerkennung der Frau als gleichberechtigter Mensch als Prinzip für koedukative Schulen durchsetze, diese befürwortet werden könne (1912, S. 137).

Auf dem Deutschen Frauenkongreß 1912 hielt CHRISTIANE MEWALDT VON WEDEL ein Referat über die Gründe für koedukativen Unterricht. Sie sprach sich aber keineswegs eindeutig für die Einführung von Koedukation aus. Vielmehr stützte sie ihre Argumentation vor allem darauf, den Bildungsbedürfnissen von Mädchen überhaupt Rechnung zu tragen. Primär wurde dafür der Ausbau des höheren Mädchenschulwesens gewünscht, Koedukation sollte in erster Linie als eine Art Notbehelf dort eingeführt werden, wo entsprechende Schulen für Mädchen allein nicht eröffnet werden könnten (abgedruckt in: PFISTER 1989, S. 205 ff.).

Welche Befürchtungen auch gerade von seiten der Gymnasiallehrer gegen die Einführung der Koedukation existierten, zeigte ein Beitrag von WILLI NEF in der Zeitschrift PÄDAGOGISCHE PSYCHOLOGIE UND EXPERIMENTELLE PÄDAGOGIK von 1913. Seiner Meinung nach galt es in den Knabengymnasien, die Jungen in Richtung der „männlichen Tugenden und Ideale zu beeinflussen". Männliche und weibliche Gesichtswinkel, „von dem aus das Leben angeschaut und beurteilt wird", seien völlig gegensätzlich.

„Wenn man sie durch die Koedukation auf dem Gymnasium gewaltsam verwischen will, so raubt man gerade den stärksten Persönlichkeiten unter den Lehrern eine schöne Seite ihres Wirkens, und den Schülern nimmt man etwas vom Besten, was sie aus dem Gymnasium davontragen können: die Einführung in die Lebensfragen vom rein männlichen Standpunkte aus" (abgedruckt in: Pfister 1989, S. 211 ff.).

Durch die gemeinsame Unterrichtung sah er die Gefahr, Abstriche vom Bildungsniveau vornehmen zu müssen:

„Die weibliche Natur ist ihrer ganzen Anlage nach mehr rezeptiv, zur kritiklosen Aufnahme von Wissensstoff angelegt, während sich beim Knaben schon früh der Trieb zur selbständigen Verarbeitung und zur Stellungnahme gegenüber dem Dargebotenen regt ..." (ebd., S. 212).

Auch hier muß man wie bereits bei der Position der Oberlehrer an höheren Mädchenschulen feststellen, daß eine koedukative Erziehung für die Mädchen auf Lehrkräfte stoßen würde, die den Mädchen zweifellos nicht gerecht werden können.

## 2.3 Koedukation in der Weimarer Republik und im Faschismus

Während der Weimarer Republik wurden zwar Koedukationsschulen zugelassen bzw. Mädchen an Jungenschulen aufgenommen, Koedukation als Prinzip setzte sich jedoch nicht durch. Nur in der Landerziehungsheimbewegung wurde Koedukation als wesentliches Moment für die Entwicklung einer Menschheitskultur, in der sowohl weibliche wie männliche Kultur zusammenwirken sollen, angesehen. Für eine solche Position stand vor allem Paul Geheeb (1914; 1954 abgedruckt in: Harless 1955, S. 242). Dabei wurde das Ziel der Koedukation jedoch darin gesehen, die Polarisierung der Geschlechtscharaktere zu befördern (v. Martial 1990, S. 85).

Auf der Reichsschulkonferenz von 1920 wurde die Frage der Gleichwertigkeit bzw. Gleichartigkeit von Mädchen- und Knabenbildung heftig diskutiert. Der „Allgemeine Deutsche Lehrerinnenverein" konnte auch folgenden Antrag verabschieden lassen:

„Das Mädchenschulwesen ist nach den gleichen Grundsätzen zu regeln wie das Knabenschulwesen ... Dort, wo gegenwärtig nur eine Schule eines bestimmten Typs besteht, ist sie sofort beiden Geschlechtern zu öffnen" (zit. in: Pfister 1989, S. 30).

Vor allem finanzielle Schwierigkeiten, aber auch politische Kontroversen führten dazu, daß dieser Antrag kaum in die Realität umgesetzt wurde. Erst mit der Neuregelung der Lehrerausbildung wurde auch eine Umstrukturierung der Mädchenbildung notwendig. 1923 wurden „Richtlinien für die Umgestaltung der Lyzeen und Oberlyzeen" verabschiedet, in deren Konsequenz die Zahl der Mädchenschulen mit zum Abitur führenden Kursen stieg (Zymek 1988, S. 196). Die Koedukation blieb jedoch umstritten. Krogh-Jensen hat 1923 in seinem Aufsatz zur Koedukation festgestellt, daß es einen engen Zusammenhang zwischen Koedukation und Frauenfragen gebe: Die Verbreitung der Koedukation ist dort größer, wo eine aktive Frauenbewegung existiert, sie ist dort gering, wo die Kirche einen starken gesellschaftlichen Einfluß hat bzw. wo konservative Kräfte an der politischen Macht sind (S. 11). Hanna Pestalozza, die 1922 als Vertreterin einer christlich-protestantischen Position negativ zur Koedukation Stellung bezieht, erklärt diese Haltung explizit als „erfahrungsresistent" (1922, S. 73). Entscheidend ist für sie nicht, ob positive Erfahrungen mit koedukativen Schulen gemacht wurden oder möglich sind, sondern, daß es dem Wesen der Frau nicht zuträglich ist, wenn Mädchen und Jungen gemeinsam unterrichtet werden. Es geht ihr um die Herausbildung einer „inneren Gleichwertigkeit" bei gleichzeitiger Ablehnung einer „äußeren Gleichartigkeit".

Ein Antrag der KPD und USPD an den Preußischen Landtag 1924 auf Einführung der Koedukation an höheren Schulen wurde abgelehnt. Nach wie vor sollten Mädchen nur ausnahmsweise in Knabenschulen zugelassen werden (Pfister 1989, S. 32). Die Zahl dieser Ausnahmen stieg jedoch während der zwanziger Jahre deutlich an. 1931 erwarben bereits 11,9% der Abiturientinnen, d. h. knapp 700 Schülerinnen, ihre Hochschulreife an einer Jungenschule (ebd., S. 193 u. S. 196).

Heftiger Widerstand gegen alle Bestrebungen zur Durchsetzung koedukativer Erziehung wurde insbesondere von seiten der katholischen Kirche gezeigt. Die Fuldaer Bischofskonferenz 1925 lehnte die Koedukation eindeutig ab:

„Den Bestrebungen, ohne zwingende Gründe die Koedukation einzuführen, ist, besonders wenn es sich um schon 11–12jährige Kinder handelt, Widerstand zu leisten; weder die Vermehrung der Stufen einer Schule, noch die Verminderung der Klassen kann an sich als zwingender Grund anerkannt werden“ (abgedruckt in: Pfister 1989, S. 219).

Am 31. 12. 1929 wird von Papst Pius XI sogar eine Enzyklika gegen die Koedukation verkündet (divini illius magistri). Darin heißt es:

„Ebenso abwegig und für die christliche Erziehung gefährlich ist das sogenannte Koedukationssystem, das für viele gleichfalls in der naturalistischen Leugnung der Erbsünde begründet ist. Außerdem herrscht bei allen Vertretern dieses Systems eine beklagenswerte Begriffsverwirrung, indem sie das berechtigte menschliche Zusammenleben mit der nivellierenden Vermischung und Gleichheit der Geschlechter verwechseln. Der Schöpfer hat nach Regel und Ordnung das Zusammenleben der beiden Geschlechter vollständig nur in der Einheit der Ehe, dagegen in verschiedener Abstufung in der Familie und Gesellschaft gewollt. Ferner läßt sich aus der Natur, welche die Verschiedenheit im Organismus, in den Neigungen und Anlagen hervorbringt, kein Beweis herleiten, daß eine Vermischung oder gar eine Gleichheit in der Heranbildung beider Geschlechter tunlich oder notwendig wäre. Gemäß den wundervollen Absichten des Schöpfers sind diese vielmehr bestimmt, sich in der Familie und Volksgemeinschaft eben kraft ihrer Verschiedenheit gegenseitig zu ergänzen. Letzteres ist darum bei der Erziehung und Ausbildung festzuhalten und zu begünstigen mit der nötigen Unterscheidung und der entsprechenden Trennung nach Alter und Umständen. Diese Grundsätze sind je nach Zeit und Ort an allen Schulen nach den Regeln der christlichen Klugheit anzuwenden, namentlich in den am meisten gefährlichen und entscheidenden Entwicklungs- und Reifejahren, bei den Turn- und Spielübungen, mit besonderer Rücksichtnahme auf das christliche Schicklichkeitsgefühl unter der weiblichen Jugend, für die jede öffentliche Schaustellung höchst ungeziemend ist“ (in: Schröteler 1933, S. 20f.).

Josef Schröteler hält die Ablehnung der Koedukation für notwendig, weil es eine „bedeutsame ethische Aufgabe“ ist, „die gottgewollte Spannung zwischen Mann und Frau in der richtigen Weise zu erhalten“ (ebd., S. 22).

Im Faschismus sollte die Erziehung der Mädchen ganz auf ihre spätere Aufgabe als Mutter ausgerichtet werden. Hitler hatte in seiner Schrift ›Mein Kampf‹ explizit dazu Stellung bezogen:

„Analog der Erziehung des Knaben kann der völkische Staat auch die Erziehung des Mädchens von den gleichen Gesichtspunkten aus leiten. Auch dort ist das Hauptgewicht vor allem auf die körperliche Ausbildung zu legen, erst dann auf die Förderung der seelischen und zuletzt der geistigen Werte. Das Ziel der weiblichen Erziehung hat unverrückbar die kommende Mutter zu sein" (zit. nach DAUZENROTH 1971, S. 167).

Koedukative Erziehung kam dafür nicht in Frage, und auch die Frage der weiblichen Leitung von Schulen stand offensichtlich zur Disposition. EMMY BECKMANN, damals Schulleiterin in Hamburg, berichtete jedenfalls, daß in Hamburg ausnahmslos alle Leiterinnen höherer Mädchenschulen durch männliche Schulleiter ersetzt wurden (zit. in: STUBBE-DA LUZ 1990, S. 104). 1937 wurde das höhere Schulwesen neu geregelt, indem einheitliche Formen der Oberschule für Jungen und der Oberschule für Mädchen geschaffen wurden. Latein wurde in der Mädchenoberschule nicht gelehrt, die Oberstufe spaltete sich in einen hauswirtschaftlichen und einen sprachlichen Zweig, der erstmals erlaubte, das Abitur mit nur einer Fremdsprache zu erwerben (LUNDGREEN 1984, S. 105; vgl. auch JAKOBI-DIETRICH 1989, S. 62; PFISTER 1989, S. 31). Der Einführungserlaß zur Neuordnung des höheren Schulwesens formulierte explizit eine Absage an koedukative Schulen:

„Eine gemeinsame Schulerziehung der Geschlechter widerspricht nationalsozialistischem Erziehungsgeiste. Für Jungen und Mädchen sind daher grundsätzlich getrennte Schulen eingerichtet; die neue hauswirtschaftliche Form der Oberschule für Mädchen steht dabei in ganz besonderem Maße im Dienste der Forderung, die das Leben an die deutsche Frau und Mutter in Familie, Beruf und Volksgemeinschaft stellt" (abgedruckt in: PFISTER 1989, S. 231).

Die Lenkung der Mädchen auf die hauswirtschaftliche Form der Oberschule wurde bewußt vorgenommen, um Mädchen von weitergehenden Bildungsansprüchen fernzuhalten. Nach 1940 allerdings konnten die Schülerinnen auch dieser Schulformen das Abitur machen, weil der „Nachwuchsbedarf der Wehrmacht und akademischer Berufe" anders nicht zu decken gewesen wäre (ZYMEK 1988, S. 199). Die Abwertung der Mädchenbildung als „Puddingabitur" hat historisch hier sicher ihren deutlichsten Bezug.

## 2.4 Koedukation in der Bundesrepublik Deutschland

Nach 1945 wurde nur in der sowjetischen Besatzungszone die Koedukation proklamiert und in der Folgezeit bis zur Auflösung der DDR weitgehend unhinterfragt – Ausnahmen bildete nur das Fach Sport –

eingeführt. In der späteren Bundesrepublik dauerte es bis in die 70er Jahre, bis im Bereich der höheren Schule Koedukation zur Praxis wurde. Allerdings gab es auch in den 50er Jahren nach wie vor Diskussionen um die Koedukation. So verabschiedete der „Ausschuß für Mädchenbildung im Deutschen Philologenverband" 1955 Leitsätze zur Koedukation. Unter Koedukation verstand er dabei „eine bewußt und grundsätzlich vorgenommene gemeinsame Erziehung von Jungen und Mädchen, also ein pädagogisches Prinzip. Als solches kann es nur gewahrt bleiben, wenn die Minderheit wenigstens ein Drittel der Gesamtschülerzahl jeder Klasse beträgt" (abgedruckt in: PFISTER 1989, S. 243). Nach der Auflistung der seit Jahrzehnten immer wieder angeführten positiven Momente wie auch der befürchteten Gefahren der Koedukation formulierte der Ausschuß des Deutschen Philologenverbandes drei Voraussetzungen für die Koedukation: Dazu gehörte die Bereitstellung erforderlicher Räume und Einrichtungen, die Prüfung der regionalen Gegebenheiten – als günstig für koedukative Schulen sah er kleine Städte und die Randgebiete von Großstädten an – sowie eine auf Koedukation besonders ausgerichtete Lehrerausbildung. Aus diesen Voraussetzungen und der allgemeinen Position des Philologenverbandes heraus formulierte der Ausschuß verschiedene Forderungen. Zu ihnen gehörten:

- „Die Gestaltung des Unterrichts nach einer auf die gemeinsame Erziehung abgestimmten sorgfältigen Auswahl aus den in den Lehrplänen vorgeschriebenen und vorgeschlagenen Unterrichtsstoffen.
- Die Ergänzung des Unterrichts durch Arbeitsgemeinschaften, in denen Schüler und Schülerinnen ihrer Veranlagung nach auch getrennt Gelegenheit zur Erörterung von Lebensfragen und zur Vertiefung in besondere Interessengebiete haben.
- Getrennter Unterricht grundsätzlich in Leibesübungen, zeitweise auch im Biologieunterricht.
- Die Ausnutzung der sich aus der Koedukation ergebenden Möglichkeiten der musischen Erziehung für das Gemeinschaftsleben.
- Die Beauftragung von je einem Vertrauenslehrer und einer Vertrauenslehrerin für jede Stufe. ...
- Die Verfügbarkeit einer genügenden Anzahl von Lehrkräften beider Geschlechter für die tragenden Fächer bis zum Abschluß der Oberstufe. ... Die Zusammensetzung des Kollegiums aus männlichen und weiblichen Lehrkräften muß dem Zahlenverhältnis der Schülerinnen und Schüler entsprechen.
- ... Bei einer männlichen Schulleitung ist mindestens eine Oberstudienrats-

stelle mit einer Dame zu besetzen. Die umgekehrte Regelung gilt im umgekehrten Fall“ (ebd., S. 244f.).

In den Lehrplänen waren bis weit in die 60er Jahre hinein Formulierungen zu finden, die explizit auf die Besonderheiten einer Mädchenbildung Bezug nahmen. Dabei fanden sich in den allgemeinen Einleitungen und in den Kommentaren zu einzelnen Unterrichtsfächern Aussagen, die getragen wurden von der Wesensvorstellung von Weiblichkeit:

„Im Hintergrund dieser Kommentare stehen Mädchen- bzw. Frauenbilder, besser Wesenstheorien. Wird im Zusammenhang mit den oben genannten Fächern immer wieder betont, die weibliche Wesens- und Eigenart müsse berücksichtigt werden, so besagt dies nichts anderes, als daß Mädchen mehr emotional als rational veranlagt seien. Hervorgehoben wird der Sinn für ‘alles persönliche, für Schicksale, die das Gemüt ansprechen’. Die traditionelle Wesensauffassung der Frau stellt immer wieder ihre persönliche Gerichtetheit heraus; sie sei angelegt auf ‘Duverstehen weniger auf Gegenstandserkennen’. Sachliches Denken wird dagegen als für Mädchen nur schwer erreichbar angesehen“ (Hagemaier 1969, S. 253).

Die Stundenverteilung war ebenfalls bis in die 60er Jahre hinein in den Volksschulen und z. T. auch in den Realschulen unterschiedlich für Mädchen und Jungen. Mädchen erhielten Handarbeit und Hauswirtschaft, während Jungen in dieser Zeit in erster Linie Werkunterricht, z. T. aber auch Mathematik-, Physik- und Chemieunterricht bekamen.

In den 60er Jahren gab es zwar im erziehungswissenschaftlichen Bereich noch einige Untersuchungen und Diskussionsbeiträge zur Koedukation, die Bildungspolitik beschäftigte sich jedoch in erster Linie mit dem sogenannten „Bildungsnotstand“, dem durch Bildungswerbungskampagnen und Bildungsreformen entgegengewirkt werden sollte. Pragmatisches Mittel dafür war auch die Einführung der Koedukation (vgl. Zinnecker 1978). Sie wurde dabei vermutlich vor allem aus ökonomischen Gründen erörtert. So berichtet Robert Hassler in seiner Schulgeschichte des ältesten bayerischen Mädchengymnasiums, der Theresienschule in Ansbach, daß 1964 die Kommune als Trägerin der Schule aus finanziellen Gründen eine Zusammenlegung mit der Jungenschule erwog.

„Für die Stadt aber ging es im Prinzip gar nicht um die Frage der Koedukation, sondern in erster Linie um die Lösung der leidigen Raumfrage. Und die war abhängig von den in den nächsten Jahren zu erwartenden Schülerzahlen. Damit vertagte man sich zunächst" (1987, Bd. II, S. 337).

1973 wollte sich die Schule dann für Jungen öffnen, jedoch erst 1977 meldeten sich 15 Jungen an – HASSLER erwähnt diese Tatsachen, ohne Gründe und Ursachen dafür zu erörtern.

Im Gegensatz zu den noch 1955 geäußerten Forderungen des Philologenverbandes gab es offensichtlich keinerlei Vorbereitung für den Einführungsprozeß der Koedukation. Darauf deuten zumindest auch erste Ergebnisse einer Befragung von ELKE NYSSEN über die Einführung der Koedukation an nordrhein-westfälischen Gymnasien hin:

„Alle befragten Schulleiter und StudienrätInnen antworteten übereinstimmend, daß die Koedukation – außer der Schaffung der sanitären Voraussetzungen – in keinerlei Weise vorbereitet worden sei, weder durch didaktische und curriculare Maßnahmen noch durch LehrerInnenweiterbildung" (1988, S. 175).

DORIS KNAB kennzeichnet die entstandene Situation folgendermaßen:

„Wir dürfen nicht vergessen, daß unsere gegenwärtige Schule keineswegs Koedukation als pädagogisches Konzept verkörpert, sondern nur die verwaltungstechnisch einfachste Gewährleistung gleicher Bildungschancen in Form der flächendeckenden Versorgung mit einem standardisierten Schulangebot" (1990, S. 819).

Mit der pragmatischen Einführung gerieten geschlechtsbezogene Aspekte überhaupt weitgehend aus der Diskussion. Mädchen verschwanden hinter der vermeintlich neutralen Bezeichnung Schüler, Lehrerinnen hinter der des Lehrers. Gekämpft wurde, wenn überhaupt, für die Rechte von Jungen: In Bayern begann 1981 die SPD-Landtagsabgeordnete MONIKA HORNIG-SUTTER mit einer Anfrage zu den öffentlichen sozialwissenschaftlichen Mädchengymnasien einen Rechtsstreit um die Öffnung dieser Schulen für Jungen, den sie im März 1985 vor dem Bayerischen Verwaltungsgericht gewann (vgl. EPPLE 1985). Zur gleichen Zeit wurden jedoch auch – ausgelöst durch die Diskussionen von seiten engagierter Frauen (vgl. Kap. 1) – Veränderungen für Schülerinnen erstritten. So hat beispielsweise das Kultusministerium von Nordrhein-Westfalen am 11. 7. 1985 einen Runderlaß zur „Berücksichtigung frauenspezifischer Belange in den Richtlinien und Lehrplänen für die Schule im Lande Nordrhein-Westfalen" herausgegeben. Darin heißt es, daß bei der Erstellung, Fortschreibung und Überarbeitung von Richtlinien und Lehrplänen zu beachten ist, daß

- „Die Selbstverwirklichung in sozialer Verantwortung für Mädchen und Jungen gleichermaßen erreichbar wird.
- In den gesellschaftswissenschaftlichen und sprachlichen Fächern die besonderen Lebensbedingungen von Mädchen und jungen Frauen verstärkt thematisiert werden und es zu einer gleichgewichtigen Darstellung der Bedeutung von Frauen und Männern in der Gesellschaft kommt.
- Das Interesse von Mädchen in den naturwissenschaftlichen und technischen Fächern bewußt geweckt und gefördert werden kann.
- Die entsprechenden Vorgaben für die Schulbücher aus den Richtlinien und Lehrplänen direkt abzuleiten sind.
- In der sprachlichen Formulierung von Richtlinien und Lehrplänen deutlich wird, daß der Unterricht gleichermaßen Schüler wie Schülerinnen erreichen soll" (abgedruckt in: PFISTER 1989, S. 262).

Ähnliche Formulierungen finden wir auch in verschiedenen anderen Länderregelungen, z. B. in Berlin, Hamburg, Hessen und Schleswig-Holstein.

## 3. POSITIONEN UND UNTERSUCHUNGEN ZUM GESCHLECHTERVERHÄLTNIS IN DER SCHULE

Die historische Entwicklung der Koedukationsfrage zeigt, daß die geschlechterspezifische Arbeitsteilung und die mit ihr einhergehende Auffassung vom „Wesen der Geschlechter" zentral die Forderungen wie die bildungspolitischen Entscheidungen bestimmte. Von seiten der Erziehungswissenschaft, der Psychologie und der Sozialwissenschaften wurde versucht, durch theoretische Klärungen und empirische Untersuchungen Entscheidungshilfen für die jeweiligen Positionen zu leisten. Wir finden zu allen historischen Zeitpunkten Arbeiten, in denen beansprucht wird, die Argumente pro oder kontra Koedukation entsprechend der je eigenen Position zu stützen. Für die älteren Arbeiten gilt dabei, daß sie fast alle explizit ihre Auffassung vom Wesen der Geschlechter deutlich machen und empirische Befunde vor diesem Hintergrund diskutieren. Die Zustimmung oder Ablehnung zur Koedukation ergibt sich dann daraus, ob die AutorInnen jeweils glauben nachweisen zu können, daß Koedukation die Herausbildung der angenommenen Wesenseigenschaften unterstütze oder sie nivelliere. Die Hauptbereiche, die dabei thematisiert werden, sind

- die Sexualität: Hier wird von seiten der Koedukationsgegner entweder argumentiert, daß die Spannung zwischen den Geschlechtern durch den gemeinsamen Unterricht verlorengehe oder daß sexuelle Frühreife die Jugend in Gefahr brächte. Koedukationsbefürworter dagegen glauben, daß gerade sexuelle Ausschweifungen, Verirrungen und Verkrampfungen durch die gemeinsame Erziehung verhindert werden könnten.
- das gegenseitige Lernen: Hiermit sind vor allem die sozialen Aspekte des Verhaltens von Mädchen und Jungen gemeint. Gegner befürchten hier eine Angleichung der Geschlechter im Sinne der Gleichmacherei, Befürworter sehen positive Momente des Ausgleichs und der Verbreiterung individueller Möglichkeiten.
- das gemeinsame Lernen: Hierbei geht es in erster Linie um das Leistungsverhalten. Koedukationsbefürworter glauben, daß beide

Geschlechter besser lernen würden, wenn sie gemeinsam unterrichtet würden. Gegner gehen davon aus, daß entweder die Mädchen oder die Jungen geringere Leistungen erbringen würden.

Die einzelnen Arbeiten sind von ihren Fragestellungen und ihrer Reichweite her höchst unterschiedlich. Sie beziehen sich auch durchaus nicht immer systematisch auf einen oder mehrere der genannten Bereiche. Kurz nach der Jahrhundertwende und in den 20er Jahren gab es vor allem drei Arbeiten, die zwar keine eigene Empirie präsentierten, aber als Überblicksliteratur ihre – konträren – Positionen zur Koedukation zu belegen suchten. Erst in der Bundesrepublik Deutschland wurden in der Zeit von Mitte der 50er bis Mitte der 60er Jahre neben Wissenschaftlichkeit beanspruchenden Positionsbestimmungen auch eigene empirische Untersuchungen, vor allem zum Leistungsvergleich und zum sozialen Verhalten, vorgelegt. Nachdem die Koedukation weitgehend realisiert worden war, gab es in den 70er Jahren eine schulvergleichende Untersuchung sowie zwei Literaturstudien. Danach befaßte sich die Wissenschaft bis Mitte der 80er Jahre nicht mehr mit der Koedukation als Untersuchungsgegenstand. Statt dessen gab es zunehmend Forschungen, die das Geschlechterverhältnis innerhalb der gegebenen koedukativen Schulsituation beleuchteten. Erst die dabei zutage tretenden diskreten Benachteiligungen von Mädchen ließen erneute Koedukationsuntersuchungen entstehen. Im folgenden sollen die verschiedenen Arbeiten mit ihrer jeweiligen Argumentation und den ihnen zugrundeliegenden empirischen Ergebnissen vorgestellt werden.

## 3.1 Positionen und Untersuchungen zu Beginn des 20. Jahrhunderts

Für die Zeit vor dem Ersten Weltkrieg gibt es vor allem zwei Arbeiten, die sich systematisch mit den Gründen für oder wider die Koedukation auseinandersetzten: Das ist zum einen der Aufsatz zur Koedukation von Gertrud Bäumer, der 1907 in dem von Adele Schreiber herausgegebenen ›Buch vom Kinde‹ erschien. Zum anderen ist es das von L. Mittenzwey 1909 herausgegebene Buch ›Frauenfrage und Schule mit besonderer Berücksichtigung der Gemeinschaftserziehung – Koedukation – beider Geschlechter‹.

Gertrud Bäumer referierte zunächst eine Anfang der 80er Jahre des 19. Jahrhunderts in den USA durchgeführte Umfrage über Vorzüge und Nachteile der gemeinsamen Erziehung. Sie zählte sechs Gründe für die gemeinsame Erziehung auf:

„1. Sie ist praktisch und entspricht dem Wesen und den erziehlichen Aufgaben der Schule und der Familie.
2. Sie ist allgemeine Sitte und paßt zu den amerikanischen Gesetzen und öffentlichen Einrichtungen.
3. Es ist gerecht und billig, beiden Geschlechtern eine gleich gute Gelegenheit zu bieten, sich Kenntnisse zu erwerben.
4. Sie ist ökonomisch; denn die öffentlichen Ausgaben für Unterricht und Erziehung lassen sich auf diese Weise am nutzbringendsten verwerten.
5. Sie bietet sowohl den Eltern als den Lehrern und Schülern viele Erleichterungen.
6. Sie wirkt vorteilhaft auf den Charakter, die Erziehung und die ganze Entwicklung der Kinder ein" (1907, S. 44).

Vor allem dieses letzte Argument entfaltete sie dann in ihrem Beitrag noch weiter. Sie betonte, daß die Lernlust und der Eifer in den gemischten Klassen größer seien und führte als Begründung dafür den „größeren Reiz", „den ein Lehrstoff dadurch gewinnt, daß die beiden Geschlechter ihn von verschiedenen Seiten her auffassen und verarbeiten" (ebd., S. 45), an. Einen weiteren Vorteil des gemeinsamen Unterrichts sah Bäumer in dem Ausgleich der Anforderungen: „Wenn im gemeinsamen Unterricht die Mädchen durch das Phlegma der Knaben vor Überanstrengung geschützt, die Knaben durch den Ehrgeiz der Mädchen zu größerem Eifer angetrieben werden" (ebd., S. 46). Bäumer verschwieg auch nicht die in der amerikanischen Untersuchung erwähnten Nachteile der gemeinsamen Erziehung der Geschlechter: Als solche sah sie zum einen die größere körperliche Schonungsbedürftigkeit der Mädchen, zum anderen die andere Bestimmung der Geschlechter bezüglich ihrer Lebensaufgabe in Familie bzw. Beruf. Die ebenfalls vorgebrachten sittlichen Bedenken beruhten ihrer Meinung nach primär auf Vorurteilen. In der Abwägung der Vor- bzw. Nachteile kam Bäumer zur Befürwortung der Koedukation, warnte allerdings vor einer Prinzipienreiterei und forderte statt dessen die Individualisierung.

L. Mittenzwey, der Schuldirektor in Leipzig war, führte durchaus ähnliche Argumente an wie Bäumer, allerdings erörterte er sie in einer Weise, die im Endeffekt seine Kontraposition zur Koedukation begründen soll. Bezüglich der sittlichen Gefahren erwähnte Mitten-

ZWEY zunächst einmal, daß er selber in eine gemischte Elementarschule gegangen sei und dort keinerlei sittliche Gefahren verspürt habe.

„Wir haben, weil auf dem Dorfe geboren, auch bis zum vierzehnten Jahre gemeinsam Unterricht genossen, und es ist uns nicht erinnerlich, daß irgend etwas Ungehöriges vorgekommen wäre. Im Gegenteil, die Mädchen wurden von uns Knaben förmlich gehaßt, gemieden, im Winter mit Schneebällen geworfen, wenn sie uns zu nahe kommen und mit allerlei Gattungsschimpfnamen belegt, nur um sie auf dem dreiviertelstündigen Schulwege von uns Knaben fernzuhalten; ‘vom Mädchen reißt sich stolz der Knabe’ “ (1909, S. 23).

An späterer Stelle seiner Argumentation allerdings gab MITTENZWEY dem Argument der sittlichen Gefahren dann doch größeres wicht:

„Auf jeden Fall aber ist es gut, wenn Lunte und Pulverfaß nicht nahe beieinander liegen. Es ist ein Gebot der Pflicht, die Gelegenheit zu sündlichen Verirrungen nach Möglichkeit zu beschränken“ (ebd., S. 56).

Wichtiger als diese „ethischen Bedenken“ hielt MITTENZWEY jene Unterschiede, die er als „hygienische Bedenken“ charakterisierte. Die vermeintlich geringere Belastbarkeit von Mädchen, deren größere Krankheitsanfälligkeit, insbesondere die Gefahr ihrer leichten Überreizung der Nerven führte er ins Feld, um gegen Veränderungen der Mädchenbildung anzugehen. In solchen Dingen sah er denn auch die psychologischen Unterschiede zwischen den Geschlechtern begründet:

„Die Frauen sind weniger imstande, sich zu beherrschen als die Männer. Schon durch die größere Reizempfindlichkeit, die lebhafte Einbildungskraft und die geringe Neigung zum Überlegen und Nachdenken wird das Gefühl für objektive Wahrheit und Recht bei den Frauen gefährdet, sie messen die Richtigkeit am liebsten nach ihren Gefühlen ab und glauben an ihre eigenen Visionen; hinsichtlich des Wollens zeigt sich etwas Ähnliches“ (ebd., S. 37).

Um diese Behauptungen zu belegen, begab sich MITTENZWEY auf das, was er den „Weg der Empirie“ nannte, und zwar „blickt er hinein in die Schulstube“:

„Wir finden, daß zum Beispiel Geschichte die Mädchen bei weitem nicht so interessiert als wie die Knaben. Der Geographie, einem Lieblingsfache der Knaben, bringen Mädchen ein sehr bescheidenes Interesse entgegen, und bei jeder Rechenprobe erweisen die Knaben ihre Überlegenheit. Aber im Schönschreiben, in der Führung der Hefte, überhaupt da, wo es sich mehr um Äußerliches handelt, sind die Mädchen den Knaben überlegen, sie sind durchschnittlich auch fleißiger und bemühen sich mehr. Der Memorierstoff sitzt fester, und im Religionsunterricht da sind sie lebhafter bei der Sache. Doch wenn es an das Denken geht, an das Urteilen und Schließen, dann fallen sie ab. Eine Geometriestunde in einer ersten Knabenklasse oder überhaupt eine Stunde, in welcher sich der Lehrer vorherrschend an die Denkkraft der Schüler wenden kann, ist für den Lehrer ein Genuß. In einer ersten Mädchenklasse ist niemals dieses Entgegenkommen zu bemerken. Man sagt wohl, Mädchen fassen zwar schneller, aber vergessen auch schneller, besonders wenn es sich auf abstraktes Wissen bezieht. Dazu kommt oft größere Geschwätzigkeit und eine widerliche Empfindlichkeit" (ebd., S. 41).

MITTENZWEY fragte dann danach, welche Forderungen sich aus der geschlechtlichen Eigenart für Unterricht und Erziehung der beiden Geschlechter ergeben würden. Er sah Unterschiede sowohl in der didaktischen Art wie auch in der Frage der Disziplin:

„Die Mädchen sind infolge der großen Reizempfindlichkeit ihrer Sinnesorgane für Anschauungs- und anschaulichen Unterricht besonders gut befähigt, mithin hat der Lehrer der Mädchen seinem Unterricht eine breitere sinnliche Grundlage zu geben" (ebd., S. 47).

„Knaben hingegen müssen anders angefaßt werden als die Mädchen, hier muß manchmal ein ernstes Wort gesprochen werden, und schon Schleiermacher sagte: 'Bei der Erziehung der männlichen Jugend muß die kühne, bei der der weiblichen die vorsichtige Maxime leiten', und es ist schon ein ganz gutes Zuchtmittel, wenn der Knabe das Bewußtsein hat, daß es durchaus nicht ausgeschlossen ist, mit dem 'Stab Wehe' in unliebsame Berührung zu kommen" (ebd., S. 53).

Für MITTENZWEY galten deshalb die etwa von GERTRUD BÄUMER angeführten Argumente für die Koedukation nicht. Er bestritt vielmehr das, was sie als gegenseitiges oder gemeinsames Lernen angesprochen hatte.

„Knaben und Mädchen geben von ihrer Eigenart auch in den gemischten Klassen wenig auf; wir haben wenigstens seinerzeit, als wir in einer gemischten Landschule aufgezogen wurden, nichts von dem viel gerühmten Ausgleich bemerkt; wir waren überhaupt viel zu stolz, um von seiten der Mädchen etwas aufzunehmen" (ebd., S. 61).

Da aber auch MITTENZWEY anderslautende Berichte nicht völlig entkräften konnte, formulierte er seine Position zur Koedukation letztlich so: Er sähe keine Bedenken dagegen bis zum Alter von etwa

10 Jahren. Für die höheren Klassen und die höhere Bildung erachte er eine Trennung jedoch für unbedingt nötig, da er durch die Koedukation die Gefahr einer Gleichmacherei gegeben sehe, und: „Was die Götter scheiden, soll der Mensch niemals zusammenfügen" (ebd., S. 105).

Aus der Zeit der Weimarer Republik finden wir eine umfängliche Arbeit, die vom psychologischen Standpunkt aus Ergebnisse von Untersuchungen über den „Unterschied im männlichen und weiblichen Entwicklungstempo" vorlegte und „seine Bedeutung für die moderne Koedukationsfrage" erörterte. Es handelt sich um einen von GEORG KROGH-JENSEN 1923 im „ARCHIV FÜR DIE GESAMTE PSYCHOLOGIE" veröffentlichten Aufsatz. KROGH-JENSENS Arbeit zielte darauf, die vorfindbaren Pro- und Kontrabehauptungen zur Koedukation so zu entwirren, daß eine klare Entscheidung möglich sei. Dazu unterschied er zunächst zwischen zwei Aspekten von Bildung, nämlich der Tatsache, daß es um Unterricht einerseits, um Erziehung andererseits gehe. Sodann trug er zusammen, was es an entwicklungspsychologischen Arbeiten innerhalb der international angelegten Psychologie zur geschlechtsspezifischen Differenz gab. Für die physiologische Entwicklung konstatierte er, daß für beide Geschlechter von der Geburt bis zum Abschluß des Wachstums eine Kurve aufstellbar sei, deren Form gleich sei. Der entscheidende Geschlechtsunterschied liege im Entwicklungstempo.

„Das weibliche Individuum durchläuft seine Entwicklungsbahn etwa in 18 Jahren, während das männliche etwa 24 Jahre braucht" (1923, S. 49).

So gesehen, seien Mädchen und Jungen im gleichen Alter körperlich keineswegs gleich alt. Einen zweiten wichtigen Geschlechtsunterschied sah KROGH-JENSEN in der Entwicklungsintensität während der Pubertätsjahre. Die weibliche Pubertätsentwicklung gehe schneller vor sich als die der Jungen und sei intensiver, was bedeute, daß Mädchen in diesen Jahren krankheitsanfälliger seien als Jungen. Als dritten Geschlechtsunterschied sah KROGH-JENSEN den „eigentlichen Unterschied in der männlichen und weiblichen Pubertät". Während die männliche Pubertät und Nachpubertät ohne besondere physiologische Störungen verlaufe, „tritt bei den Mädchen die erste und sodann regelmäßig wiederkehrende Menstruation als eine sogar ernsthafte und anhaltende physiologische Schwankung auf. Also ist, bei gleichmäßiger Arbeitskraft der Knaben, die Arbeitskraft der Mädchen nach dem vierzehnten Jahre dauernd Schwankungen unterworfen" (ebd., S. 50). Schließlich erwähnte KROGH-JENSEN noch, daß Jungen insgesamt relativ größer und kräftiger gebaut seien und größere Lungenkapazität und Muskelkraft besäßen als Mädchen. Diese physiologische Unterschiedlichkeit der Geschlechter habe dann – so KROGH-JENSENS weitere Argumentation – auch Konsequenzen für die psychologische Entwicklung:

„Wie in physiologischer Hinsicht, so ist die Entfernung beider Geschlechter voneinander in den Entwicklungsjahren auch auf psychologischem Gebiet von doppelter Natur: Erstens zeigen beide Geschlechter eine mit dem Alter zunehmende Differenzierung, und zweitens führt der Unterschied im Entwicklungstempo einen Unterschied im Entwicklungsstadium gleichaltriger Knaben und Mädchen mit sich, welcher im Laufe der Entwicklungsjahre allmählich zunimmt" (ebd., S. 56).

Für die Frage, was derartige Erkenntnisse nun bezogen auf die Koedukation heißen, verwies KROGH-JENSEN darauf, daß Unterricht nach dem „Differenzierungsprinzip" organisiert sei:

„Der Grundgedanke ist der, daß der Unterricht bessere Resultate ergibt und leichter durchführbar ist, je einheitlicher das Schülermaterial einer Klasse ist" (ebd., S. 60).

Die geschlechtsspezifisch unterschiedliche Entwicklung sei insofern auf keinen Fall mit einer gemeinsamen Unterrichtung verträglich:

„Der gemeinsame Unterricht, so wie er getrieben wird, ist als eine große Inkonsequenz in der modernen Pädagogik zu bezeichnen ... Die Koinstruktion steht also erstens im Widerspruch zu dem allgemein anerkannten Differenzierungsprinzip, verdoppelt zweitens die Beschwerlichkeiten mit der Pubertät. Auf dieser Grundlage muß man unbedingt zu dem Resultat kommen, daß die getrennten Schulen sowohl dem Lehrer wie dem Schüler weit günstigere Bedingungen für den Unterricht einräumen als die gemeinsamen" (ebd., S. 64).

Dennoch äußerte sich KROGH-JENSEN mit dieser Erkenntnis nicht abschließend gegen eine gemeinsame Erziehung. Vielmehr griff er seine anfängliche Unterscheidung zwischen Unterrichtung – in dem Fall meint die gemeinsame Erziehung Koinstruktion – und Erziehung als Koedukation wieder auf. Hierzu setzte er sich dann mit den Angriffen der Koedukationsgegner auseinander, die durch die gemeinsame Erziehung eine Nivellierung der Geschlechtsunterschiede befürchten. Dagegen setzte er die Ergebnisse einer Untersuchung an 4000 bis 5000 Kindern verschiedenen Alters, die in getrennten wie in gemeinsamen Schulen in Dänemark von A. LEHMANN durchgeführt wurde. In dieser Untersuchung zeigte sich eine Verwischung der geschlechtsspezifischen Unterschiede vor der Pubertät, dagegen eine Verstärkung der geschlechtsspezifischen Eigentümlichkeiten während und nach der Pubertät. KROGH-JENSEN folgerte deshalb:

„Nach diesen Ergebnissen muß man also annehmen, daß die gemeinsame Schule wirklich eine Einwirkung auf die Entwicklung der Geschlechtsunterschiede ausübt, und zwar in letzter Instanz eine verstärkende“ (ebd., S. 71).

Sofern eine solche Entwicklung nicht verhindert wird, gäbe es nach KROGH-JENSEN positive Aspekte in der gemeinsamen Erziehung. Die Bedenken der Koedukationsgegner halte er dort für richtig, wo mit der Koedukation eine gleiche Lebensperspektive verbunden werden solle:

„Wenn die Schule für das Leben vorbereiten will, und das ist doch ihre Aufgabe, dann darf sie wohl die Kinder für Gleichberechtigung im Staat erziehen, aber sie darf nie den Kindern diese Vorstellung eingeben, daß das Leben von Mann und Frau das Gleiche verlangt, denn das ist und bleibt unwahr. Der gemeinsame Unterricht versucht aber mit allen Mitteln den Kindern beider Geschlechter diese falsche Lebenseinstellung einzuimpfen“ (ebd., S. 72).

Bleibt man aber eingedenk der Erkenntnis, daß "motherhood a very different thing from fatherhood" (ebd.) sei, dann ergäbe sich – so KROGH-JENSEN – eine klare Entscheidung in der Koedukationsfrage: Eine partielle Koinstruktion bei ansonsten bezogen auf die Schulgemeinschaft durchgeführter Koedukation sei das Optimum.

„Eine vollkommene (ideale) Koedukation wäre die, daß Knaben und Mädchen in dieselben Schulen gingen, von denselben Lehrern und Lehrerinnen gemeinsam (aber nicht in derselben Form) erzogen und so weit möglich, getrennt unterrichtet würden“ (ebd., S. 82).

Voraussetzung für eine solch ideale Koedukation, darauf wies KROGH-JENSEN noch hin, sei, daß die Orientierung der Schule in erster Linie auf Erziehung und nicht auf Unterrichtung läge und daß es sich um kleine Schulen mit kleiner Klassenfrequenz handeln müsse.

Wenngleich sich die bisher referierten Arbeiten auf Befragungen und Umfragen bezogen haben, so stand der empirische Aspekt dennoch nicht im Vordergrund, wurde vielmehr global auf entsprechende

Untersuchungen verwiesen bzw. in erster Linie auf die eigene Erfahrung und Praxis rekurriert. Erst in den 50er Jahren in der Bundesrepublik kommt es verstärkt auch zu – in der Regel allerdings eher klein angelegten – Untersuchungen.

## 3.2 Positionen und Untersuchungen in der Bundesrepublik Deutschland vor 1970

Eröffnet wurde die Diskussion 1955 mit einem von Hermann Harless herausgegebenen Buch ›Jugend im Werden. Getrennte oder gemeinsame Erziehung der Geschlechter? Stimmen zur Koedukation. Ein Wegweiser für Eltern und Erzieher‹. Die von Harless vorgelegten Aufsätze argumentierten für die Koedukation als Lebensprinzip und beschäftigen sich in erster Linie mit der sexuellen Erziehung der Geschlechter, die koedukativ sein solle, damit sich das Verhältnis der Geschlechter zueinander natürlich und human entwicklen könne. Ähnlich wie Krogh-Jensen gingen die hier versammelten Autorinnen und Autoren davon aus, daß es geschlechtsspezifisch unterschiedliches Verhalten gebe. Dieses jedoch solle gerade in einer gemeinsamen Erziehung durch das jeweils andere Geschlecht erfahren und damit akzeptierbar gemacht werden. Anders als Krogh-Jensen wurde allerdings hier kein Unterschied zwischen Unterricht und Erziehung gemacht. Auch der Unterricht solle gemeinsam erfolgen. Begründet wurde dies unter anderem in einem Aufsatz von Mathilde Vaerting, die eine Aufhebung der Zweiteilung der Erziehung nach dem Geschlecht als Weg für erfolgreiche Koedukation forderte. Sie wendete sich dabei gegen die Argumentationen, wonach die Geschlechter gleichwertig, aber nicht gleichartig seien. Diese Behauptung gelte gerade für die Denkfähigkeit nicht, begründe vielmehr immer wieder konservative Ansätze:

> „Dieser Grundsatz aber hat keine Geltung in der geistigen Zone. Hier gilt die Gleichberechtigung ohne jede Einschränkung, denn der Geist steht über dem Geschlecht“ (Vaerting in: Harless 1955, S. 18).

Im gleichen Jahr wurden von Hella Demant „Vergleichende Untersuchungen über Leistungen, Interessen, soziale Beziehungen sowie Einstellungen von Schülern und Lehrern in reinen und in Koedukationsklassen“ vorgelegt. Demant führte ihre Untersuchungen in Berlin durch. Dort beobachtete und befragte sie je zwei Koedukationsklassen und je eine Mädchenklasse bzw. Jungenklasse aus den drei Schulzweigen, die damals Oberschule wissenschaftlichen Zweiges, Oberschule technischen Zweiges, Oberschule praktischen Zweiges hießen und unseren Hauptschulen, Realschulen und Gymnasien in etwa entsprachen. Insgesamt umfaßte die Untersuchung 426 Kinder, und zwar 100 Mädchen aus Mädchenklassen, 111 Mädchen aus Koedukationsklassen, 1055 Jungen aus Jungenklassen und 110 Jungen aus Koedukationsklassen. Die Fragestellungen der Untersuchung lauteten:

„1. Bestehen Unterschiede in den wesentlichen schulischen Leistungen zwischen Koedukationsklassen und reingeschlechtlichen Klassen? Welcher Art sind diese Unterschiede?
2. Wie beeinflußt die gemeinsame Erziehung die Interessen der Knaben und Mädchen?
3. Bestehen zwischen Koedukationsklassen und reinen Klassen irgendwelche Unterschiede in den Beziehungen der Kinder zueinander?
4. Welche Einstellung haben die Kinder und die Lehrer zur Koedukation?“ (1955, S. 8).

Um die Leistungen zu erfassen, führte Demant einen Test zur Prüfung des verständigen Lesens (Münchner Lesetest 1949), einen Wortschatztest (Frankfurter Wortschatztest Form IIa 1952) und einen Test zur Prüfung des Sach- und Zahlenrechnens (Münchner Rechentest 1947) durch. Der Vergleich der Mittelwerte aller drei Tests ergab, daß die Mädchen aus reinen Mädchenklassen in allen drei Leistungsbereichen den niedrigsten Mittelwert erreichten. Diese Leistungsunterschiede waren signifikant. Bei der Überprüfung der Einzelleistungen bezogen auf die jeweiligen Schularten bestätigte sich für alle drei Leistungsbereiche, daß es signifikante Unterschiede zwischen den reinen Mädchenklassen und den Leistungen der Mädchen aus koedukativen Klassen gab, und zwar jeweils zugunsten der koedukativen Klassen.

Um die Interessen der Jugendlichen zu erfassen, wurden sie nach ihrer Lieblingsbeschäftigung während der Freizeit und nach ihrer bevorzugten Lektüre befragt. Die angegebenen Lieblingsbeschäftigungen, die die Kinder auf die Frage: „Welche Spiele spielst Du am liebsten, ganz gleich, ob im Haus, auf der Straße, in der Schule usw. (schreibe nicht mehr als 6 auf)?“ (ebd., S. 15) aufschrieben, wurden zu vier Bereichen, nämlich Einzelbeschäftigungen, Sport, Gesellschaftsspiele und Wett- und Geländespiele geordnet. Für die Einzelbeschäftigungen ergab sich, daß Mädchen und Jungen aus Koedukationsklassen sehr viel häufiger Einzelbeschäftigungen nannten, die Mädchen noch wesentlich mehr als die Jungen. Kaum Unterschiede gab es dagegen bei der Benennung von Sportarten. Hier unterschieden sich Jungen und Mädchen generell, indem Jungen sehr viel häufiger Sportarten nannten als Mädchen. Gesellschaftsspiele wurden von beiden Geschlechtern in etwa gleich häufig genannt, wobei die Zahl der Nennungen sowohl bei Mädchen wie bei Jungen aus reinen Klassen jeweils die derjenigen aus Koedukationsklassen geringfügig überstieg. Wett- und Geländespiele wurden von Mädchen aus Mädchenklassen etwas häufiger genannt als von Mädchen aus koedukativen Klassen, während es bei den Jungen gerade umgekehrt war. Deutliche Veränderungen zeigten sich bei den Mädchen in der jeweils geringeren Nennung von vor allem Wettspielen, die zehnmal von Mädchen aus Mädchenklassen, jedoch kein einziges Mal von Mädchen aus Koedukationsklassen genannt wurden, aber auch von dem Spiel „Räuber und Prinzessin" und dem Indianer-und-Cowboy-Spiel, das von Mädchen aus Koedukationsklassen sehr viel weniger genannt wurde. Mehr Mädchen aus Koedukationsklassen als aus Mädchenklassen gaben an, daß sie Fangen, Hopsen und Kreisspiele spielen. DEMANT interpretierte die Zahlen zu den Wett- und Geländespielen als Bestätigung dafür, daß die Trennung der Geschlechter weder die Mädchen in eine weiblichere Richtung noch die Knaben in eine männlichere Richtung gelenkt habe. Aus heutiger Sicht ließen sich jedoch die Ergebnisse aus den Mädchenklassen auch als Gewährung eines größeren Spielraums – nämlich freier für „männliche" Spiele zu sein – interpretieren. Insgesamt zeigte die Auszählung der angeführten Freizeitbeschäftigungen, daß von Mädchen wie von Jungen aus Koedukationsklassen mehr Beschäftigungen angegeben wurden als von Mädchen bzw. Jungen geschlechtshomogener Gruppen. Bezüglich der Lektürewünsche ergaben sich keine eindeutigen oder gar interpretierbaren Unterschiede zwischen den Kindern aus geschlechtshomogenen und denen aus koedukativen Klassen.

Um die sozialen Beziehungen festzustellen, wurden die Jugendlichen mit einer Reihe von Fragen nach dem Arbeitspartner / der Arbeitspartnerin, dem Spielpartner / der Spielpartnerin und dem Sitzpartner / der Sitzpartnerin gefragt. Außerdem sollten sie angeben, wie sie ihre Stimmen bei der Wahl bestimmter Klassenämter verteilen würden. Darüber hinaus hat DEMANT Klassensoziogramme erstellen lassen. Sie wertete ihre Ergebnisse als Bestätigung dafür, daß in koedukativen Klassen die Zahl der Sozialkontakte auch zwischen den Geschlechtern größer sei und der Klassenzusammenhalt enger. Deutliche Unterschiede bei der Besetzung von Klassenämtern gab es bei dem des Klassensprechers. Für dieses Amt räumten die Mädchen den Jungen die gleichen Rechte ein wie sich selbst, während die Jungen in erster Linie Jungen für dieses Amt vorsahen. Umgekehrt zeigt sich das Verhältnis beim Blumenamt:

> „Hier erheben die Mädchen deutlich den Führungsanspruch, der von den Knaben ohne weiteres anerkannt wird" (ebd., S. 35).

Aus den Soziogrammen schloß DEMANT, „daß die Koedukation einen positiven Einfluß auf das Gemeinschaftsgefühl, und zwar besonders das der Mädchen ausübt" (ebd., S. 41).

Der letzte Untersuchungsaspekt von DEMANT betraf die Einstellung der Mädchen und Jungen zur Koedukation. Bei den Mädchen zeigte sich, daß sowohl aus Mädchenschulen wie aus koedukativen Schulen etwa zwei Drittel Koedukation befürworteten, während etwa ein Drittel dagegen war. Bei den Jungen aus Jungenschulen war das Zahlenverhältnis drei Viertel gegen die Koedukation und knapp ein Viertel dafür, während es bei den Jungen aus koedukativen Schulen etwa je zur Hälfte für bzw. gegen Koedukation betrug. Für reine Mädchenklassen sprachen sich vor allem die Mädchen aus, die ein positives Bild von Mädchen und ein negatives Bild von Jungen hatten. Hauptpunkte dabei waren zum einen, daß die Klassengemeinschaft und -kameradschaft mit Mädchen besser als mit Jungen und zum anderen mehr Ruhe und Konzentration im Unterricht möglich sei. Die negativen Urteile über die Jungen bezogen sich vor allem darauf, daß Jungen frech und grob seien. Dies wurde am häufigsten von Mädchen aus koedukativen Klassen gesagt. Als weitere Negativurteile folgten, daß Jungen laut seien und den Unterricht störten, daß es wegen der Jungen einen schlechteren Gesamteindruck der Klasse gebe, der durch Vorwürfe und Strafen hervorgerufen würde, und daß es mit den Jungen keine gute Klassengemeinschaft gebe (ebd., S. 45). Die Zahl der Negativurteile von Mädchen über Jungen war bei Mädchen aus koedukativen Klassen erheblich größer als bei Mädchen aus Mädchenklassen. Bei den negativen Urteilen von Jungen über Mädchen fanden sich insbesondere Kritikpunkte bei den Jungen aus reinen Jungenklassen. An erster Stelle stand bei ihnen, daß Mädchen petzen und klatschen würden, an zweiter Stelle, daß Mädchen vorgezogen und als

Vorbild hingestellt würden. Die positiven Urteile der Jungen über sich selber bezogen sich vor allem darauf, daß Jungen zusammenhielten, kameradschaftlich seien und eine bessere Klassengemeinschaft gäben. Beim Vergleich der Gründe für gemischte Klassen zeigte sich, daß Mädchen aus Koedukationsklassen zu größeren Prozentsätzen positive Urteile über Jungen abgaben und gleichzeitig wesentlich mehr negative Kritik am eigenen Geschlecht äußerten. Als positiv erwähnten die Mädchen aus Koedukationsklassen, daß die Klassengemeinschaft mit Jungen besser als nur mit Mädchen sei, daß ein gegenseitiger Ansporn stattfände, man die Scheu vor Jungen verlöre und in der Arbeit Interessenausgleich und Ergänzung möglich seien. Negative Urteile von Mädchen über Mädchen bezogen sich in erster Linie darauf, daß Mädchen klatschten, falsch, gehässig, neidisch seien, daß sie albern und eingebildet seien und daß sie petzten (ebd., S. 48). Auch bei den Jungen, die sich für Koedukation aussprachen, fanden sich bei jenen aus Koedukationsklassen wesentlich häufiger positive Urteile über Mädchen. Bei ihnen stieg jedoch keineswegs im gleichen Verhältnis der Anteil negativer Urteil über Jungen, wie er bei den Mädchen über Mädchen stieg. Die Einstellung zum eigenen bzw. zum anderen Geschlecht war deutlich unterschiedlich bei Mädchen und bei Jungen. Demant hat in einer Tabelle die positiven und negativen Stimmen von Mädchen und Jungen für das eigene und das andere Geschlecht zusammengestellt. Dabei erhielten die Jungen in der Summe 505 positive Stimmen, die Mädchen dagegen nur 237. Negative Voten wurden 160 für Jungen, aber 377 für Mädchen abgegeben. Die Wertschätzung, die Jungen für ihr eigenes Geschlecht hatten, war deutlich größer als die, die Mädchen für ihr Geschlecht hatten: Jungen gaben 203 positive Voten für Jungen, aber nur 40 negative ab. Mädchen dagegen gaben nur 67 positive, aber 118 negative Voten für Mädchen ab. Im Vergleich der Klassen zeigte sich dabei, daß „von den Schülerinnen reiner Mädchenklassen weniger negative und mehr positive Stellungnahmen zu ihrem eigenen Geschlecht erfolgten als von den Mädchen gemischter Klassen“ (ebd., S. 51). Demants Schlußfolgerung daraus war jedoch nicht die Beibehaltung getrennter Erziehung, sondern die Hauptforderung an die Lehrkräfte solle lauten: „Gebt den Mädchen mehr Selbstvertrauen und Selbstbewußtsein!“ (ebd., S. 52).

1959 veröffentlicht Kurt Wawrzyniak ein Buch mit dem Titel ›Grundfragen der Koedukation – Ein Beitrag zur Pädagogik der Rolle der Geschlechter‹. In einem ersten Teil setzte er sich dabei mit der Differenzierung der Geschlechter in Theorie und Wirklichkeit auseinander und kam zu dem Ergebnis, „daß die in unserer Kultur den beiden Geschlechtern zugelegten Eigenschaften nicht ausschließlich dem einen oder anderen Geschlecht zukommen, sondern der Variationsbreite allgemein menschlicher Möglichkeiten angehören“ (1959, S. 47). Die Schlußfolgerung für das Bildungssystem sei seiner Meinung nach, daß „mehr als bisher der Individualität des einzelnen Rechnung“ zu tragen sei. Psychische Geschlechtsunterschiede seien keine biologisch feststehenden, natürlichen, vielmehr sei „natürlich“ nur das, „was von der Gesellschaft anerkannt ist, Selbstverständlichkeiten entstammen nicht etwa Ewigkeitswerten, sondern kulturbedingten Standards“ (ebd., S. 48). Seine Zusammenfassung lautete deswegen:

„Die Frage nach den Unterschieden der Geschlechter ist daher ein Kultur- und Zivilisationsproblem; reale Männlichkeit und Weiblichkeit werden nicht durch die Natur, sondern durch die jeweilige Kultur bestimmt, es sind daher auch keine ‘Archetypen’, sondern ‘Kulturtypen’, die uns in den konkreten Erscheinungen von Männern und Frauen begegnen, deren Vielfalt fast unbegrenzt ist“ (ebd., S. 50).

In einer eigenen empirischen Untersuchung wollte er dieses theoretische Bild der Geschlechter ergänzen. Erfaßt werden sollten Geschlechtsunterschiede in Leistung und sozialem Verhalten. Seine Untersuchungen hat Wawrzyniak in 5. bis 8. Klassen von Volksschulen eines bayerischen Landkreises, in zwei Kleinstädten desselben Bezirks sowie in einer Großstadt durchgeführt. Dabei wurden auch geschlechtshomogen und -heterogen zusammengesetzte Klassen erfaßt. Wawrzyniak unterschied bei den untersuchten Kindern nach dem Geschlecht, nach der Klassenstufe (5., 6., 7. und 8. Klasse), nach Stadt bzw. Land sowie nach der „Stammbevölkerung“, Evakuierten und Flüchtlingen. Die Leistungsunterschiede wurden für die drei Bereiche rechnerisches Denken, technisches Verständnis und sprachliches Denken ausgewertet. Um rechnerisches Denken zu testen, mußten die Mädchen und Jungen Zahlenreihen ergänzen. Gewertet wurde sowohl, wieviel Zahlenreihen ergänzt wurden, wie auch, wie viele richtige Lösungen sich zeigten. Die Ergebnisse faßt Wawrzyniak folgendermaßen zusammen:

„1. Im funktionalen, rechnerischen Denken sind die Buben den Mädchen der Volksschuloberklassen in allen Altersstufen überlegen. Die individuellen

Unterschiede sind jedoch größer als die zwischen den Geschlechtern. Auch Mädchen weisen Spitzenleistungen auf.

...

6. In reinen Mädchenklassen arbeiten die Mädchen besser als die Buben in reinen Jungenklassen, in koedukativen Klassen aber bleiben sie leistungsmäßig hinter den Knaben zurück.
7. Gemischte Klassen zeigten darüber hinaus bei Jungen und Mädchen in gleicher Weise höhere Leistungsergebnisse als die nach Geschlechtern getrennten Klassen, wobei allerdings die Leistungssteigerung bei den Knaben weitaus größer ist als bei den Mädchen.
8. Hinsichtlich der Rechenleistung scheinen also koedukative Klassen zwar einen anspornenden, aber auch einen nivellierenden Einfluß auszuüben, der nicht zuletzt auf Kosten der Mädchen geht" (ebd., S. 60).

Das technische Verständnis wurde durch die Beantwortung von fünf Fragen zum Verhältnis von festen und beweglichen Teilen in einer Zeichnung von einer kleinen „Maschine" abgefragt (vgl. Abb. 2). Die abgebildete „kleine Maschine" besteht aus mit Schrauben an einer senkrechten Wand befestigten Teilen: Der erste Teil der Maschine ist eine Rolle, die sich, durch einen Pfeil angezeigt, um die Schraube drehen kann. Der zweite Teil ist ein Hebel, der ebenfalls durch die Schraube, mit der er an der Wand befestigt ist, eine feste Achse hat. Am rechten Ende des Hebels ist eine Feder befestigt, deren unteres Ende ebenfalls mit einer Schraube an der Wand festgemacht ist. Zwischen der Feder und der Achse des Hebels hat der Hebel eine Zacke, die in ein Zahnrad mündet. Auch das Zahnrad ist mit einer Schraube an der Wand befestigt und kann sich um diese Schraube drehen. Mit dem Zahnrad fest verbunden ist eine Seilrolle, über die ein Seil läuft, an dessen Ende ein Gewicht hängt.

Die Ergebnisse zu den Fragen lauten folgendermaßen:

„1. Im technischen Denken sind die Buben im Durchschnitt den Mädchen weit überlegen. Diese Besserleistung scheint die im Rechnen zu übertreffen. Jedoch müssen auch hier individuelle Sonderleistungen einzelner Mädchen hervorgehoben werden.

...

4. Die Differenzen zwischen den Buben- und Mädchenleistungen erweisen sich in den getrennten Klassen allgemein niedriger als in den Koedukationsklassen und zwar zugunsten der Mädchen, während die Jungen in den gemeinsamen Klassen den größeren Vorsprung haben.

...

6. Gemischte Klassen scheinen also auch hier für die Jungen eine günstigere

Arbeitsatmosphäre darzustellen; während die Mädchen für sich allein meist bessere Leistungen zeigen, arbeiten die Knaben allein anscheinend oberflächlicher (Unterschied zwischen quantitativer und qualitativer Leistung)" (ebd., S. 65).

Das sprachliche Denken wurde durch einen Lückentest erfaßt. In einem Text zum Thema „Von Speise und Trank" sollten an den entsprechenden Stellen sinngemäß passende Wörter eingesetzt werden. Ausgewertet wurde die Zahl der bearbeiteten Lücken, die Zahl der richtig ergänzten Lücken und die Arbeitszeit in Minuten. Das Ergebnis dieses Testes faßte WAWRZYNIAK so zusammen:

„1. Im sprachlichen Denken zeigt sich eine durchschnittliche Besserleistung der Mädchen den Knaben gegenüber, die teilweise größer ist als die rechnerische Überlegenheit der Jungen über die Mädchen. Trotzdem aber reihten sich im Rahmen individueller Leistungsunterschiede Buben in die Spitzengruppe ein, während eine Reihe von Mädchen der Mehrzahl der Jungen gegenüber zurückblieb.

...

4. In den getrennten Klassen liegen die sprachlichen Leistungen bei beiden Geschlechtern höher als in den gemischten, in besonderem Maße jedoch bei den Mädchen, die auch den Buben gegenüber hier den größeren Vorsprung aufweisen.
5. Die Jungen arbeiten – wie auch in den anderen Fächern – so sprachlich in den getrennten Klassen mit geringerer Arbeitsqualität als in den gemischten oder als die Mädchen in ihren reinen Mädchenklassen.
6. Auch hier im Sprachlichen dürfte sich also ein gewisser nivellierender Einfluß koedukativer Klassen verdeutlichen. Die Knaben ziehen aus der gemeinschaftlichen Erziehung anscheinend den größeren Nutzen, während die Mädchen von ihren Leistungen einbüßen" (ebd., S. 70f.).

Das soziale Verhalten hat WAWRZYNIAK ebenso wie DEMANT mithilfe von Soziogrammen erfaßt. Die Auswertung der verschiedenen Beziehungen und Strukturen ergab dabei, daß auch in diesem Bereich offensichtlich die Jungen stärker von der Koedukation profitierten als die Mädchen (vgl. die Zusammenfassung der Ergebnisse S. 83f.). WAWRZYNIAK verglich die verschiedenen Ergebnisse seiner Untersuchungen und stellte sie in einer Graphik zusammen (vgl. Abb. 3).

Es zeigte sich, daß in allen Fällen die Leistungssteigerung der Jungen in den gemischten Klassen größer war als die der Mädchen. Eine Ausnahme davon bildete der sprachliche Bereich: Hier zeigten beide Geschlechter in den getrennten Klassen höhere Leistungen als in den gemischten. WAWRZYNIAK folgerte aus seinen Ergebnissen,

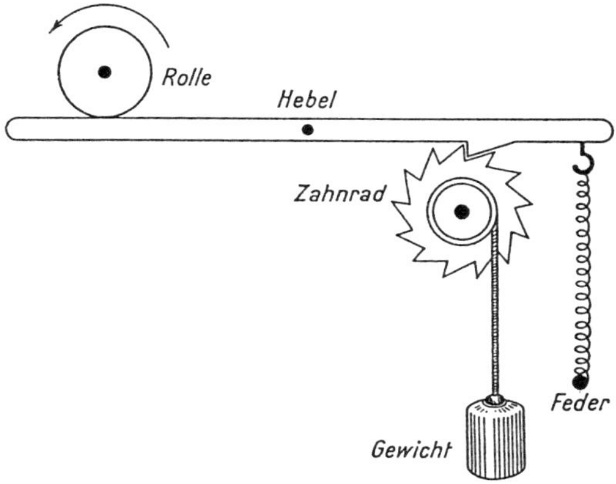


Nun wurden die folgenden 5 Fragen auf einem Vordruck an jeden einzelnen Schüler verteilt:

1. Was geschieht mit dem Zahnrad und mit dem Gewicht, wenn man das linke Ende des Hebels niederdrückt?
2. Der Hebel liegt wieder in seiner alten Stellung, so wie man ihn auf dem Bilde sieht. Kann man nun das Zahnrad nach links drehen und was geschieht dabei mit dem Gewicht?
3. Wozu ist die Feder angebracht?
4. Jetzt beginnt die Rolle sich um ihre feststehende Achse nach links zu drehen, bleibt dabei das Zahnrad in Ruhe oder gerät es in Bewegung?
5. Ich will nun, daß das Zahnrad sich bei jeder Umdrehung der Rolle um zwei Zähne weiterdreht. Was muß ich zu diesem Zweck an der Rolle verändern?

*Abb. 2: Testaufgaben zum technischen Verständnis.*

Quelle: Wawrzyniak 1959, S. 61.

„daß Koedukation allgemein auf Leistungen und Einstellungen der Mädchen weniger günstig einwirkt als auf die der Knaben. ... Für die Jungen bedeutet gemeinschaftliche Erziehung den größeren Vorteil, denn sie werden anscheinend durch die Mädchen zu besseren Leistungen angespornt und zeigen auch im sozialen Kontakt eine günstigere Entwicklung“ (ebd., S. 90).

Der Autor sprach sich trotzdem für die Koedukation aus, allerdings wünschte er, daß Koedukation ein „Lebens- und Erziehungsprinzip, nicht nur eine Methode“ sein solle. Daraus folgte auch, daß sie „nicht unter allen Umständen und von jedem Erzieher wirksam angewandt werden“ könne (ebd., S. 97). Neben der Anerkennung der Individuen und ihrer Nichtfestlegung auf geschlechtsspezifisches Verhalten forderte WAWRZYNIAK für wirkliche erfolgreiche Koedukation die „Doppelbesetzung jeder Klasse mit einer weiblichen und einer männlichen Lehrkraft. Die Gesellschaft ist reich genug, die auf diese Weise entstehenden Mehrkosten für die Erziehung des Volkes zu tragen" (ebd., S. 99).

WAWRZYNIAKS Erziehungsziele waren auf die Entfaltung von Individualität, die Ganzheitlichkeit einer pädagogischen Vorgehensweise – er fühlte sich der Arbeitsschulpädagogik verbunden – und den Abbau von Rollenklischees gerichtet. Als kulturpädagogischen Auftrag sah er es an,

> „Jungen und Mädchen zu Erkenntnissen ihrer eigenen individuellen Möglichkeiten und Grenzen heranzubilden, sie dazu zu erziehen, daß sie in der Lage sind, selbst zu wählen und sich zu entscheiden, um das Wagnis der Verwirklichung ihres eigenen Selbst auf sich zu nehmen. Unsere Kinder sollen nicht genötigt werden, sich so zu entwickeln, wie es ein äußerer Zwang, ein inneres Modell oder vielleicht der Druck der Masse von ihnen erwartet oder gar fordert, sondern es muß ihnen dazu verholfen werden, das zu sein, was sie nach ihren individuellen Fähigkeiten sein können und daher auch werden sollen" (ebd., S. 140).

Eine dritte empirische Untersuchung zur Koedukation lag von KONRAD JOERGER 1963 vor. Ihm ging es vor allem um das soziale Verhalten der Kinder. JOERGER hat einer repräsentativen Stichprobe von 1200 8- bis 14jährigen Volks- und HilfsschülerInnen einer südwestdeutschen Großstadt einen Schulsozialtest vorgelegt. Dieser Test bestand aus insgesamt 16 Bildern, bei denen Kinder in meist schulischer Umgebung dargestellt waren. Durch Auswahl aus verschiedenen Reaktionsmöglichkeiten sollten die Befragten angeben, wie sie sich in der entsprechenden Situation verhalten hätten. Als Beispiel beschreibt JOERGER folgende Aufgabe des Testes:

> „Man sieht in einem Klassenzimmer, das vor Beginn des Unterrichts noch wenig bevölkert ist, einen Schüler, wie er sich zu seinem Hintermann zurückbeugt. Wie unter dem Bild zu lesen ist, sagt er: 'Gib mir mal rasch Dein Heft; ich hab meine Hausaufgaben noch nicht fertig!' Als mögliche Reaktion des Kameraden werden den Kindern nun auf der nächsten Seite des Testheftes folgende vier Antworten zur Auswahl angeboten:
> a) Meinetwegen; paß aber auf, daß der Lehrer es nicht sieht!
> b) Zum Abschreiben bekommst Du es nicht!
> c) Nein, wenn es herauskommt, bin ich der Dumme.
> d) Nur wenn Du mir versprichst, daß Du mir nächstes Mal Deines gibst" (1963, S. 370).

Getrennte und gemischte Schulen:

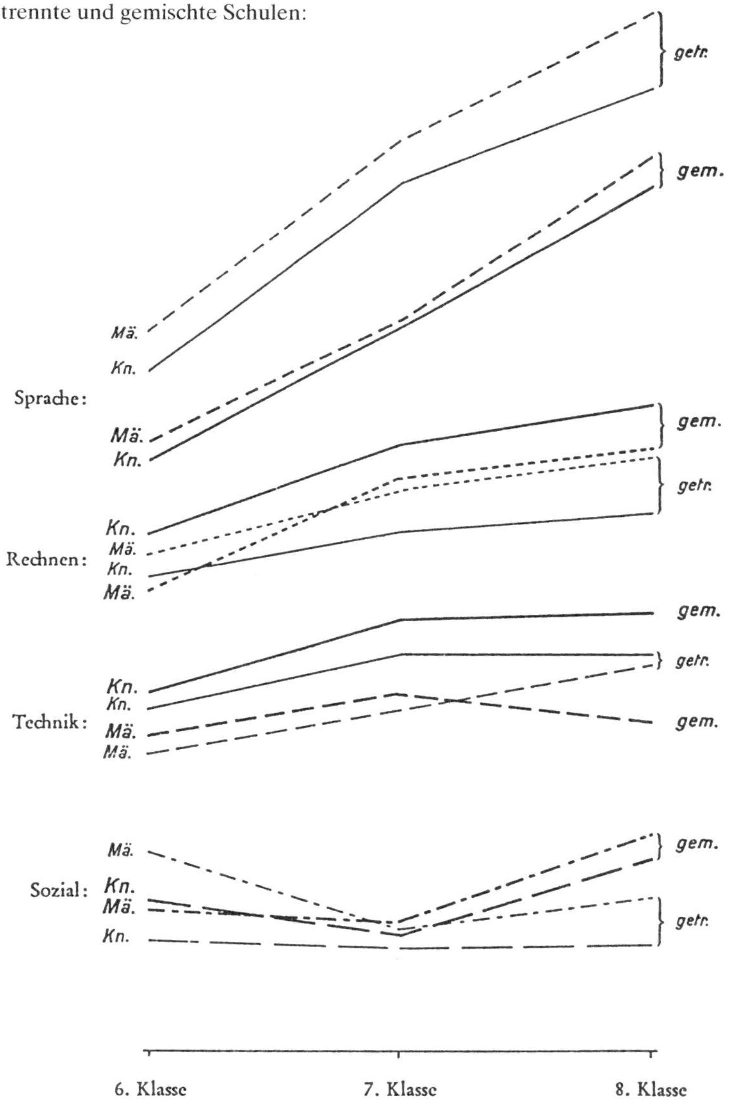


*Abb. 3: Vergleichende Darstellung der Testergebnisse.*
Quelle: Wawrzyniak 1959, S. 89.

Als Auswertungskategorien bot JOERGER neun verschiedene Aspekte, die drei Bereichen zugeordnet waren, an.

Zur sozialen Reife gab es die Ausprägungen:

I. Präsozial (Motiv Lust und Unlust)
II. Autoritätshörigkeit oder Gefälligkeit auf Gegenseitigkeit
III. Relativ reife Einstellung (Verantwortlichkeit für die Gruppe)

„Ausgliederungstendenzen“ zeigten sich in den Ausprägungen:

IV. Kritik und Durchsetzungsfähigkeit (persozial)
V. Bindungslosigkeit und Passivität (asozial)
VI. Egoismus und Aggressionen (antisozial).

„Eingliederungstendenzen“ wurden charakterisiert durch:

VII. Beeinflußbarkeit
VIII. Kompromißbereitschaft
IX. Soziale Leistungsbereitschaft (Verzicht zugunsten der Gruppe).

Leider bot JOERGER keine weiteren Beispiele und Zuordnungsregeln, so daß die Operationalisierung dieser Kategorien durch die Testaufgaben sowie die Interpretationen, die er dann vornahm, wenig nachvollziehbar waren. Als Ergebnisse seiner Untersuchung berichtete er von zwei Unterschieden zwischen Mädchen und Jungen insgesamt.

„Knaben sind im Durchschnitt um ein Geringeres kritischer und eigenständiger in ihrer sozialen Einstellung als Mädchen, dafür sind Mädchen, auch nur um weniges, aber gesichert, eher bereit, Kompromisse zugunsten einer bestehenden Gemeinschaft einzugehen“ (ebd., S. 371).

Interessanter findet er die Unterschiede zwischen den Psychogrammen der Jungen aus Jungenschulen und jenen aus gemischten Schulen. Hier referiert er folgende Unterschiede:

„1. Die Jungen in den gemischten Klassen reagieren sozial deutlich ‘primitiver’ als ihre Kameraden in den reinen Knabenklassen, d. h. sie handeln eher nach dem (eigentlich noch nicht sozial zu nennenden) Prinzip der Lust und Unlust.
2. Sie neigen eher zu einer ‘asozialen’ Einstellung, d. h. sie sind sozial passiver und fühlen sich weniger an die Gemeinschaft gebunden und ihr verpflichtet.

3. Sie neigen mehr zu egoistischer Einstellung einerseits und zu Aggression andererseits als die Jungen aus Knabenklassen. ...
4. Die Jungen in den reinen Knabenklassen sind eher zu Kompromissen zugunsten der Gemeinschaft bereit als ihre Kameraden in den gemischten Klassen" (ebd.).

Bei den Mädchen fanden sich nach JOERGER nur zwei Unterschiede zwischen den Mädchen aus Mädchenklassen bzw. denen aus Koedukationsklassen:

„1. Die Mädchen aus den reinen Mädchenklassen erscheinen im Test sozial reifer als ihre Kameradinnen in den gemischten Klassen. Genauer ausgedrückt, nämlich in den Kategorien, die der Test erfassen will: Sie sind 'autonomer', lassen sich also im Zusammenleben weniger von den überkommenen 'Spielregeln' der Erwachsenen leiten, und ein stärkeres Verantwortungsbewußtsein für die Gruppe bzw. für den einzelnen aus der Gruppe ist spürbar.
2. Sie sind stärker beeinflußbar durch die Gruppe" (ebd., S. 371/372).

Insgesamt glaubte JOERGER aus seinen Ergebnissen schließen zu können, „daß die Jungen durch die gemeinsame Erziehung mit Mädchen in ihrer sozialen Position gestört oder geschädigt werden, während die Mädchen durch das Zusammenleben keine wesentliche Einbuße erleiden, vielleicht sogar eher profitieren" (ebd.).

Vergleicht man die Ergebnisse dieser drei empirischen Untersuchungen, so wird deutlich, daß sie jeweils zu völlig konträren Erkenntnissen kamen.

1966 gab das DEUTSCHE INSTITUT FÜR WISSENSCHAFTLICHE PÄDAGOGIK in der Reihe ›Münsterische Beiträge zu pädagogischen Zeitfragen‹ ein Heft zum Problem Koedukation heraus, in dem erneut die Argumente pro und kontra Koedukation aufgelistet wurden. Die genannten Aspekte unterschieden sich so gut wie nicht von jenen, die GERTRUD BÄUMER bereits 1907 erörtert hatte. HUBERT STEINHAUS, der die pädagogische Diskussion wiedergab, faßte denn auch seinen Teil zusammen, indem er fragte, „ob es der pädagogischen Tatsachenforschung mithilfe anthropologischer und psychologischer Ergebnisse gelingen kann, alle Argumente pro und kontra auf ihren Realitätsgehalt hin zu verifizieren" (in: SPECK 1966, S. 58). Er beantwortete diese Frage mit dem Satz: „Es erscheint schwierig, die Koedukation als Wirkfaktor aus dem Geflecht des Schulganzen herauszulösen." Und er schließt denn auch seine Ausführungen mit dem Verweis, daß „es auch nach der wünschenswerten wissenschaftlichen Analyse des Problems möglicherweise auf einen gutwilligen, vernünftigen und pragmatischen Konsensus aller Beteiligten" ankommen wird (ebd.)

Mit dieser Zusammenstellung endete dann vorläufig auch die Phase der Auseinandersetzung um die Koedukation. Das heißt jedoch, daß wir – betrachten wir die reale historische Entwicklung – während der Zeit der bildungspolitischen Einführung der Koedukation Ende der 60er/Anfang der 70er Jahre in breitem Maße kaum noch eine – zumindest keine dokumentierte – wissenschaftliche Bearbeitung vorfinden.

### 3.3 Intermezzo in den 70er Jahren

Erst in der zweiten Hälfte der 70er Jahre gab es wieder einige Untersuchungen. Roland Hepting hat die einzige vergleichende Untersuchung von Mädchenschulen und koedukativen Schulen vorgelegt: Er hat 1977 Schülerinnen des 9. und 10. Jahrgangs an vier privaten katholischen, zwei privaten protestantischen Mädchengymnasien und zwei staatlichen koedukativen Gymnasien befragt. Bestimmendes Ergebnis seiner Untersuchung war die Bedeutung des privaten Status der Mädchenschulen – dies war den Eltern wichtiger als die Geschlechtertrennung oder die konfessionelle Ausrichtung. Die soziale Zusammensetzung der Mädchengymnasien hatte entsprechend ein deutliches Übergewicht der „Oberschicht", weiterhin gab es im Verhältnis zu den koedukativen Schulen relativ viel ältere Schülerinnen, was auf bisherige schulische Schwierigkeiten hinwies. Die Mädchengymnasien hatten nach den Befragungsergebnissen bei den Schülerinnen insgesamt positivere schulklimatische Verhältnisse. Dies galt vor allem für die katholischen Schulen, bei den anderen vier Schulen ließen sich die Ergebnisse zum Schulklima weniger auf das Merkmal Koedukation oder Mädchenschule als vielmehr auf allgemeine Probleme von Schulen wie z. B. Größe, Leistungsdruck u. ä. bzw. auf die spezifische soziale Herkunft der Schülerinnen zurückführen.

Helga Thomas und Astrid Albrecht-Heide nahmen 1978 eine Sichtung von Untersuchungen zur Bildungssituation von Mädchen vor. Dabei ergab sich, daß die Vor- und Nachteile der Koedukation sich „nicht unabhängig von subtileren Aspekten wie etwa dem des Curriculum oder des sozialen Lernens angemessen erörtern" lassen (1978, S. 36f.). Die vorliegenden Ergebnisse seien uneinheitlich und klärten den Gesamtzusammenhang keineswegs. Sie sprächen allerdings deutlich dafür, „daß Koedukation nur dann einen Beitrag zu mehr Gleichheit und mehr Selbstbewußtsein (self-reliance) bei Mädchen leisten kann, wenn mehr getan wird, als Jungen und Mädchen in einem Raum zu unterrichten" (ebd., S. 34). Ein eindeutiges Ergebnis ließ sich allerdings feststellen, und zwar die Tatsache, „daß die Fächerwahl in koedukativen Schulen sehr viel stärker geschlechtsspezifisch erfolgt als etwa in reinen Jungen- oder Mädchenschulen" (ebd., S. 37). Dieses letzte Ergebnis war auch das, was FERDINAND MERZ in seinem Buch ›Geschlechterunterschiede und ihre Entwicklung‹ 1979 als gesichert hervorheben konnte, als er sich mit Untersuchungen zur koedukativen Situation befaßte. Die Studien, die MERZ zu Leistungsvergleichen anführte, zeigten ebenfalls keine einheitlichen Ergebnisse. Zwar referierte er eine internationale Untersuchung zu den Mathematikleistungen, aus der sich ergab, daß von den 13jährigen unter Koedukation generell schlechtere Leistungen erzielt würden, wobei vor allem die Jungen schlechtere, die Mädchen dagegen bessere Leistungen zeigten. Diese Untersuchung war jedoch zusammengestellt aus höchst unterschiedlichen Ländern und differenzierte nicht nach den jeweiligen nationalen Ergebnissen. MERZ ging auch nicht darauf ein, daß die Ergebnisse dieser von ihm referierten Untersuchung im Gegensatz zu denen von DALE in England gefundenen Befunden standen.

Wir haben also auch zu dieser Zeit eine ähnliche Situation wie bereits in den 50er und 60er Jahren: Die Untersuchungsergebnisse variieren von Studie zu Studie und lassen sich nicht eindeutig auf die Koedukation beziehen. Wenn dem so ist, so fragt man sich natürlich, warum es ab 1980 eine erneute Thematisierung unter den Frauen, die sich der Frauenbewegung zugehörig fühlten, gegeben hat. Es wird sich zeigen, daß die Untersuchungen und die aus ihnen bezogene Kritik nicht primär an der koedukativen Situation ansetzten, sondern am Geschlechterverhältnis allgemein.

### 3.4 Neue Erkenntnisse zum Geschlechterverhältnis in der Schule

Ein wesentlicher Auslöser für die neuen Diskussionen kam aus dem von ANGELIKA WAGNER an der damaligen PH Reutlingen geleiteten DFG-Projekt „Unterrichtsstrategien und ihre Auswirkungen auf

Schülerverhalten, das 1976 begann. Ein zentrales Ergebnis dieses Projektes war, daß Mädchen und Jungen in der Grundschule sehr unterschiedliche Aufmerksamkeit von den Lehrkräften erhalten. Aufgrund der Sichtung ausländischer Untersuchungen zu den Interaktionen im Schulbereich kamen die Autorinnen zu folgendem Gedankengang für ihren eigenen Untersuchungsansatz:

„Die Rolle des Jungen wird von Lehrern/innen positiver gewertet und eingeschätzt als die des Mädchens.

- Lehrer/innen stellen an Jungen somit höhere Erwartungen hinsichtlich des Verhaltens und der Leistung.
- Deswegen wenden Lehrer/innen Jungen mehr Aufmerksamkeit zu als Mädchen.
- Diese unterschiedliche Aufmerksamkeit läßt sich in unterschiedlichem Zuwendungsverhalten beobachten und messen.
- Dieses Zuwendungsverhalten läßt sich bei in der Schule gerade sehr häufigen Verhaltenseinheiten konkretisieren, z. B. Aufrufen bei Melden oder Nichtmelden, bei Lob und Tadel.
- Die geschlechtsspezifische Zuwendung zu Jungen und Mädchen ist in verschiedenen Schulfächern (Mathematik, Deutsch, Sachkunde) unterschiedlich stark ausgeprägt, je nachdem, ob es sich um traditionell eher ‘männliche’ (Mathematik) oder ‘weibliche’ (Deutsch) Fächer handelt“ (Frasch u. Wagner 1982, S. 262).

Nachdem die aus diesem Gedankengang entwickelten Hypothesen in einer ersten kleinen Untersuchung mit elf Lehrerinnen und vier Lehrern in zwölf verschiedenen Klassen des 4. Schuljahres weitgehend bestätigt wurden, führten die Autorinnen eine zweite, größere Untersuchung durch. Dabei umfaßte die Stichprobe 35 Klassen des 4. Schuljahres mit insgesamt 1082 SchülerInnen. Beobachtet wurden 18 Lehrer und 17 Lehrerinnen. Auch hier wurden die Hypothesen weitestgehend bestätigt. Frasch u. Wagner faßten die Ergebnisse ihrer beiden Untersuchungen, die insgesamt zeigten, „daß Jungen im Unterricht deutlich häufiger drangenommen, gelobt und getadelt werden als Mädchen“ (ebd., S. 272), folgendermaßen zusammen:

„1. Jungen werden signifikant öfter aufgerufen, sowohl relativ zu ihrer Zahl in der Klasse als auch relativ zu der Häufigkeit, mit der sie sich melden ...
2. Jungen werden signifikant öfter gelobt als Mädchen, sowohl relativ zur Schülerzahl als auch relativ zur Häufigkeit, mit der sie sich melden und aufgerufen werden ...
3. Jungen werden signifikant häufiger getadelt ...

4. Jungen werden auch signifikant häufiger ermahnt wegen 'mangelnder Disziplin'. Dies war durchgängig der deutlichste Unterschied in allen Fächern und in beiden Untersuchungen wurden Jungen mehr als doppelt so oft wegen mangelnder Disziplin getadelt als Mädchen.
5. Lehrerinnen sprechen bei Einzel- und Gruppenarbeit signifikant öfter Jungen als Mädchen an, vor allem in Sachkunde und Mathematik ...
6. Die Hypothese, daß Mädchen von sich aus mehr Kontakt zu den Lehrerinnen/Lehrern suchen, wurde nicht bestätigt ...
7. Die Hypothese, daß Mädchen öfter zum Lesen aufgerufen werden als Jungen, schien in der ersten Untersuchung bestätigt ($P < 0{,}001$), wird jedoch durch die Ergebnisse der zweiten Untersuchung wieder in Frage gestellt. ... Es läßt sich deshalb nicht generell sagen, daß Mädchen häufiger zum Lesen aufgerufen werden als Jungen; im Gegenteil scheinen unter bestimmten Umständen – z. B. im Fach Mathematik – Jungen vor allem von männlichen Lehrern häufiger zum Lesen aufgerufen zu werden als Mädchen.
8. Insgesamt stellt es sich so dar, daß männliche Lehrer noch etwas stärker dazu neigen, männliche Schüler mehr zu beachten, als Lehrerinnen dies tun; dieser Unterschied ist jedoch nicht stark ausgeprägt. Lehrerinnen neigen noch stärker als ihre männlichen Kollegen dazu, Jungen häufiger als Mädchen aufzurufen, ohne daß diese sich vorher gemeldet haben.
9. Die unterschiedliche Behandlung von Jungen und Mädchen ist in Sachkunde und Mathematik am ausgeprägtesten, während sie in Deutsch am wenigsten zutage tritt" (ebd., S. 272ff.).

Ein zweites Ergebnis aus diesem Projekt bezog sich auf das Verhältnis der Mädchen und Jungen zueinander im Schulalltag. Das Thema Gewalt gegen Mädchen zeigte sich als sehr bestimmend in der Darstellung der Schülerinnen und Schüler im Rahmen von Interviews. Monika Barz versuchte in der Interpretation der Aussagen der Kinder deutlich zu machen, wie es zu der praktizierten Gewalt der Jungen gegen die Mädchen kommen kann. Grundlage und Ausgangspunkt dafür ist das Frauen- und Männerbild in unserer Gesellschaft, nach dem Männer besser und stärker seien als Frauen, Frauen dagegen schwächer und schutzbedürftig. In der schulischen Realität erleben die Jungen, daß die Mädchen weder schlechter noch immer brav und schutzbedürftig sind. Vor allem letzteres erzeugt dann einen „Teufelskreis":

„Die Mädchen werden als schutzbedürftig definiert, ihnen wird eine Sonderstellung eingeräumt. Gerade diese Sonderstellung aber macht sie zum Objekt der Aggressionen seitens der Jungen, erzeugt also geradezu ihre Schutzbedürftigkeit" (Barz 1982, S. 280).

Daß Jungen mit Schlagen und Gewalt reagieren, während Mädchen eher passive Widerstandsformen des Duldens oder Sichzurückziehens entwickeln, hängt wiederum damit zusammen, daß für Jungen körperliche Aggressionen als normal angesehen werden, während Mädchen sich gerade nicht prügeln sollen. Hinzu kommt, daß Jungen ihre Vormachtstellung durch „bessere Mädchen" gefährdet sehen und den männlichen Überlegenheitsanspruch am leichtesten mit Gewalt sichern können. Indem sie hierbei angeblich „Rücksicht nehmen" und „nicht voll zuschlagen", können sie den Glauben behalten, immer die Überlegenen zu sein. Die Unterstützung der Mädchen durch die Erwachsenen, die von den Mädchen auch z. T. als letzte Rettung eingefordert wird, verstärkt allerdings wiederum den Teufelskreis. Monika Barz fordert deshalb als Konsequenz:

„Mädchen in Schutz zu nehmen kann bedeuten, ihnen das Bewußtsein ihrer eigenen Stärke zu nehmen und zu verhindern, daß effektive solidarische Widerstandsformen entwickelt und praktiziert werden. Werden hingegen Mädchen dazu angehalten, gerade auch in Auseinandersetzungen mit Jungen ihre Konfliktfähigkeit und ihr Bewußtsein eigener Stärke und Wertigkeit zu entfalten, so wäre der Anfang gemacht, um dem Sexismus in dieser Gesellschaft zu begegnen" (ebd., S. 287).

Mit der gerade referierten Untersuchung sollte nicht der Eindruck entstehen, als seien die Interaktionen zwischen Mädchen und Jungen im schulischen Alltag ausschließlich durch Gewaltbeziehungen zwischen jedem Mädchen und jedem Jungen bestimmt. Vielmehr muß man davon ausgehen, daß trotz koedukativen Unterrichts gerade im Grundschulbereich eine Trennung von sozialen Mädchen- und Jungenwelten das vorherrschende Muster darstellt. In einer Berliner Untersuchung von Lothar Krappmann und Hans Oswald, in der Kinder im Alter zwischen 10 und 12 Jahren im Umgang miteinander in der Schulklasse sowie bei einem 14tägigen Schullandheimaufenthalt beobachtet wurden, ergab sich zum einen, daß sowohl in der 4. als auch in der 6. Klasse nur Freundschaften unter Kindern gleichen Geschlechts bestanden und auch nur gleichgeschlechtliche Gruppen existierten. Dennoch gab es eine breite Palette von Interaktionssequenzen, die Mädchen und Jungen als Aktive betrafen. Die Projektleiter zeigen einige Grundmuster im Umgang von Mädchen und Jungen im Grundschulalter auf. Deutlich wird dabei, daß vor allem die 12jährigen Mädchen keineswegs in Auseinandersetzungen immer unterlegen waren, sondern sehr wohl Formen von Gruppensolidarität entwickelt hatten. OSWALD u.a. unterscheiden sechs Typen verschiedenartiger Beteiligung an den Interaktionen zwischen Mädchen und Jungen:

„Typ 1 umfaßt die 'Abstinenten', die so gut wie nie mit Kindern des anderen Geschlechts interagierten. Ihr Anteil stieg noch bis zum Alter von 12 und betrug auf dieser Altersstufe etwa die Hälfte der Jungen und Mädchen.

Den Typ 2 bilden 'gute Partner/innen', die sich durch sachlichen Umgang zwischen Jungen und Mädchen ohne Ärgerei und Flirt auszeichneten. Die Zahlentendenz war mit dem Alter abnehmend, und nur wenige der 12jährigen waren noch hier einzuordnen.

Typ 3 'Piesacker' besteht aus den Jungen, die Mädchen störten und ärgerten. Es handelte sich um einige Jungen unter den 10jährigen. Zwei Jahre später waren sie nur schwer von den 'Neckern' zu unterscheiden.

Zum Typ 4 'Geärgerte' gehören die Mädchen, die nur negative Erfahrungen mit Jungen machten. Auch unter den 10jährigen betraf dies nur wenige Mädchen; unter den 12jährigen war dieser Typ nicht mehr zu finden.

Typ 5 'Kämpferinnen' setzt sich aus Mädchen zusammen, die wenig an Hilfen oder Spiel mit Jungen beteiligt waren, aber dennoch viel Kontakt hatten, weil sie Ärgereien unterbanden und Jungen generell in ihre Schranken wiesen, manchmal auch mit Hieben. Auch dieser Typ trat fast ausschließlich unter den 10jährigen auf.

Typ 6 'Necker/innen' besteht aus Mädchen und Jungen, bei denen ein auf die Geschlechtszugehörigkeit zielender Umgang mit Kindern des anderen Geschlechts vorherrscht. Ein ums andere Mal erweckt ihr Verhalten den Eindruck, daß es ihnen nicht so sehr um die Sache ginge als vielmehr um die Beziehung über die Geschlechtsgrenzen hinweg. Von 10 bis 12 nahm die Tendenz unter Jungen und Mädchen deutlich zu, mit Kindern des anderen Geschlechts in dieser Mischung von hilfreichem Entgegenkommen, scherzhaftem Engagement und neckischer Tendelei umzugehen" (1988, S. 189).

Gerade die letzte Charakterisierung des Typs der „Necker/innen" vernachlässigt die inhaltliche Komponente, die das geäußerte und wahrgenommene Verhalten von Mädchen und Jungen bestimmt. RENATE VALTIN und RICHARD KOPFFLEISCH haben in einer Arbeit, bei der Schülerinnen und Schüler des 5. Jahrgangs Aufsätze zum Thema „Warum ich kein Mädchen/Junge sein möchte, bzw. warum ich gern ein Mädchen/Junge sein möchte" Geschlechterstereotype analysiert. Sie fanden als auffälligstes Ergebnis, „daß Jungen viel häufiger positive Äußerungen über sich selbst machen als dies bei Mädchen der Fall ist" (1985, S. 103). Positiv fanden die Jungen an sich selbst, daß sie „stärker, schneller und größer" seien, „Jungen spielen Fußball, können klettern, sind besser im Sport" (ebd.). Ein Fünftel der Jungen nannte insbesondere technisch-praktische Fähigkeiten und Tätigkeiten, ein Sechstel fand das Draufgängertum positiv. Als positive Eigenschaften des eigenen Geschlechts nannten die Mädchen: „Mädchen tragen schönere Kleider, können sich schönere Frisuren machen, sie helfen der Mutter im Haushalt, sie spielen mit Puppen“ (ebd., S. 105). Ein Viertel der Mädchen gab praktisch-technische Fähigkeiten wie Häkeln, Stricken, Nähen und Hausarbeit als positive Eigenschaften an, ein Fünftel bezog sich auf attraktives Aussehen. Die positiven Eigenschaften der Mädchen bildeten jedoch in vielen Fällen gleichzeitig auch die Kritikpunkte der Mädchen selber, indem sie betonten, daß sie Hausarbeit machen und sich um andere kümmern müßten. Ebenso fanden sie nicht gut, daß „Mädchen ordentlich sein müssen, nicht auf Bäume klettern dürfen, nicht so mutig sind, mehr Angst haben“ (ebd.). Jungen äußerten nahezu keine Kritikpunkte am eigenen Geschlecht. Nur ein Junge monierte, daß Jungen ungeschickter im Haushalt seien. Die Kritik am jeweils anderen Geschlecht überwog die positiven Seiten, die dort gesehen wurden. Dies war bei den Jungen noch ausgeprägter als bei den Mädchen. „Fast die Hälfte der kritischen Antworten der Jungen bezieht sich auf soziales Verhalten der Mädchen: Die Jungen äußern ihr Mißfallen daran, daß Mädchen petzen, kratzen, beißen und überempfindlich sind, aber auch, daß sie immer so ordentlich und sauber sind“ (ebd., S. 106). Die Hauptkritik der Mädchen an den Jungen bezog sich darauf, „daß Jungen sich ständig oder häufig prügeln, daß sie andere ärgern, daß sie angeben, frech und brutal sind“ (ebd.).

„Positiv an den Jungen bewerteten Mädchen, was auch die Jungen selbst positiv in ihrem Selbstbild verankert haben: Größe, Stärke, Schnelligkeit, gute sportliche Leistung, das bessere technische Verständnis sowie Durchsetzungsfähigkeit im sozialen Verhalten“ (ebd.).

Valtin u. Kopffleisch interpretieren ihre Ergebnisse folgendermaßen: Sie zeigen,

„daß die Einstellungen zum eigenen und zum anderen Geschlecht bei etwa 10jährigen Mädchen und Jungen der heutigen Generation stark differieren und schon auf jene Faktoren zentriert sind, die auch bei den stereotypen Einstellungen von Erwachsenen in bezug auf Männlichkeit und Weiblichkeit eine Rolle spielen: Jungen empfinden sich bereits als das starke Geschlecht in bezug auf den körperlichen, technischen und sozialen Bereich und sind offenbar zufrieden mit ihrer Rolle. Mädchen sind eher konzentriert auf Attraktivität, Fürsorglichkeit und Hausfraulichkeit, wobei sie allerdings in starkem

Maße auch unzufrieden sind mit den sozialen Beschränkungen, die ihnen ihre Rolle auferlegt" (ebd., S. 109).

Die Geschlechterstereotype verstärken sich mit zunehmendem Alter möglicherweise noch. BETTINA HANNOVER fand in einer Befragung von Schülerinnen und Schülern aus 9. Klassen vor allem bei den Jungen eine stärker polarisierte Vorstellung des Fremd- und Selbstbildes. Mädchen wünschen sich durchaus „männliche" Verhaltensweisen bei Mädchen und „weibliche" bei Jungen. Die Mädchen schrieben „einem idealen Mädchen und einem idealen Jungen in gleichem Ausmaß Feminität zu (...), während die Jungen das Idealmädchen für femininer und den Idealjungen weniger feminin halten als die Mädchen ... Mädchen halten eine höhere Maskulinität für Mädchen für erstrebenswert, während sich die Jungen die Mädchen feminin wünschen" (HANNOVER 1988, S. 23).

Die Ambivalenzen in dem Selbstkonzept der Mädchen, wie sie in den referierten Untersuchungen zum Ausdruck kommen, hat MARIANNE HORSTKEMPER veranlaßt, zu untersuchen, wie sich das Selbstvertrauen während der Schulzeit entwickelt. Sie hat ihre Untersuchung in drei jeweils differenzierter werdende Leitfragen unterteilt:

„1. Wie entwickelt sich das Selbstvertrauen während der Sekundarstufe I? Welche Unterschiede lassen sich dabei zwischen Jungen und Mädchen feststellen?
2. Welchen Einfluß nimmt der schulische Leistungserfolg auf die Herausbildung von Selbstvertrauen? Lassen sich hier bei Jungen und Mädchen unterschiedliche Auswirkungen des Leistungserfolgs aufzeigen?
3. Welche Zusammenhänge bestehen zwischen den Interaktionsbeziehungen – sowohl der Schüler untereinander als auch zwischen Schülern und Lehrern – und der Herausbildung des Selbstvertrauens? Sind diese Zusammenhänge bei Jungen und Mädchen unterschiedlich?" (1987, S. 83ff.).

Die Untersuchung wurde als standardisierte Befragung an drei Stichprobengruppen über drei Jahre hinweg als Längsschnittbefragung durchgeführt. Insgesamt wurden 849 Jungen und 764 Mädchen in den Altersjahrgängen 5. bis 7., 6. bis 8. und 7. bis 9. Jahrgang erfaßt. Die zentralen Dimensionen der Befragung betrafen zum einen das Selbstvertrauen, das mit Skalen zum sozialen Selbstwertgefühl, zur negativen Einschätzung der eigenen Leistungsfähigkeit und zur Angst in Leistungssituationen erhoben wurde, die Wahrnehmung und Bewertung der schulischen Interaktionsbeziehungen, die in den beiden Skalen negative Einschätzungen der Lehrer-Schüler-Beziehung und positive Bewertung des Klassenklimas erfaßt wurden, sowie die Leistungsentwicklung, die als Zeugnisnoten in Deutsch, Englisch und Mathematik, als Kurszugehörigkeit in den Differenzierungsfächern und als Schulform- und Schulzweigzugehörigkeit erhoben wurden. MARIANNE HORSTKEMPER faßt die Ergebnisse zu ihrer zweiten Leitfrage „Welche Erkenntnisse über den Zusammenhang von Schulerfolg, Selbstvertrauen und Geschlechtszugehörigkeit lassen sich aus den Ergebnissen entnehmen?“ folgendermaßen zusammen:

„Zunächst einmal findet sich kein Hinweis darauf, daß schulischer Erfolg für Mädchen einen grundsätzlich anderen Stellenwert hat als bei Jungen. Wir haben in allen Analysen nur einmal eine signifikante Wechselwirkung zwischen dem Faktor Leistungsposition und dem Faktor Geschlechtszugehörigkeit aufgefunden, die eine solche Annahme rechtfertigen würde. Konsistent zeigt sich dagegen über den gesamten Zeitraum der Sekundarstufe I hinweg, daß Schulerfolg für Jungen und Mädchen eine wichtige Einflußgröße für den Aufbau von Selbstvertrauen ist. ... In allen Leistungs- und Geschlechtsgruppen wächst das Selbstvertrauen über die Jahre hinweg an. Je größer dabei der Schulerfolg ist, desto eher sind die Heranwachsenden in der Lage, ein positives Selbstbild auszubilden. Bei gleichem Schulerfolg weisen die Jungen gegenüber den Mädchen stets einen Selbstvertrauensvorsprung auf. Guten Schulerfolg können sie besser in ein positives Selbstbild umsetzen, gegenüber schulischen Mißerfolgen ist ihr Selbstvertrauen weniger anfällig. ...

Wir können somit feststellen, daß für Mädchen schulische Erfolge in noch ausgeprägterer Weise eine notwendige, aber nicht hinreichende Bedingung für die Entwicklung von Selbstvertrauen ist. Die mit der weiblichen Geschlechtsrolle verbundenen Erlebnisse von Nachrangigkeit scheinen die positive Wirkung des Schulerfolgs zumindest teilweise zu unterlaufen. Dagegen können sich bei Jungen gute Leistungserfolge und positive gesellschaftliche Bewertungen der männlichen Rolle gleichgerichtet ergänzen.

Umgekehrt wirken bei Mädchen mit ungünstiger Erfolgsbilanz zwei Negativfaktoren wechselseitig verstärkend, so daß ihr Selbstbild mit Abstand am stärksten negativ getönt ist. Den Jungen in gleicher Lage erlaubt dagegen vermutlich gerade die generelle Höherbewertung der männlichen Rolle eine Kompensation individueller Mißerfolge und Frustrationserlebnisse. Eine Abwertung der Schule als ‘nicht so wichtig’ und der Rückgriff auf andere Bestätigungsquellen ist ihnen dabei vermutlich behilflich“ (ebd., S. 168f.).

Die Analyse der dritten Leitfrage sowie die statistische Bearbeitung des Gesamtzusammenhangs führt zu folgenden Ergebnissen:

„Wir haben zunächst aufzeigen können, daß bei Schülern und Schülerinnen aller Altersgruppen die Wahrnehmung der schulischen Interaktionsbeziehungen eine große Rolle für die Entwicklung des Selbstvertrauens spielt. Den Lehrern und Lehrerinnen als den Vertretern der Institution kommt dabei ganz zentrale Bedeutung zu. Wenn die Heranwachsenden subjektiv den Eindruck haben, gut mit ihnen auszukommen, im Vergleich zu den Klassenkameraden nicht benachteiligt zu werden, sie insgesamt als zugewandte und nicht in erster Linie als strafende Instanz erleben, dann ist das für den Aufbau von Selbstvertrauen eine günstige Voraussetzung. Umgekehrt wird eine gestörte Lehrer-Schüler-Beziehung zur erheblichen Belastung für die Entwicklung eines positiven Selbstbildes. Dies gilt durchgängig für alle von uns untersuchten Gruppen, differenziert man sie nun nach Alter, Geschlecht, Schulart oder -zweig oder auch nach dem Notendurchschnitt.

Allerdings findet sich in der Bedeutung der verschiedenen Kommunikationsvariablen ein wichtiger geschlechtsspezifischer Unterschied: Während bei den Mädchen die Beurteilung der Schüler-Schüler-Beziehung stets nur einen nachrangigen Einfluß ausübt, ist dieser Faktor für die Jungen vor allem in jüngeren Jahren die wichtigste Quelle ihres Selbstvertrauens. Dies relativiert sich gegen Ende der Schulzeit, dennoch bleiben deutliche geschlechtsspezifische Unterschiede erhalten. Subjektiv erleben beide Geschlechter die Sozialbeziehungen innerhalb ihrer jeweiligen Klassen zwar gleich, allerdings können Jungen aus solidarischen und weniger konkurrenzhaft erlebten Beziehungen zu den Mitschülern offenbar stärkeren Nutzen für die Sichtweise der eigenen Person ziehen. Dagegen gibt es keinen geschlechtsspezifischen Unterschied bei der Bedeutung der Lehrer-Schüler-Beziehung für das Selbstvertrauen; eine positive Beziehung ist hier für Jungen wie Mädchen gleich wichtig.

Neben dem kommunikativen Klima nimmt während der gesamten Sekundarschulzeit der Leistungserfolg der Schüler erheblichen Einfluß auf das Selbstvertrauen: Je besser die Schulzensuren sind, desto eher können Schüler und Schülerinnen ein positives Selbstbild aufbauen. Allerdings finden wir auch hier geschlechtsspezifische Unterschiede. Während bei den Mädchen die Schulzensuren während der gesamten Sekundarschulzeit von hoher Bedeutung für das Selbstvertrauen sind, etabliert sich bei den Jungen dieser Zusammenhang erst in den Abschlußklassen der Sekundarschule; in früheren Jahrgängen leben die Jungen dagegen in relativer Distanz zu den Leistungsrückmeldungen, die sie von der Schule erhalten.

Dies alles zusammengenommen führt zu einem erstaunlichen Ergebnis: Obwohl die Mädchen schulisch deutlich erfolgreicher sind als die Jungen (sie sitzen häufiger im oberen Leistungsniveau und erhalten tendenziell die besseren Noten) und obwohl für die Mädchen dieser Leistungserfolg eine stärkere Quelle des Selbstvertrauens darstellt, vergrößert sich der Selbstvertrauensabstand zwischen den Geschlechtern im Laufe der Sekundarschule sogar noch. Kurz: Trotz Leistungserfolg und Leistungsorientierung können Mädchen ihre Selbstvertrauensnachteile nicht wettmachen. Auch die graduell unterschiedliche Bedeutung der Schüler-Schüler-Beziehung kann diesen Selbstvertrauensunterschied nicht erklären; denn während sich bei diesem Einflußfaktor eine geschlechtsspezifische Angleichung über die Jahre feststellen läßt, nehmen die Unterschiede im Selbstvertrauen zu" (ebd., S. 215 f.).

Eine Untersuchung, die ebenfalls als Längsschnittstudie seit 1980 durchgeführt wurde und das Selbstbild im Kindes- und Jugendalter erforschen sollte, liegt aus der ehemaligen DDR vor. CHRISTINA KRAUSE berichtet über ihre Ergebnisse der Begleitung von 230 Mädchen und 210 Jungen vom 4. Schuljahr bis zum Abschluß der 10. Klasse, daß die Mädchen in allen Schuljahren signifikant bessere Schulleistungen in den musischen und sprachlichen Fächern aufwiesen, während Jungen nichtsignifikant geringfügig bessere Noten in Mathematik, Physik, Geographie und Chemie zeigten. Ähnlich wie in der Studie von MARIANNE HORSTKEMPER zeigte sich auch bei den von CHRISTINA KRAUSE befragten Schülerinnen, daß sie trotz besserer Leistungen ihre schulischen Kompetenzen nicht besser als die von Jungen einschätzten. „Sie bewerteten Mißerfolge 'härter', waren zunehmend unzufriedener als die Jungen" (1990, S. 131). Das Selbstbild der Mädchen war geprägt von gutem Verhalten, Fleiß und Hilfsbereitschaft bzw. Verantwortungsgefühl. Die Mädchen machten sich auch wesentlich mehr Gedanken über ihre soziale Rolle als die Jungen und waren zufriedener mit der schulischen Situation. Sie zeigten allerdings ihre Kritik und Unzufriedenheit nicht. So waren beispielsweise 40% der Schülerinnen mit ihrer Bewertung durch die Lehrer nicht einverstanden, was von keinem Lehrer – in einer entsprechenden Kontrollbefragung – vermutet worden war. „Mädchen zeigen ihren Unmut nicht so offen wie die Jungen, reagieren nicht so laut und schnell" (ebd., S. 132). Auch in der ehemaligen DDR scheint die Koedukation also nicht unbedingt zur Bildung selbstbewußter junger Frauen verholfen zu haben.

Welche Rolle die Interaktionen der Geschlechter an der Entwicklung des Selbstbildes und auch des Selbstvertrauens von Mädchen haben, wurde in der sogenannten hessischen Interaktionsstudie untersucht. UTA ENDERS-DRAGÄSSER und CLAUDIA FUCHS nahmen in hessischen Schulen in verschiedenen Schultypen und in allen Klassenstufen Unterricht auf Video auf und analysierten die dabei auftretenden Interaktionen. In ihrem vorgelegten Abschlußbericht werden eine Mathematikstunde in einer 1. Klasse, zwei Physikstunden in einer 8. Klasse einer Realschule, eine Deutschstunde in einer 11. Klasse des Gymnasiums und zwei Biologiestunden mit abschließender Besprechung in einer Einrichtung des zweiten Bildungsweges ausführlich dokumentiert. Außerdem werden die im Unterricht beobachtbaren Interaktionen bezüglich Aufrufketten, Lob, geschlechtsspezifischer Doppelbindung und Rollenspiel im Unterricht analysiert. In der Zusammenfassung der gefundenen Interaktionsmuster heißt es:

„Dabei zeigte sich, daß Mädchen als Gruppe stärker auf Kooperation hin und Jungen als Gruppe stärker auf Konkurrenz hin orientiert sind. Die Jungen zeigen als Gruppe die Tendenz, die Kompetenz von Schülerinnen und Lehrerinnen in Frage zu stellen. Die Kooperationsfähigkeit der Mädchen und ihre größere Offenheit im Unterrichtsgespräch wurden von den befragten Lehrerinnen als wichtige Unterstützung im Unterricht benannt, aber nicht als fachliche oder interaktionelle Leistungen bewertet. Schulbücher, -inhalte und die mangelnde Frauenpräsenz in den Leitungsfunktionen wurden als benachteiligend für Schülerinnen und Lehrerinnen kritisiert. Deutlich wurde, daß das Lernklima generell von großem Einfluß auf die Lernmöglichkeiten aller in der Lerngruppe ist, aber ganz wesentlich von den Verhaltensweisen der Gruppe der Jungen und deren Interaktionsverständnis bestimmt wird. Für die Mädchen zeigte sich speziell im mathematisch/naturwissenschaftlichen Unterricht, daß ein jungenorientierter Unterricht mit konkurrentem Interaktionsstil ihre Lernchancen schmälert und sie benachteiligt" (1989, S. 148).

Die bisher referierten Ergebnisse empirischer Untersuchungen wurden in einer Vielzahl von Erfahrungsberichten von Lehrerinnen bestätigt (vgl. die Dokumentationen der Fachtagungen Frauen und Schule; vgl. Enders-Dragässer u. Fuchs 1990; vgl. Weschke-Meissner 1990). Sie wurden auch aus dem Ausland – vor allem aus den USA und aus Großbritannien – berichtet und in dortigen empirischen Untersuchungen bestätigt (vgl. Spender 1985; vgl. die Zusammenstellung bei Kauermann-Walter u. a. 1988). Gerade die ausländischen Arbeiten stellen einen Bezug zwischen den berichteten Diskriminierungen und der koedukativen Schulsituation her und bewirkten, daß auch in der Bundesrepublik Deutschland wiederum vergleichende Studien vorgenommen wurden.

Bei diesen neueren vergleichenden Untersuchungen geht es vor allem um die Teilhabe von Mädchen an „untypischen“ Bereichen, also in erster Linie an den naturwissenschaftlichen und technischen Fachbereichen. Denn während die zu Beginn der Einführung der Koedukation noch gültige formale Benachteiligung von Mädchen beim Besuch und beim Abschluß weiterführender Schulen Gültigkeit hatte, läßt sich von einer solchen Ungleichverteilung heute nicht mehr sprechen: Mädchen sind an den Realschulen zu mehr als 50% beteiligt, an den GymnasiastInnen stellen sie etwa die Hälfte, ebenso an den AbiturientInnen. Auch der Anteil der weiblichen Studierenden ist gestiegen. Die Fächerwahlen in den Schulen ebenso wie beim Studium haben sich jedoch kaum verändert – nach wie vor finden wir in den naturwissenschaftlichen und technischen Fächern Frauen als verschwindende Minderheit. Hier nun haben einige neuere Studien mit Daten über Mädchenschulen und naturwissenschaftlich-technische Fächer der Koedukationsdebatte neuen Zündstoff gegeben:

In einer Untersuchung des Studienverlaufs und der Berufseinstiegsprobleme Dortmunder Chemie- und Informatikstudentinnen, die 1985 durchgeführt wurde, ergab sich, daß 35% der Studentinnen, die den Fragebogen zurückgeschickt hatten, Mädchenschulabsolventinnen waren (Roloff u.a. 1987). In einem Anschlußprojekt „Zum Einfluß der Schulausbildung (Mädchen- oder Koedukationsschule) auf Fachwahl, Studienerfolg und Berufseinstieg der Chemie- und Informatikstudentinnen“ wurden 1987 alle Studentinnen der Chemie und Informatik an den Hochschulen in Aachen, Dortmund und Paderborn ab dem vierten Semester schriftlich nach ihrer Schulerfahrung befragt. Jacqueline Kauermann-Walter, Maria-Anna Kreienbaum und Sigrid Metz-Göckel, die das Team des Anschlußprojektes bildeten, schreiben, die Ergebnisse dieser Befragung zeigten, „daß sich im Durchschnitt die Zahlen der ersten Dortmunder Untersuchung für die Chemiestudentinnen (Anteil der Mädchenschul-Absolventinnen von 36%) bestätigen, für die Informatikstudentinnen sich jedoch erhöhen (47%) wohlgemerkt bei einem Anteil von 14% an allen Abiturientinnen in NRW“ (1988, S. 178f.) (vgl. Tab. 1 u. 2).

Berechnet man allerdings die Prozentangaben nicht auf die Antwortenden, sondern auf die Gesamtzahl der Studentinnen, so ergibt sich durchaus ein zumindest relativierendes Bild: Dann nämlich weiß man

*Tab. 1: Schulischer Hintergrund der Chemiestudentinnen*

| Hoch-schul-ort | Einge-schriebene Studen-tinnen insgesamt | Rück-lauf abs. | in % | Koedu-kation abs. | in % | Mädchen-schule abs. | in % | beide Schuler-fahrungen |
|---|---|---|---|---|---|---|---|---|
| Dortmund | 104 | 35 | 33 | 25 | 71 | 10 | 29 | |
| Achen | 207 | 80 | 38 | 40 | 50 | 36 | 45 | 4 |
| Paderborn | 67 | 36 | 53 | 30 | 83 | 6 | 17 | |
| Insgesamt | 378 | 151 | 39 | 95 | 62 | 53 | 36 | 4 |

Quelle: KAUERMANN-WALTER u.a. 1988, S. 179.

*Tab. 2: Schulischer Hintergrund der Informatikstudentinnen*

| Hoch-schul-ort | Einge-schriebene Studen-tinnen insgesamt | Rück-lauf abs. | in % | Koedu-kation abs. | in % | Mädchen-schule abs. | in % | beide Schuler-fahrungen |
|---|---|---|---|---|---|---|---|---|
| Dortmund | 198 | 69 | 34 | 39 | 56 | 29 | 43 | 1 |
| Achen | 108 | 54 | 50 | 21 | 39 | 33 | 61 | 1 |
| Paderborn | 83 | 37 | 44 | 22 | 59 | 14 | 38 | 1 |
| Insgesamt | 389 | 160 | 40 | 82 | 51 | 76 | 47 | 2 |
| Chemie und Informatik | 767 | 311 | 40 | 177 | 57 | 128 | 40 | 6 |

Quelle: KAUERMANN-WALTER u.a. 1988, S. 179.

von 60,1% der Chemiestudentinnen nicht, welche Schule sie besucht haben, von 13,8% weiß man, daß sie von einem Mädchengymnasium kommen, 25,1% haben eine koedukative Schule besucht und 1% haben beide Schulformen kennengelernt. Bei den Informatikstudentinnen ist die besuchte Schule bei 59,5% unbekannt, 16,7% kommen von einem Mädchengymnasium, 23,1% von koedukativen Schulen und 0,8% verfügen über beide Schulerfahrungen. Nun ist durchaus zu vermuten, daß von den Studentinnen, die den Fragebogen nicht zurückgeschickt haben, auch einige Mädchenschulen besucht haben und damit der Prozentanteil der Mädchenschulabsolventinnen unter den Studentinnen der Chemie und Informatik tatsächlich höher liegt als der Landesdurchschnitt der Abiturientinnen von Mädchenschulen. Unwahrscheinlich scheint mir jedoch, daß man umstandslos von den Zahlen der Antwortenden auf die Zahlen bei den Nichtantwortenden hochrechnen kann: Gerade bei dem Thema „Mädchenschulen versus koedukative Schulen“ dürften sich vorrangig die Absolventinnen der mittlerweile „untypischen“ Schulform motiviert fühlen, an einer Untersuchung teilzunehmen. Die von KAUERMANN-WALTER u. a. berichteten Ergebnisse der Interviewbefragungen dieser Studentinnen zeigt auch in den Mädchenschulen keineswegs eine einheitliche Unterstützung naturwissenschaftlicher Interessen. Vielmehr ergeben sich durchaus widersprüchliche Befunde in bezug auf die Förderung der Mädchen in Mädchenschulen bzw. in koedukativen Schulen.

Auch eine weitere Studie, die nachzuweisen versucht, daß Mädchenschulen Mädchen stärker für Mathematik und Naturwissenschaften interessiere, hat ihre Tücken. Bei der von HEDDA JUNGFER ebenfalls 1987 durchgeführten Befragung an bayerischen Gymnasien ging es um die Wahl der Grund- und Leistungsfächer Mathematik, Physik und Chemie in der Kollegstufe in 24 koedukativen Schulen bzw. in 29 Mädchengymnasien. Beim Vergleich der Wahlen von Mädchen aus Mädchengymnasien und koedukativen Schulen (vgl. Tab. 3) zeigte sich, daß zwar in den Mädchenschulen mehr Mädchen Leistungskurse in Mathematik belegten, jedoch in den koedukativen Schulen insgesamt größere Prozentsätze der Mädchen Leistungskurse in Physik und Chemie wählten. HEDDA JUNGFER bereinigte ihre Daten wegen der Unterschiedlichkeit der fachlichen Orientierung der Gymnasien und verglich nur die „Sprachgymnasien“ miteinander. Dies änderte am Mathematikergebnis nichts, ergab aber eine umgekehrte Verteilung, nämlich größere Anteile von Leistungskurswahlen in Physik und Chemie bei den Schülerinnen der Mädchengymnasien. Problematisch scheint mir daran, daß die Hälfte der koedukativen Schulen eine humanistische Ausrichtung hatte – deren Bildungsideal sich eher im Gegensatz zu naturwissenschaftlicher Bildung versteht –, während die Mädchenschulen alle eine neusprachliche Orientierung aufwiesen. Versucht man denn auch – soweit das mit den mitgeteilten Daten möglich ist –, andere Vergleiche zu ziehen, so zeigt sich folgendes: Der Prozentabstand zwischen Mädchenschulen und koeduka-

*Tab. 3: Zahl der Schülerinnen in bayerischen Kollegschulen und ihre Fächerwahl*

| | Gesamt | | Sprachgymnasien | | andere Gymnasien | |
|---|---|---|---|---|---|---|
| | Mädchen-gym. | Koeduk. Gym. | Mädchen-gym.[1] | Koeduk. Gym.[2] | Mädchen-gym.[3] | Koeduk. Gym.[4] |
| Kollegstufe | 3597 | 1908 | 995 | 794 | 2608 | 1114 |
| Mathematik | | | | | | |
| Grundkurs | 1787 | 990 | 538 | 434 | 1249 | 556 |
| in % | 49,7 | 51,9 | 54,1 | 54,7 | 48,0 | 50,0 |
| Leistungs-kurs | 898 | 375 | 233 | 128 | 665 | 247 |
| in % | 25,3 | 19,7 | 23,4 | 16,1 | 25,5 | 22,1 |
| Physik | | | | | | |
| Grundkurs | 1216 | 673 | 366 | 272 | 850 | 401 |
| in % | 33,8 | 35,3 | 36,8 | 34,3 | 32,6 | 36,0 |
| Leistungs-kurs | 67 | 58 | 29 | 14 | 38 | 44 |
| in % | 1,9 | 3,0 | 2,9 | 1,8 | 1,5 | 4,0 |
| Chemie | | | | | | |
| Grundkurs | 2303 | 1089 | 643 | 490 | 1660 | 599 |
| in % | 64,0 | 57,1 | 64,6 | 61,7 | 63,8 | 53,8 |
| Leistungs-kurs | 52 | 92 | 20 | 0 | 32 | 92 |
| in % | 1,4 | 4,8 | 2,0 | 0,0 | 1,2 | 8,3 |

[1] 9 neusprachliche Mädchengymnasien

[2] 2 humanistische Gymnasien
7 Hum./neuspr. Gymnasien
2 neusprachliche Gymnasien

[3] 1 math./neuspr. Mädchengymnasium
4 musische Mädchengymnasien
1 neuspr./musisches Mädchengymnasium
11 neuspr./sozialwissenschaftliche Mädchengymnasien
1 neuspr./wirtschaftswissenschaftliches Mädchengymnasium
2 sozialwissenschaftliche Mädchengymnasien

[4] 1 Hum./neuspr./Math.-nat. Gymnasium
1 Math.-nat. Gymnasium
7 Math./neuspr. Gymnasien
3 Math./wirtschaftswissenschaftliche Gymnasien
1 Mus./wirtschaftswissenschaftliches Gymnasium

Quelle: Jungfer 1987, S. 4–6 und eigene Berechnungen.

tiven Schulen verringert sich bei den Mathematik-Leistungskursen. Mädchen aus überwiegend sozial- oder wirtschaftswissenschaftlich ausgerichteten Mädchenschulen wählen zu deutlich geringeren Anteilen naturwissenschaftliche Leistungskurse als Mädchen aus neusprachlichen Mädchenschulen. Dagegen wählen Mädchen aus koedukativen Schulen mit mathematisch-naturwissenschaftlicher oder musischer Ausrichtung deutlich mehr Leistungskurse Physik und Chemie als Schülerinnen aus Mädchenschulen insgesamt. Die Schlußfolgerung von Hedda Jungfer: „Im koedukativen Wettbewerb lassen sich Mädchen leichter davon abbringen, ihre naturwissenschaftlichen Fähigkeiten zu entwickeln" (1978, S. 6) scheint mir zumindest etwas zu schnell getroffen zu sein.

Allerdings gibt es auch aus Rheinland-Pfalz Daten für die Schuljahre 1984/85 bis 1986/87, nach denen Mädchen im 11. Jahrgang in Mädchenschulen zu größeren Prozentsätzen Leistungskurse in Mathematik, Physik und Chemie belegen (vgl. PZ-Information: ›Mathematik ...‹ 1989, S. 30 u. S. 35). Diese Ergebnisse stimmen auch durchaus überein mit den bereits in den 70er Jahren festgestellten Tendenzen der stärkeren Geschlechtstypik im Wahlverhalten in koedukativen gegenüber Mädchen- bzw. Jungenschulen.

Vergegenwärtigt man sich noch einmal die referierten Untersuchungen und bezieht sie auf die neue Koedukationsdiskussion, so läßt sich zweifellos feststellen, daß Schule für Mädchen und Jungen keineswegs einen gleichen Erfahrungsraum darstellt (vgl. auch Kleinespel 1990). Allerdings läßt sich nicht einfach sagen, daß die koedukative Situation als das „Miteinander-in-einer-Schule-und-in-einer-Klasse-Sein" eindeutig zu positiven oder zu negativen Folgen für Mädchen oder für Jungen führen würde. Es scheint vielmehr so zu sein, daß das soziale Gefüge in der Schule einen sehr komplexen Zusammenhang bildet, der darüber hinaus in den einzelnen Fächern und Inhaltsbereichen unterschiedlich zum Tragen kommt. Im folgenden soll es deshalb darum gehen, einzelne Fächer genauer im Blick auf die geschlechtsspezifischen Aspekte ihrer Vermittlung zu beleuchten, bevor die Frage nach den Perspektiven der neuen Koedukationsdiskussion gestellt wird.

## 4. GESCHLECHTERVERHÄLTNISSE IN EINZELNEN SCHULFÄCHERN

Spätestens ab der 2. Klasse in der Grundschule wird der Unterricht normalerweise in bundesdeutschen Schulen in Fächer unterteilt. Am Beispiel der Stundentafeln des Landes Hessen, das für die Sekundarstufe einheitliche Stundenkontingente ausweist, soll diese Verteilung und ihre jeweilige Gewichtung deutlich gemacht werden.

Deutsch ist eindeutig das wichtigste Fach, d.h. das Fach mit dem größten Stundenanteil, gefolgt von Mathematik. Beide Fächer ziehen sich durch die gesamte Schulzeit, sie sind im Bewußtsein von Schülerinnen und Schülern auch die Hauptfächer – natürlich auch, weil Erfolg oder Versagen in ihnen versetzungsrelevanter ist als in den sogenannten Nebenfächern. Mit hohem Stundenanteil sind auch die musischen Fächer Kunst und Musik und der Sport ausgewiesen, weil auch sie zu den in allen Jahrgängen erteilten Fächern gehören. In der Grundschule kommt noch dem Fach Sachkunde ein wichtiger Stellenwert zu, auch weil dieses Fach Grundlagen bildet für die spätere Differenzierung der Fächer in Gesellschaftslehre einerseits und Naturwissenschaften andererseits. Schließlich beginnt in der Sekundarstufe I der Unterricht in Fremdsprachen, der dann ebenfalls mit hohen Stundenanteilen versehen und zu den Hauptfächern gerechnet wird.

Insgesamt verbringen die Schülerinnen und Schüler während ihrer Schulzeit durchschnittlich 10000 Stunden in schulischem Unterricht, eine Zeit, die zweifellos als relevant für die Entwicklung der Persönlichkeit gelten muß.

Die Beliebtheit der Fächer ist – vor allem in den höheren Jahrgängen, wenn die Breite und Differenzierung deutlicher wird – keineswegs gleich, und hier finden wir auch klare geschlechtsspezifische Unterschiede. Von LORE HOFFMANN und MANFRED LEHRKE ist im Rahmen einer repräsentativen Befragung von mehr als 4000 Schülerinnen und Schülern das Interesse an den einzelnen Fächern in den verschiedenen Jahrgangsstufen erfragt worden. Die folgende Graphik zeigt die entsprechenden Verteilungen bei Schülerinnen und Schülern von der 5. bis zur 10. Jahrgangsstufe.

*Tab. 4: Stundentafel in Hessen (Grundschule und Sekundarstufe I mit Wahlpflichtfach 2. Fremdsprache)*

| Fach/Klasse | 1 | 2 | 3 | 4 | 5 | 6 | 7 | 8 | 9 | 10 | Summe |
|---|---|---|---|---|---|---|---|---|---|---|---|
| Religion: | 2 | 2 | 2 | 2 | 2 | 2 | 2 | 2 | 2 | 2 | 20 |
| Sachunterricht: | 2 | 2 | 4 | 4 | – | – | – | – | – | – | 12 |
| Werken/Textiles Gestalten: | – | – | 1 | 2 | – | – | – | – | – | – | 3 |
| Deutsch: | 5 | 5 | 5 | 5 | 4 | 4 | 4 | 4 | 4 | 4 | 44 |
| Mathematik: | 5 | 5 | 5 | 5 | 4 | 4 | 4 | 4 | 4 | 3 | 43 |
| Musik/Kunst: | 3 | 3 | 3 | 3 | 4 | 4 | 2 | 2 | 2 | 2 | 28 |
| Sport: | 3 | 3 | 3 | 3 | 3 | 3 | 3 | 3 | 2 | 2 | 28 |
| Differenzierung/ Freie Arbeit: | 2 | 2 | 2 | 2 | – | – | – | – | – | – | 8 |
| Gesellschaftslehre: | – | – | – | – | 3 | 3 | 4 | 4 | 4 | 4 | 22 |
| Naturwissenschaften: | – | – | – | – | 3 | 3 | 4 | 4 | 4 | 4 | 22 |
| 1. Fremdsprache: | – | – | – | – | 5 | 5 | 4 | 3 | 3 | 3 | 23 |
| Polytechnik/ Arbeitslehre: | – | – | – | – | 2 | 2 | – | – | – | – | 4 |
| 2. Fremdsprache[1]: | – | – | – | – | – | – | 4 | 4 | 4 | 4 | 16 |
| Wahlmöglichkeiten[2]: | – | – | – | – | – | – | 1 | 2 | 3 | 4 | 10 |
| Gesamt: | 22 | 22 | 25 | 26 | 30 | 30 | 32 | 32 | 32 | 32 | 283 |

[1] Als Wahlmöglichkeit zwischen Arbeitslehre/Polytechnik und 2. Fremdsprache (im Gymnasium nur 2. Fremdsprache, in der Hauptschule nur Arbeitslehre/Polytechnik).

[2] Aus dem Bereich des Wahlpflichtunterrichts zur Verstärkung und/oder Ergänzung von Unterrichtsfächern des Pflichtunterrichts.

Quelle: ANWEILER u. a. 1990, S. 188/189.

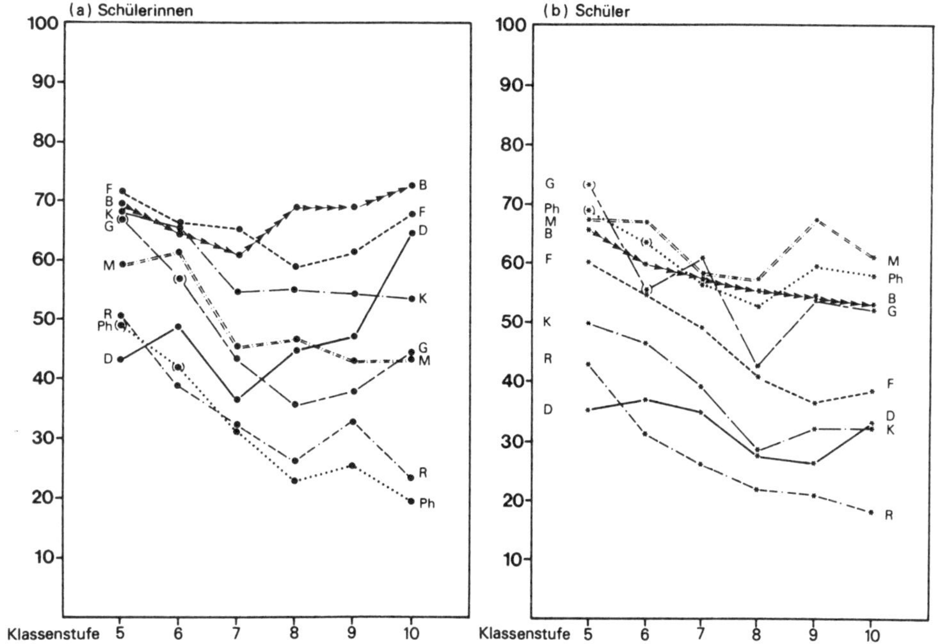


D = Deutsch / F = Fremdsprachen / M = Mathematik / B = Biologie / K = Kunst / R = Religion / Ph = Physik / G = Geschichte

Die in Klammern aufgeführten Prozentangaben (.) und (*) beziehen sich nicht auf die Gesamtstichprobe, sondern nur auf jene Schüler, die schon einmal Unterricht in diesem Fach hatten.

*Abb. 4: Interessen von Schülerinnen und Schülern an verschiedenen Schulfächern.*

Quelle: HOFFMANN 1990, S. 59.

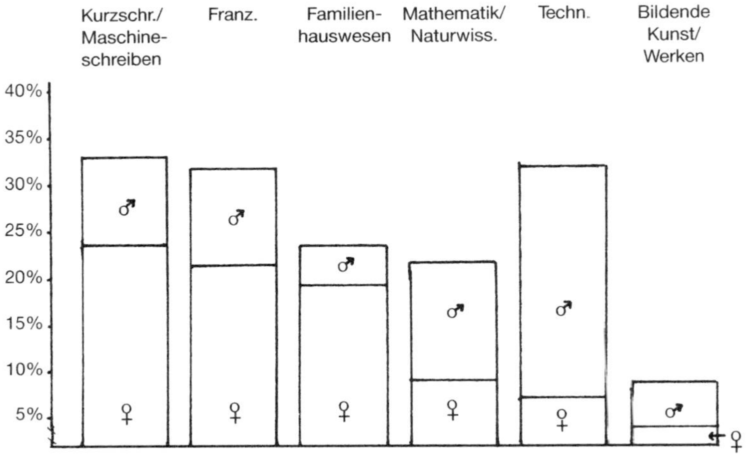


*Abb. 5: Wahlpflichtfachentscheidungen der Realschülerinnen und Realschüler 1988/89 in Rheinland-Pfalz, Klasse 7/8.*

Entwurf: Faulstich-Wieland nach Daten aus PZ-Information: ›Mathematik ...‹ 1989, S. 26.

Bei den Mädchen sind Fremdsprachen und Biologie die deutlich beliebtesten Fächer. Im 5. und 6. Jahrgang gehören auch Kunst, Geschichte und Mathematik noch dazu, wobei die Zahl der daran interessierten Schülerinnen bis zur 10. Klasse sinkt. Deutsch ist das Fach, dessen Beliebtheit mit zunehmendem Alter stark steigt. Physik und Religion werden dagegen mit zunehmendem Alter unbeliebter. Mit Ausnahme des Faches Religion, das bei Jungen eine ähnliche Beliebtheitsstellung wie bei Mädchen hat, zeigen die Schüler ansonsten ein deutlich anderes Interessenprofil: Bei ihnen rangieren Physik und Mathematik an oberer Stelle; Biologie und, noch stärker, Fremdsprachen werden unbeliebter. Kunst und Deutsch stoßen schon im 5. Jahrgang auf weniger Interesse, und Biologie erfreut sich wechselnder Beliebtheit.

Sobald die Schülerinnen Möglichkeiten haben, Fächer zu wählen bzw. abzuwählen, zeigt sich die unterschiedliche Interessenausprägung noch deutlicher. Für Rheinland-Pfalz liegen entsprechende Wahldaten aus Realschulen vor. Dort haben die Schülerinnen in der 6. und 7. Jahrgangsstufe die Wahl zwischen sechs Wahlpflichtfächern: Es

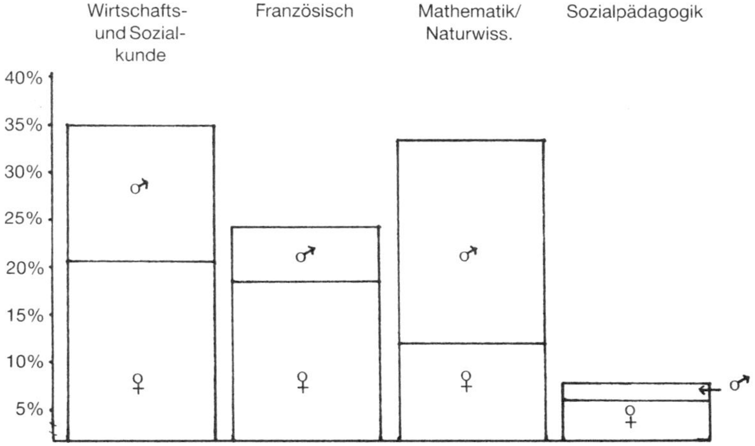


*Abb. 6: Wahlpflichtfachentscheidungen der Realschülerinnen und Realschüler 1988/89 in Rheinland-Pfalz, Klasse 9/10.*

Entwurf: Faulstich-Wieland nach Daten aus PZ-Information: ›Mathematik ...‹ 1989, S. 26.

können entweder das vierstündige Fach Französisch oder zwei zweistündige Fächer aus den Angeboten Mathematik/Naturwissenschaften, Technisches Zeichnen, Bildende Kunst/Werken, Familienhauswesen und Kurzschrift/Maschineschreiben gewählt werden. Die Verteilung auf diese Wahlfächer überhaupt und ihre geschlechtsspezifisch unterschiedliche Belegung zeigt die obenstehende Graphik.

Die Schwerpunkte der Wahlen liegen bei den Mädchen deutlich bei den Sprachen, Kurzschrift/Maschineschreiben und Familienhauswesen, bei den Jungen dagegen bei Mathematik/Naturwissenschaften und Technischem Zeichnen. Bildende Kunst/Werken spielt insgesamt eine geringere Rolle, hier sind jedoch auch etwa 2/3 Jungen zu finden.

In den 9. und 10. Klassen der rheinland-pfälzischen Realschulen müssen sich die Schülerinnen für eins von fünf Wahlpflichtfächern entscheiden. Zur Auswahl stehen: Französisch, Englisch, Mathematik/Naturwissenschaften, Wirtschafts- und Sozialkunde oder Sozialpädagogik. Auch hier zeigt die Graphik (Abb. 6) die deutliche geschlechtsspezifische Differenzierung zwischen Französisch und Mathematik/Naturwissenschaften.

In der gymnasialen Oberstufe müssen die Schülerinnen unter Einhaltung bestimmter Vorgaben Leistungskurse wählen. Für Nordrhein-Westfalen liegen Zahlen über die gewählten Leistungskurse der Abiturjahrgänge 1985 und 1986 vor, aus Hamburg gibt es Daten aus einer Untersuchung an Gymnasien von 1987. Diese Zahlen dokumentiert die folgende Tabelle 5.

Die Differenzierung in „Mädchenfächer", das sind Fächer mit einem Anteil von zwei Drittel oder mehr Schülerinnen, zu denen die Sprachen sowie Pädagogik und Kunst gehören, und „Jungenfächer", in denen Mädchen nur ein Drittel der SchülerInnen stellen, wie Mathematik, Naturwissenschaften, aber auch Sozialwissenschaften und Sport, ist sehr deutlich. Biologie ist das einzige Fach mit einer ausgewogenen Verteilung.

Im Studium setzt sich diese Verteilung konsequenterweise fort, wie die folgende Tabelle über die Frauenanteile in den „großen" Fächern, d. h. in jenen Bereichen, in denen mehr als 15 000 Studierende an allen Hochschulen eingeschrieben sind, zeigt.

Bei einem Studentinnenanteil von 38% insgesamt finden wir weit höhere Anteile in den Sozial- und Kulturwissenschaften, weit geringere in den naturwissenschaftlichen (Ausnahme: Biologie) und technischen Fächern.

Die geschlechtsspezifische Ungleichverteilung der Interessen und der Teilhabe an den verschiedenen Fachgebieten bildet den Hintergrund für die Koedukationsfrage. Die geschlechterbezogenen Konnotationen der Fächer gehen auch mit Einschätzungen einher, inwieweit man sich traut, sie zu studieren (vgl. HANNOVER 1988; vgl. KLEINESPEL 1990). Dabei wird immer auch vermutet, daß geschlechtshomogene Kontexte dieses Zutrauen erhöhen, Koedukation jedoch es behindern könnte. Relevanz erhält die Verteilung der Geschlechter auf die verschiedenen Studienfächer vor allem in bezug auf die damit verbundenen Berufschancen.

In den auf die Schule bezogenen Diskussionen über geschlechtsspezifische Benachteiligungen stehen die Fächer Mathematik, Naturwissenschaften und Technik im Mittelpunkt. Mathematik wird häufig als das Fach gehandelt, in dem Mädchen angeblich nicht weit oder nicht weit genug mitkommen, in dem also die Fähigkeiten der Mädchen noch immer bestritten werden. Für die Naturwissenschaften wird das vermeintlich mangelnde Interesse als Ursache für die Nichtwahl entsprechender Leistungskurse oder Studienfächer verantwortlich ge-

*Tab. 5: Gewählte Leistungskurse der Abiturjahrgänge 1985 und 1986 in Nordrhein-Westfalen[1] und Hamburg[2]*

| Mädchenanteil in Prozent | | | |
|---|---|---|---|
| | 1985 | 1986 | Hamburger Daten (1987) |
| Mathematik | 36,16 | 35,89 | 25,3 |
| Physik | 12,98 | 11,97 | 8,3 |
| Chemie | 33,71 | 35,22 | 30,1 |
| Geschichte | 37,25 | 37,78 | 34,5 |
| Erdkunde | 38,14 | 36,73 | 41,0 |
| Sport | 32,38 | 33,62 | 20,0 |
| Sozialwissenschaft | 45,21 | 39,04 | 22,8 |
| Biologie | 56,67 | 55,92 | 50,8 |
| Deutsch | 69,10 | 68,67 | 58,4 |
| Englisch | 60,55 | 61,62 | 59,0 |
| Französisch | 76,31 | 77,93 | 76,2 |
| Pädagogik | 77,65 | 79,03 | – |
| Kunst | 69,59 | 71,01 | 67,2 |

[1] Daten der Gesamterhebung des Kultusministeriums NRW für Gymnasien und Gesamtschulen; Mädchenanteil an den Abiturientinnen und Abiturienten: 1985: 50,42%; 1986: 50,48%; Gesamtzahl der Abiturientinnen und Abiturienten: 1985: 64957; 1986: 61711.

[2] Daten der Untersuchung von Ute Heinrich u. Thomas Schulz an acht Hamburger Gymnasien (N = 604), Erhebung April/Mai 1987 (vgl. Heinrich u. Schulz 1988).

Quelle: Brehmer u.a. 1989, S. 4.

macht. Dabei geht es konkret um Physik, häufig auch noch um Chemie. Biologie als naturwissenschaftliches Fach wird in der Diskussion im allgemeinen vernachlässigt oder vergessen – obwohl gerade hier, wie die Tabellen zeigen konnten, die Verhältnisse umgekehrt liegen, man fast von einem „Frauenfach“ sprechen könnte. Technik ist – ähnlich wie Naturwissenschaften – ein „Fächerkonglomerat“, vor allem weil es als eigenständiges Schulfach so gut wie nicht existiert. Im schulischen Bereich werden darunter zum einen in der Primarstufe Werken, zum anderen im Sekundarbereich die Angebote im Rahmen der Arbeitslehre verstanden, des weiteren gibt die technische Entwicklung der Mikroelektronik mit ihren Auswirkungen auf Schule, das heißt

*Tab. 6: Der Frauenanteil in den „großen" Fächern, WS 1986/87 (Fächer mit insgesamt mehr als 15000 Studenten an allen Hochschulen)*

| Fächer | Insgesamt absolut | davon Frauen absolut | % |
|---|---|---|---|
| 1. Anglistik | 21503 | 15768 | 73 |
| 2. Germanistik | 54491 | 36673 | 67 |
| 3. Erziehungswissenschaften | 32898 | 21452 | 65 |
| 4. Psychologie | 23107 | 14054 | 61 |
| 5. Biologie | 37011 | 19549 | 53 |
| 6. Ev. Theologie | 15544 | 6758 | 44 |
| 7. Geschichte | 21087 | 9182 | 44 |
| 8. Humanmedizin | 85181 | 36717 | 43 |
| 9. Sport | 17467 | 7380 | 42 |
| 10. Rechtswissenschaft | 84339 | 33266 | 39 |
| 11. Philosophie | 16115 | 6096 | 38 |
| Studenten insgesamt | | | 38 |
| 12. Architektur | 38504 | 13660 | 36 |
| 13. Mathematik | 25867 | 8506 | 33 |
| 14. Betriebswirtschaftslehre | 92406 | 29648 | 32 |
| 15. Wirtschaftswissenschaften | 50781 | 15680 | 31 |
| 16. Volkswirtschaftslehre | 18684 | 5495 | 29 |
| 17. Chemie | 35011 | 9702 | 28 |
| 18. Informatik | 36909 | 5562 | 15 |
| 19. Bauingenieurwesen | 30546 | 3342 | 11 |
| 20. Wirtschaftsingenieurwesen | 15385 | 1539 | 10 |
| 21. Physik | 32079 | 3160 | 10 |
| 22. Elektrotechnik | 67052 | 1879 | 3 |
| 23. Maschinenbau | 66440 | 1800 | 3 |
| 1.–23. Insgesamt (= 67% aller Studenten) | 918410 | 306868 | 33% |
| Studenten insgesamt | 1365739 | 517377 | = 38% |

Quelle: ANWEILER u.a. 1990, S. 463.

konkret die geplante und zum Teil realisierte informationstechnische Grundbildung, hier vielfältige Diskussionsanstöße. Der Textilunterricht gehört in gewisser Weise auch zu dem Komplex der „technischen" Fächer, wenngleich er häufig nicht als ein solches Fach begriffen wird und seine Sonderstellung daraus bezieht, ein traditionelles Mädchenfach darzustellen, das mit der Einführung der Koedukation auch für Jungen geöffnet wurde.

Historisch gesehen war das Fach Sport ein Gegenstand harter Auseinandersetzung um die Koedukation – und zwar vor allem geführt von Befürwortern koedukativen Sportunterrichts. Erst neuerdings schlägt hier die Frage wiederum um in Richtung auf Befürwortung getrennten Unterrichts.

Kaum thematisiert wurde und wird die Koedukation auch in den Sprachfächern, obwohl hier Vorstellungen von geschlechtsspezifischen Unterschieden durchaus weit verbreitet sind und die Verteilung deutlich zwischen Schülerinnen und Schülern differenziert.

Im folgenden soll für die verschiedenen Fächer zusammengetragen werden, was an geschlechterbezogenen Diskussionen und Erkenntnissen vorliegt, um Ansatzpunkte für die Entscheidung der Koedukationsfrage zu erhalten. Dabei wird versucht, jeweils folgenden drei Aspekten nachzugehen (wobei die Materiallage für die Fächer allerdings sehr unterschiedlich ist):

- Wie hat sich das jeweilige Fach historisch entwickelt, und gab es dabei eine Auseinandersetzung um die Teilhabe von Mädchen und Jungen?
- Worin liegt die Geschlechterproblematik im jeweiligen Fach?
- Welche Vorschläge zur Lösung der geschlechterbezogenen Probleme werden gemacht?

## 4.1 Mathematik

Mathematik ist heute an allen Schulen „Hauptfach" und mit hohen Stundenanteilen im Unterrichtsplan verankert. Das war keineswegs immer so, und insbesondere nicht innerhalb der Bildungsangebote für Mädchen. Die Entwicklung des Schulfaches Mathematik verlief in den Volksschulen und in den höheren Schulen vollkommen getrennt voneinander.

Die Anfänge der Schulmathematik in den Volksschulen waren bestimmt von der unmittelbaren praktischen Relevanz des Rechnens. Zu Beginn der Neuzeit entstanden sogenannte Rechenschulen, die den aufsteigenden Berufsgruppen des Kaufmannstums die notwendigen Grundlagen für ihre Arbeit vermittelten. Auch im 17. und

18. Jahrhundert stand der praktische Nutzen mathematischer Unterweisung im Vordergrund. CHRISTINE KEITEL charakterisiert die Bedeutung der Mathematik und ihre Auswirkungen auf den Schulunterricht so:

„Das Prinzip der Rechenhaftigkeit, mit dem diese Schulen Realität zu strukturieren und manipulierbar zu machen suchen, durch das Ereignisse und Handlungen kalkulierbar werden, charakterisiert das Denken des aufstrebenden Bürgertums und verändert seine Beziehungen zur Welt, die durch konstruktive Eingriffe verfügbar gemacht wird. Aus den Aufgaben und Vermittlungstechniken der Rechenschulen bildet sich ein Kanon verselbständigten Schulrechnens heraus, der bis ins 20. Jahrhundert den Unterricht im Rechnen beeinflußt und durch eine eigentümliche Kopplung statischer Wissensauffassung mit einem simplen Utilitarismus gekennzeichnet ist" (in: DUISMANN u. a. 1986, S. 261).

Wesentlich für diese Kopplung war in den Anfängen, daß der Mathematikunterricht keine Einsichten vermittelte, sondern mehr oder weniger rein mechanische Rechenregeln bearbeitete. Erst PESTALOZZIS Kritik an diesem Vorgehen führte zur Betonung auch formaler Elemente bei der Vermittlung des Rechnens. Die Auseinandersetzung um die Gewichtung formaler bzw. materialer Bildung bestimmte jedoch das ganze 19. Jahrhundert hindurch bis heute die Diskussion (vgl. GRIESE in: ROTH 1980, S. 297).

Auch in der höheren Bildung gab es den Streit um die Ausrichtung des Mathematikunterrichts. Vor allem innerhalb der gesellschaftlichen Elitebildung galt das Bildungsverständnis einer Persönlichkeitsbildung, bei der nur „klassische Disziplinen" Bildungswert genossen. Der Mathematik kam dann die Aufgabe zu, das „klare, logisch ordnende Denken" zu gewährleisten:

„Der Einübung in der prozessualen Disziplin, die mathematisches Denken fördert, wird zugebilligt, Disziplin überhaupt zu fördern; und die Widrigkeiten beim Erlernen eines spröden Stoffes machen die Mathematik zu einem besonders geeigneten Übungsfeld charakterlicher und moralischer Tugenden" (KEITEL in: DUISMANN u. a. 1986, S. 262).

Da aber auch in der höheren Bildung zunehmend die Notwendigkeit der Qualifizierung für spätere Tätigkeiten eine Rolle spielte, mußte praktischen Erwägungen in den Inhalten der Mathematik Rechnung getragen werden. Insofern führte der Streit um den Bildungswert des Faches Mathematik auch dazu, daß es in den Gymnasien immer über ein eher geringes Ansehen verfügte. Trotzdem setzte sich in der zweiten Hälfte des 19. Jahrhunderts für alle existierenden höheren Jungenschulen ein Mathematikunterricht durch, der beiden Aspekten mit je nach schulischer Ausrichtung unterschiedlicher Gewichtung Rechnung trug (vgl. ZIEHEN 1907, S. 102).

An den Mädchenschulen dagegen war eine Ausbildung in Mathematik keineswegs selbstverständlich. Den Mädchen wurde zwar Rechnen vermittelt, dabei bezog sich das zu Lernende aber immer sehr konkret auf die künftige Rolle als Hausfrau und Mutter (vgl. SROCKE 1989, S. 63). Die formalen Aspekte des Mathematikunterrichts sollten entweder nicht weiter berücksichtigt werden, oder es wurde den Mädchen unterstellt, daß sie dafür sowieso nicht geeignet und daran nicht interessiert seien. Die Diskussion um diese Bestandteile eines Mathematikunterrichts auch für Mädchen kam erst in den 80er Jahren des 19. Jahrhunderts auf, als die Forderung nach Öffnung der Abiturientenprüfung für Mädchen erhoben wurde (ebd., S. 69; vgl. BÄUMER 1907, S. 118). BETTINA SROCKE macht darauf aufmerksam, daß die Einführungsprozesse des Mathematikunterrichts in Jungenschulen bzw. Mädchenschulen geradezu entgegengesetzt verliefen:

> „Insgesamt also waren die Diskussionen um das Schulfach für Jungen durch die Frage geprägt, ob dieses Fach aufgrund seiner inhaltlichen Eigenarten überhaupt einen Wert für die Bildung der Jugend besitze, während man wie selbstverständlich davon ausging, daß Jungen auch über die erforderlichen geistigen Fähigkeiten verfügten. Für Mädchen verlief die Diskussion dagegen genau umgekehrt: Da der Bildungswert der Mathematik für Jungen auf breiter Basis anerkannt war, wurde er für Mädchen gar nicht mehr in Zweifel gezogen. Doch traute man den Mädchen nicht zu, über die für das Erlernen von Mathematik notwendige geistige Kapazität zu verfügen“ (ebd., S. 82).

In Preußen gab es in den Jahren 1924/25 mit der Neuordnung des preußischen höheren Schulwesens und den Richtlinien für die Lehrpläne der höheren Schulen Preußens eine Änderung in der Regelung des Mädchen- und Jungenschulwesens. Mit der sogenannten „Richertschen Schulreform“ wurden für die Mädchen- und Jungenschulen grundsätzlich die gleichen Bildungsziele vorgesehen:

> „Für die einzelnen Formen der Mädchenschulen gelten grundsätzlich die Lehrziele und Lehraufgaben der entsprechenden Knabenschulen“ (RICHERT 1925, S. 500; zit. nach SROCKE 1989, S. 85).

Damit war von seiten der Schulbehörde die Fähigkeitsdiskussion, d. h. die Frage, ob Mädchen in der Lage seien, geistig den Ansprüchen der Jungen zu entsprechen, aus der Welt. Die Inhalte der Jungenbildung wurden für die Mädchen verbindlich gemacht. Während der Zeit des Faschismus wurden die Lehrpläne dagegen erneut geschlechtsspezifisch differenziert und der Bildung für Mädchen und Frauen die Aufgabe zugewiesen, diese auf ihre Rolle im Haushalt vorzubereiten. So hieß es etwa in den Richtlinien für Mathematikunterricht, daß „die Anwendungen zu betonen (sind), die für die späteren Aufgaben der Frau wichtig sind“ (zit. in: CONRADT u. HECKMANN-JANZ 1985, S. 141 f.).

In der Nachkriegszeit gab es mit der Restauration des Bildungswesens weiterhin explizit geschlechtsspezifische Lehrpläne im mathematischen Bereich. So hieß es z. B. in den Richtlinien für Volksschulen in Rheinland-Pfalz 1957:

> „In der achten Mädchenklasse tritt die Körperberechnung zugunsten der Flächenberechnung zurück, die in enger Beziehung zur Handarbeit und Hauswirtschaft steht“ (ebd., S. 196).

Erst mit den großen Bildungsreformen der 60er Jahre unseres Jahrhunderts wurde auch die Bestimmung des Mathematikunterrichts grundlegend geändert. Während bis dahin für die Volksschulen das volkstümlich-praktische Rechnen als Ziel angesehen wurde, die angewandte Mathematik in den Realschulen vorherrschte und auf den Gymnasien Wissenschaftspropädeutik gelehrt wurde, sollte es nunmehr eine mathematische Grundbildung für alle geben. Die Integrationsbestrebungen bezogen sich dabei auf vier Aspekte.

- „Mathematikunterricht in allen Schulformen auf der Basis eines einheitlichen, schultypspezifisch differenzierten Curriculum,
- Wissenschaftsorientierung des Mathematikunterrichts für alle Schultypen,
- Einrichtung von Gesamtschulen,
- Fachlehrerprinzip für alle Schultypen, verbunden mit einer fachlichen Universitätsausbildung und einer praktischen Ausbildungsphase für alle Lehrämter“ (KEITEL in: DUISMANN u. a. 1986, S. 264).

Diese in einem Kultusministerbeschluß 1968 vorgesehenen Veränderungen wurden in den folgenden Jahren durchaus nicht einheitlich umgesetzt, sondern aufgrund länder- und schultypspezifischer Varianten ebenso wie unterschiedlicher didaktischer Ansätze nur teilweise verwirklicht. Die Lehrpläne der Gymnasien wiesen zwar jetzt keine geschlechtsspezifischen Differenzierungen mehr auf, aber die durchaus noch bestehende Trennung von Mädchen- und Jungengymnasium widerspiegelte sehr wohl unterschiedliche Orientierungen, wie die folgende Tabelle zeigt:

*Tab. 7: Fachliche Ausrichtung der Gymnasien*

| Ausrichtung | Mädchen-Gymn. | Jungen-Gymn. | Gemischte Gymn. |
|---|---|---|---|
| neusprachlich | 25% | 21% | 52% |
| math.-nat.-wiss. | 15% | 27% | 58% |
| altsprachlich | 4% | 45% | 51% |

Quelle: Zinnecker 1978, S. 68f.; zit. nach Faulstich-Wieland 1987, S. 152.

Unter den Gymnasien mit einer mathematisch-naturwissenschaftlichen Ausrichtung waren nur 15% Mädchengymnasien, aber 26% Jungengymnasien.

Worin manifestiert sich die Geschlechterproblematik im Mathematikunterricht?

Als Indikatoren dafür, daß Mädchen und Frauen geringere Teilhabe an mathematischer Ausbildung haben als Jungen, dienen zum einen die Studienanteile, zum anderen die Leistungskurswahlen in den gymnasialen Oberstufen, wie sie die Daten zu Beginn dieses Kapitels zeigen. Auch die Teilhabe an den Mathematikwettbewerben wird immer wieder angeführt, um zu zeigen, daß Mädchen hier nicht genug vertreten sind: In der Regel verbleibt ihr Anteil bei etwa 10%.

Historisch wie bis in unsere heutige Zeit wird als Begründung für die geringe Teilhabe der Mädchen und Frauen an der Mathematik ihre vermeintlich mangelnde Begabung angenommen: So findet sich beispielsweise in dem Buch von B. J. Möbius ›Über die Anlage zur Mathematik‹, das 1907 verlegt wurde, folgende Aussage:

„In gewissem Sinne kann man sagen, das Mathematische ist der Gegensatz des Weiblichen. Möchte dieses in grenzenlosen Gefühlen verschwimmen, so gipfelt männliche Klarheit in der Exaktheit, d. h. dem Zahlenmäßigen. ... Hat ein Weib mathematisches Talent, so ist es ebenso, als ob sie einen Bart hätte. ... Man kann also sagen, daß ein mathematisches Weib wider die Natur sei, in gewissem Sinne ein Zwitter. ... Gelehrte und künstlerische Frauen sind Ergebnis der Entartung. Nur durch Abweichung von der Art, durch krankhafte

Veränderungen kann das Weib andere Talente als die zur Geliebten und Mutter befähigenden erwerben" (S. 91 f.; zit. nach ECKELT 1981, S. 5).

Daß MÖBIUS so harte Worte über Frauen finden mußte, die sich in Mathematik bewährten, hatte sicherlich auch damit zu tun, daß es viele – allerdings in der geschichtlichen Aufarbeitung in der Disziplin häufig unterschlagene – Frauen gab, die als Mathematikerinnen auch erhebliche Beiträge zur Entwicklung der Disziplin geleistet haben (vgl. ALIC 1987; KÖPPEL 1985).

Die vermeintlich mangelnde Begabung für Mathematik findet sich auch in späteren Begründungen für die geringere Teilhabe von Frauen an technischen Berufen. JANINE BERG-PEER z. B. zitiert aus einer Arbeit über den Beruf des Bauingenieurs folgendes „Urteil" über die mathematische Begabung der Geschlechter:

„Dennoch kann man aus ... nahezu unabänderlichen Tatsachen folgern, daß Frauen in größerer Zahl wohl kaum jemals dem Beruf des Bauingenieurs zuneigen oder angehören werden ... Der Grund dürfte sein, daß es im allgemeinen nur wenige weibliche Wesen gibt, die mathematisch begabt sind oder wenigstens begabt genug, um den Anforderungen der höheren Mathematik oder technischen Mechanik gerecht werden zu können ..." (BAUMANN 1960; zit. nach BERG-PEER 1984, S. 177).

Alle Jahre wieder hat insbesondere die Wochenzeitung DIE ZEIT dazu beigetragen, die Diskussion um die mangelnde mathematische Begabung von Frauen erneut anzuschüren. So äußerte sich THOMAS v. RANDOW 1981 entsprechend, DIETER E. ZIMMER griff das Thema am 2. 12. 1988 (Nr. 49, S. 86) unter dem Titel „Sexualhormone und die Mathematik" wieder auf, indem er eine amerikanische Untersuchung aus der Zeitschrift "Behavioral and Brain Sciences" referierte. Der Untertitel machte die Zielrichtung deutlich: „Unter mathematisch Hochbegabten finden sich deutlich mehr Männer als Frauen". In seinem Schlußabsatz präsentiert ZIMMER zur Frage „Soll man Interventionsprogramme ersinnen, die den Abstand der Mädchen verringern?" seine Meinung zur „mangelnden Begabung" von Frauen:

„Auch das größte Talent kann verkümmern, wenn es keine ihm gemäße Stimulierung erfährt; also sollte die Schule die Begabten, gleich welchen Geschlechts, mit ihrem Talent nicht allein lassen. Wie man mathematische Unbegabtheit in Talent verwandeln kann, weiß jedoch zur Zeit kein Mensch; insofern ist es viel zu früh, über Kompensationsmaßnahmen zu reden. Wenn man eines Tages herausfände, daß didaktische Akzentverschiebungen und Kniffe ausreichten, sollte man die natürlich schleunigst in die Praxis umsetzen. Wenn sich aber Leistungssteigerungen nur durch Hormonbehandlungen oder dergleichen erzielen ließen, dann sollte man sich wohl lieber zweimal überlegen, ob man einen großen Teil der Jugend routinemäßig dopen will, damit ebenso viele Frauen Physiker werden wie Männer.

Am Ende fragt es sich dann eben wieder, ob wir unsere Unterschiede akzeptieren wollen – die zwischen einzelnen und die zwischen Gruppen, auch zwischen den Geschlechtern."

Während es zu den Begabungsdiskussionen schon immer auch Gegenpositionen gegeben hat, begannen Frauen Anfang der 80er Jahre, offensiver Position zu beziehen. Sie übten Kritik an der mathematischen Wissenschaft als abstrakter, von den Lebensbedingungen losgelöster Entwicklung und begriffen die Distanz der Frauen dazu auch als Widerstand. BERG-PEER weist 1984 jedoch darauf hin, daß solche Argumente, wenn sie nicht auf eine Veränderung der Wissenschaft zielen, die Dauerhaftigkeit des Ausschlusses von Frauen aus gesellschaftlichen Machtpositionen zu festigen helfen. Deshalb sei es wichtig, nach den Bedingungen zu fragen, die eine Teilhabe von Frauen be- oder verhindern. Empirische Untersuchungen, die sich mit dem Geschlechterverhältnis im Mathematikunterricht befassen, gibt es allerdings nur wenige (SCHILDKAMP-KÜNDIGER 1974; ECKELT 1981; SARGES 1984; BREHMER u.a. 1989).

HEIDRUN SARGES hat 1984 eine Befragung bei Schülerinnen und Schülern zum Mathematikunterricht vorgenommen und dabei die Beliebtheit der Fächer Deutsch, Englisch, Mathematik und Biologie in eine Reihenfolge bringen lassen. Dabei ergab sich als Rangfolge der Mädchen Biologie, Fremdsprache, Deutsch, Mathematik, als Rangfolge der Jungen jedoch Mathematik, Biologie, Fremdsprache, Deutsch. Nun dienen solche Rangplätze ebenso wie die oben angeführten Belegzahlen immer dazu, die Ablehnung des Faches Mathematik durch Mädchen zu dokumentieren. Sie verwischen damit jedoch die Tatsache, daß Mathematik tatsächlich im Blick auf die Interessen daran ein polarisierendes Fach darstellt. Bei der Auswertung einer Befragung im 9. Jahrgang an zwei Frankfurter additiven Gesamtschulen nach den Lieblingsfächern wie auch nach den unbeliebtesten Fächern, die ich 1988 durchgeführt habe, ergab sich, daß Mathematik durchaus bei Mädchen wie bei Jungen zu den beliebtesten Fächern gehört, daß sie bei Mädchen aber ebenso zu den unbeliebtesten Fächern gehört: 11,7% der Mädchen gaben Mathematik als Lieblingsfach an, 16,8%

*Tab. 8: Prozentualer Anteil der Nennungen eines Faches als Lieblingsfach (a) bzw. als unbeliebtestes Fach (b)*[1]

| a) Lieblingsfach | | | Rang | |
|---|---|---|---|---|
| | Mädchen | Jungen | Mädchen | Jungen |
| Deutsch | 10,2% | 5,9% | 5 | 7 |
| Mathematik | 11,7% | 16,8% | 3 | 2 |
| Englisch | 12,3% | 10,6% | 2 | 3 |
| Biologie | 8,6% | 4,1% | 6 | 10 |
| Chemie | 4,0% | 7,7% | 9 | 5 |
| Physik | 3,4% | 9,4% | 10 | 4 |
| Französisch | 7,7% | 1,5% | 7 | 11 |
| Gesellschaftslehre | 2,2% | 5,9% | 12 | 7 |
| Kunst | 10,8% | 7,7% | 4 | 5 |
| Musik | 2,5% | 1,5% | 11 | 11 |
| Sport | 20,3% | 23,8% | 1 | 1 |
| Polytechnik | 5,5% | 4,7% | 8 | 9 |
| Religion | 0,3% | 0,6% | 13 | 13 |

| b) Unbeliebtestes Fach | | | Rang | |
|---|---|---|---|---|
| | Mädchen | Jungen | Mädchen | Jungen |
| Deutsch | 5,5% | 13,7% | 8 | 1 |
| Mathematik | 13,8% | 6,9% | 3 | 9 |
| Englisch | 9,3% | 10,0% | 6 | 3 |
| Biologie | 2,3% | 4,8% | 10 | 11 |
| Chemie | 14,5% | 10,3% | 2 | 2 |
| Physik | 18,3% | 9,4% | 1 | 4 |
| Französisch | 1,9% | 5,9% | 11 | 10 |
| Gesellschaftslehre | 10,3% | 7,2% | 4 | 8 |
| Kunst | 3,2% | 7,8% | 9 | 7 |
| Musik | 1,0% | 8,4% | 13 | 8 |
| Sport | 8,0% | 1,6% | 7 | 13 |
| Polytechnik | 1,6% | 4,7% | 12 | 12 |
| Religion | 10,0% | 8,4% | 5 | 5 |

[1] Es waren jeweils drei Nennungen möglich.

Eigene Erhebungen.

der Jungen. 13,8% der Mädchen, aber nur 6,9% der Jungen nannten Mathematik als unbeliebtestes Fach.

Erika Schildkamp-Kündiger konnte Anfang der 70er Jahre nachweisen, daß es einen engen Zusammenhang zwischen Geschlechtsidentität und Mathematikleistung gab. Sie hatte 365 Schülerinnen eines städtischen Mädchengymnasiums in Saarbrücken je einen Intelligenztest und einen Mathematiktest durchführen lassen sowie Einstellungen zur Bedeutung der Mathematik für die Gesellschaft und zur Schwierigkeit der Mathematik bei ihnen erhoben. Bezogen auf die Ergebnisse der beiden Tests bildete sie dann zwei Extremgruppen von sogenannten Over-Achievers und Under-Achievers, d. h. von Mädchen, die im Vergleich zu ihrer (durchschnittlichen) Intelligenz wesentlich besser bzw. wesentlich schlechter im Mathematiktest abgeschnitten hatten. Mit diesen Gruppen führte sie dann noch den projektiven Thematischen Apperzeptionstest (TAT) durch. Zentrales Ergebnis ihrer Untersuchung war der deutliche Zusammenhang von Frauenrolle und Mathematikleistung:

„Schülerinnen, die die besseren Leistungen haben, sog. 'overachievers', haben intellektuelle Leistung als erstrebenswertes Ziel in ihr Selbstkonzept integriert; diejenigen mit den schlechteren Leistungen, sog. 'underachievers', haben dies nicht getan, sondern ordnen intellektuelles Leistungsstreben dem männlichen Geschlecht zu“ (1974, S. 88).

Neuere Untersuchungen zeigen, daß der entscheidende Unterschied in der Einschätzung der Bedeutung des Mathematikunterrichts zwischen den Geschlechtern darin liegt, daß Jungen ihr Interesse an Mathematik hauptsächlich mit der Bedeutung dieses Faches für den späteren Beruf begründen, während Mädchen davon ausgehen, daß das Fach dafür nicht so wichtig sei. Wenn sie sich für Mathematik interessieren, dann sehen sie den Nutzen des Faches vorwiegend in einer Schulung des logischen Denkens (vgl. Sarges 1983, S. 360; Srocke 1989, S. 135).

Sowohl in der Untersuchung von Irmgard Eckelt aus dem Jahre 1981 wie auch in der 1989 vorgelegten Analyse der Leistungskurswahlen in Bielefelder gymnasialen Oberstufen durch Ilse Brehmer, Hildegard Küllchen und Lisa Sommer zeigte sich, daß die befragten Schülerinnen ein relativ breites schulisches Interesse signalisierten, während sich bei den Schülern eher eine klare Abgrenzung zwischen den mathematisch-naturwissenschaftlich Interessierten einerseits und den geistes- bzw. sprachwissenschaftlich Interessierten andererseits ergab. Deutliche Unterschiede zwischen den Schülerinnen und Schülern fanden sowohl SARGES wie auch BREHMER u.a. in der Selbsteinschätzung. Während das Leistungsverhalten in der Schule als nicht unterschiedlich angesehen werden kann – die Notendurchschnitte waren in etwa gleich –, hatten Jungen dennoch eine höhere Selbsteinschätzung (SARGES 1983, S. 362). Dieses Ergebnis konnten auch BREHMER u.a. bestätigen:

„Das Selbstkonzept der Schüler ist in bezug auf die Einschätzung der eigenen Fähigkeiten sehr hoch, sie beschreiben sich signifikant leistungsfähiger als die Gruppe der Schülerinnen. In der Leistungs- und Arbeitsbereitschaft differieren Schülerinnen und Schüler im allgemeinen nicht bedeutsam voneinander.

Diese hohe Selbsteinschätzung in bezug auf die eigenen Fähigkeiten läßt vor allem bei der Gruppe der mathematisch-naturwissenschaftlich orientierten Schüler auf ein besonders stabiles Selbstkonzept schließen. Im Vergleich zu den anderen drei Gruppen erreichen sie signifikant höhere Werte auf dem Fähigkeitsfaktor. Die mathematisch-naturwissenschaftlich orientierten Schülerinnen zeigen dagegen im ersten Leistungskurs eine überzufällig größere Arbeits- und Leistungsbereitschaft, d. h. sie strengen sich für dieses Fach mehr an als die anderen Gruppen.

Die Ergebnisse weisen darauf hin, daß die Schüler generell, und insbesondere die Schüler mit mathematisch-naturwissenschaftlichen Fächern, das größte Selbstvertrauen in ihre eigene Leistungsfähigkeit besitzen, während sich die beiden Schülerinnengruppen in diesem Punkt kritischer beurteilen oder eher an ihren eigenen Fähigkeiten zweifeln" (1989, S. 114).

BETTINA HANNOVER fand in ihrer Untersuchung von Jugendlichen des 9. Jahrgangs das gleiche Auseinanderklaffen zwischen Mathematikleistungen und Selbstbild: Während es keine Geschlechtsunterschiede in den Leistungen gab, zeigten die Jungen eine unrealistisch hohe Selbsteinschätzung (1988, S. 14). BETTINA HANNOVER befürchtet, daß dies einschüchternde und demotivierende Wirkung auf die Mädchen haben könnte (ebd., S. 37). Auch KARIN KLEINESPEL konnte in ihrer Begleitforschung der Arbeit der Bielefelder Laborschule unterschiedliche fachbezogene Einschätzungen ausmachen: Jungen fühlten sich im mathematisch-technischen, Mädchen im sprachlich-musischen Bereich qualifiziert (1990, S. 93).

Den Lehrkräften kommt in der Vermittlung von Interesse ebenso wie von Fähigkeiten eine entscheidende Rolle zu. Empirische Untersuchungen über die Rolle der Lehrkräfte im Mathematikunterricht gibt es aus der Bundesrepublik m. W. nicht. IRMGARD ECKELT hat zusammengetragen, welches Bild vom „typischen Mathematiker" in der Öffentlichkeit existiert:

> „Der 'typische Mathematiker' entwickelt eine abgehobene Fachsprache und ist nahezu unfähig, mit anderen und über anderes zu reden.
> Der 'typische Mathematiker' ist ein rational denkendes Wesen. Emotionalität ist verpönt, wird verdrängt.
> Der 'typische Mathematiker' läßt in Gesprächen nur solche Inhalte zu, die vollständig bewiesen sind. In nichtmathematischen Gesprächen sagt ein Mathematiker nichts, was ihm noch unklar ist.
> Der 'typische Mathematiker' hat eine reduzierte Wahrnehmung der Wirklichkeit.
> Der 'typische Mathematiker' hat es gelernt, eigene momentane Bedürfnisse zurückzustellen und unbeeinflußt Mathematik zu treiben.
> Er ist also in dem Sinne arbeitsfähig, in dem er lernt, sich selbst und seine Probleme zurückzustellen, um sein Arbeitsvorhaben durchzuführen. Er ist in dem Sinne arbeitsunfähig, in dem er es nicht lernt, seine Lernsituation zu problematisieren und zu verändern" (1981, S. 104).

Wenngleich es diesen typischen Mathematiker so nicht gibt, so finden sich einige dieser Merkmale und Eigenschaften dennoch bei den Mathematiklehrern sicherlich wieder, und umgekehrt beeinflußt die Erwartungshaltung der Schülerinnen und Schüler natürlich auch deren Beziehung zu den Mathematiklehrern. Aus amerikanischen Untersuchungen berichtet SROCKE, daß noch in den 70er Jahren 41% der Lehrkräfte glaubten, Jungen seien in Mathematik leistungsfähiger als Mädchen, 59% glaubten an keinen Unterschied. Das heißt aber auch, keiner der Lehrkräfte traute den Mädchen eine höhere Leistungsfähigkeit als den Jungen zu (1989, S. 145). Einige neuere Untersuchungen allerdings ergeben hier keine Unterschiede in den Einstellungen der Lehrkräfte mehr (ebd., S. 147), wobei natürlich nicht auszumachen ist, ob tatsächlich keine Unterschiede mehr existieren oder ob es einfach inopportun ist, heutzutage eine solche Meinung zu äußern. BETTINA SROCKE vermutet denn auch aufgrund von Erfahrungsberichten, daß Mädchen von ihren Mathematiklehrern zwar nicht explizit entmutigt werden, sich mit mathematischen Inhalten zu befassen, aber umgekehrt auch häufig nicht sehr viel Unterstützung erhalten (ebd., S. 148).

Im allgemeinen gilt das Fach Mathematik als ein „objektives" Fach. Insofern war man lange Zeit der Meinung, daß geschlechtsspezifische Unterschiede in den Materialien oder in der Didaktik keine Rolle spielen würden. Die zahlreichen Analysen der Mathematikbücher zeigen jedoch ein deutlich anderes Bild. IRMGARD ECKELT hat Schulbücher verglichen, die noch für getrennte Schulen konzipiert waren, nämlich einmal das Buch ›Mathematik für Schule und Beruf‹ von 1971, das für Jungenschulen gedacht war, und parallel das ›Mathematikbuch für Mädchenschulen‹ von 1965. Obwohl beide Bücher für die gleiche Zeit, nämlich den Unterricht von der 4. bis zur 7. Klasse, gedacht waren, werden die Themen bei den Jungen auf 432 und bei den Mädchen nur auf 208 Seiten behandelt. Die Anwendungsaufgaben entstammten auch geschlechtsspezifisch unterschiedlichen Bereichen. Dieses Letztere ist an sich nicht zu kritisieren, analysiert man aber die Aufgaben genauer, so zeigte sich, daß die Aufgaben für Mädchen auf konkrete Anwendungen bezogen wurden, während sie für Jungen abstrahierend formuliert waren. Am folgenden Beispiel soll dies deutlich werden: Zu den „Textgleichungen 1. Grades mit mehreren Unbekannten" gab es für die Mädchen folgende Aufgabe:

„Von zwei runden Teppichen ist der Durchmesser des einen 10 cm größer. Die Fläche des größeren Teppichs ist 24,335 qdm größer. Welchen Durchmesser haben die beiden Teppiche?" (zit. in: Eckelt 1981, S. 26).

Für die Jungen hieß die entsprechende Aufgabe:

„Vergrößert man den Durchmesser einer kreisrunden Grundfläche eines Fasses um 20 cm, so wächst der Flächeninhalt um 1963,5 qcm. Wie groß war der Durchmesser vorher?" (ebd., S. 27).

Unreflektiert finden sich in den Mathematikbüchern auch traditionellen Rollenklischees entsprechende Darstellungen. JOHANNES GLÖTZNER, der für die verschiedenen Jahrgangsstufen Mathematikschulbücher über die Jahre hinweg analysiert hat, kommt 1987 bei der Analyse der neuesten Mathematikbücher zu dem Fazit, daß sich nichts geändert habe:

„Die Buben/Männer sind aktiv, berufstätig, wissenschaftlich und technisch interessiert und versiert. Die Mädchen/Frauen sind für Küche, Einkauf, Wäsche, Kinder und überhaupt für untergeordnete Dienste zuständig, ansonsten passiv und generell in der Minderzahl" (1987, S. 20).

Eine im gleichen Heft der Zeitschrift PÄDAGOGIK HEUTE vorgelegte Analyse von INGO LANGNER der Mathematikbücher für den Grundschulbereich ergibt, daß das Leben der Jungen vielseitig und abenteuerlich dargestellt wird, während Mädchen eher brav und häuslich sind.

Frauen sind – dem Mathematikunterricht entsprechend – häufig beim Einkaufen zu beobachten, wobei sie in der Regel Lebensmittel einkaufen. Männer werden im beruflichen Bereich dargestellt; wenn sie einkaufen, dann stets andere Dinge als Frauen. Männer erscheinen auch in den Aufgaben immer als diejenigen, die über das Geld verfügen. Ebenso vermittelt das Unterrichtswerk deutlich den Mann als dominierende Person in der Familie. In den letzten Jahren sind Kinder beiderlei Geschlechts zu Handlungsträgern in den Mathematikaufgaben geworden. Frauen sind dafür verstärkt herausgefallen, sie kommen in Mathematikbüchern so gut wie nicht mehr vor. Außerdem hat eine OECD-Untersuchung von 1986 ergeben, daß viele Anwendungsaufgaben dem Lebens- und Interessenbereich der Jungen entstammen, während die Erfahrungswelt der Mädchen seltener berücksichtigt wird (SROCKE 1989, S. 177). In diesem Zusammenhang ist besonders interessant, daß Mädchen Aufgaben, die dem Erfahrungsbereich von Jungen und Männern entsprechen, subjektiv als deutlich schwieriger empfinden als die Jungen. SROCKE verweist darauf, daß häufig eingesetzte mathematische Tests gerade derartige Aufgabenstellungen enthalten.

„Wenn nun Mädchen von vornherein einen größeren Teil der Aufgaben als schwieriger einschätzen als Jungen – und dies tritt bei Mädchen offenbar dann auf, wenn die Aufgabeninhalte eher männlichen Tätigkeitsbereichen entnommen sind, so sind sie durch derartige Tests direkt benachteiligt. Dann ist es auch nicht verwunderlich, daß Mädchen geringere Testleistungen zeigen" (1989, S. 155).

Wo liegen nun die Perspektiven für einen veränderten Mathematikunterricht?

SROCKE unterscheidet zwischen kurzfristigen Maßnahmen, in denen versucht werden soll, bestehende Unterschiede durch eine spezielle Förderung der Mädchen so weit wie möglich zu egalisieren, und langfristigen Veränderungen, bei denen auch eine Umgestaltung des Mathematikunterrichts dazu führen soll, daß das Fach für Mädchen attraktiver wird. Sie erwähnt dann drei Bereiche, in denen Veränderungen erfolgen können:

– *Umgestaltungen im organisatorischen Bereich*

Hierzu gehört auch die Einrichtung von Kursangeboten speziell für Mädchen. SROCKE ist jedoch skeptisch, ob derartige geschlechtshomogene Gruppen tatsächlich sinnvoll sind. Statt dessen schlägt sie als

Kompromiß vor, dafür zu sorgen, daß in jeder Lerngruppe eine Mindestzahl an Mädchen vorgeschrieben wird, die einen zahlenmäßigen Ausgleich zwischen Jungen und Mädchen schaffen könnte. Zu den organisatorischen Maßnahmen gehört auch die Bereitstellung von Rollenvorbildern, und zwar vor allem durch den Einsatz von mehr Mathematiklehrerinnen. In bezug auf die Präsentation von Frauen aus dem außerschulischen Bereich referiert SROCKE einen Vorschlag von A. LANTZ, der insbesondere für die jüngeren Schülerinnen für wichtig erachtet wird: LANTZ hält Rollenvorbilder nämlich dann für besonders effektiv, wenn „sich erfolgreiche Frauen in Verbindung mit einem attraktiven Partner präsentieren, der seinerseits deutlich macht, wie wünschenswert mathematische Kenntnisse für Frauen sind" (ebd., S. 251). Schließlich gilt es auch noch einmal zu überlegen, ob die Möglichkeit, Mathematik abzuwählen, nicht wieder revidiert werden sollte.

ELMA WEYERHÄUSER berichtet aus ihrer Grundschulpraxis, daß sie regelmäßig „Arbeit mit der Lehrerin" ansetzt und sich in diesen Stunden mit kleinen Gruppen von maximal sechs Kindern befaßt, während die anderen selbständig arbeiten. Dadurch erhalten vor allem Mädchen die Möglichkeit, Fragen zu stellen, die sie nicht vor der ganzen Klasse äußern würden. Außerdem achtet WEYERHÄUSER darauf, daß kein Kind arbeitet, ohne zu einem richtigen Ergebnis zu kommen, so daß alle das Gefühl entwickeln können, Erfolg und Kompetenz zu haben (in: ENDERS-DRAGÄSSER u. FUCHS 1990, S. 288 ff.).

– *Veränderung der Lerninhalte*

Es folgt aus den referierten Untersuchungen und wird von Lehrerinnen immer wieder betont, welch wichtige Rolle es spielt, den Nutzen von Mathematikkenntnissen für Berufe deutlich zu machen. Dabei ist jedoch darauf zu achten, daß mathematische Betätigung nicht nur als „männliche Berufe" zu typisieren ist. Die Orientierung von mathematischen Aufgaben auf die Lösung sozialer Fragen ist ein weiterer wesentlicher Aspekt, der auf Interesse bei Mädchen stößt. HELGA JUNGWIRTH hat über ein solches Projekt in einer 12. Klasse an einem österreichischen Gymnasium berichtet, bei dem sie die Behandlung statistischer Begriffe und Methoden anhand von Daten aus dem „Bericht über die Situation der Frau in Österreich" vornahm (vgl. JUNGWIRTH in: GIESE u. SACHSE 1988, S. 216 ff.). Darüber hinaus müßten die Aufgabenstellungen auch stärker an der Lebenswelt der

Mädchen orientiert seien. Kooperative Arbeitsstile ermöglichen es Mädchen eher, sich einzubringen. ELMA WEYERHÄUSER empfiehlt den Lehrkräften, einmal nachzudenken und aufzuschreiben, wo Mathematik im Alltag benötigt wird. Da sie auf nahezu alle Aspekte eingeht, lassen sich hierdurch eine Fülle von Beispielen finden, wie Mathematik lebensnaher gestaltet werden kann.

– *Einflußnahmen im affektiven Bereich und auf das soziale Umfeld*
BETTINA SROCKE spricht die Notwendigkeit an, sowohl die Eltern wie die Lehrkräfte, gleichermaßen aber auch die Jungen als Mitschüler sensibel für die vorhandenen Vorurteile zu machen, um Geschlechtsrollenklischees abzubauen. Insbesondere für die Lehrerinnen – aber dies gilt natürlich für die Lehrer gleichermaßen – schlägt ELMA WEYERHÄUSER eine „Auseinandersetzung mit der eigenen Lernvergangenheit" vor (in: ENDERS-DRAGÄSSER u. FUCHS 1990, S. 285 f.). Aus dieser eigenen Geschichte ergeben sich Erinnerungen, die verstehbar machen, wo und warum Kinder und vor allem Mädchen Schwierigkeiten haben und Barrieren entwickeln.

## 4.2 Naturwissenschaftliche Fächer

Der unter dem Stichwort Naturwissenschaften zusammengefaßte Unterricht umfaßt die Fächer Biologie, Chemie und Physik. FALK RIESS kennzeichnet deren Gegenstände folgendermaßen:

> „Idealtypisch beschäftigt sich die Biologie mit lebenden Organismen, Ökosystemen und der Biosphäre, während die Chemie Stoffeigenschaften und -umwandlungen beschreibt und erklärt; die Physik dagegen stellt Gesetzmäßigkeiten über den Zusammenhang von mikroskopischen und makroskopischen Eigenschaften der Materie auf" (in: DUISMANN u. a. 1986, S. 270).

In der Bildungsgeschichte gab es bis ins vorige Jahrhundert hinein im allgemeinen die Trennung des naturwissenschaftlichen Unterrichts in diese Fächer noch nicht, lief der Unterricht vielmehr unter Bezeichnungen wie „Naturgeschichte, Naturkunde, Naturlehre" u. ä. Allerdings hatte bereits COMENIUS im 17. Jahrhundert vorgeschlagen, Physik als eigenständigen Lehrgegenstand im Lehrplan aufzunehmen. Dabei ging es um die progressive Rolle der gerade entstandenen Wissenschaften, die der Aufklärung verpflichtet gegen bisher tradierte Naturbilder angingen. COMENIUS knüpfte dabei an den von

Francis Bacon (1561–1621) vorgelegten empirischen Realismus an. Die Einordnung des naturwissenschaftlichen Unterrichts in diese Strömungen machte ihn in der Zeit der Restauration Anfang des 19. Jahrhunderts verdächtig und führte dazu, daß der Physikunterricht in den Gymnasien zwar nicht abgeschafft, aber reduziert wurde.

Im Volksschulwesen des 19. Jahrhunderts gab es das Fach Naturlehre als Verbindung von Physik und Chemie. Inhaltlich wurden darin die sich ausbreitenden technischen Erfindungen bearbeitet:

> „Dampfmaschinen, Eisenbahn, Elektrifizierung, Telegraph und Telefon, Kraftfahrzeug, Flugapparate, Luftschiffe und anderes. Es geht darum, die sich rasch ändernde Umwelt zu verstehen" (Weltner in: Roth 1980, S. 355).

Ein eigenständiger Chemieunterricht entstand erstmals 1825 an Berliner Gewerbeschulen. Auch hierfür war – wie beim Naturlehreunterricht in den Volksschulen – die gesellschaftliche Entwickung der Industrialisierung entscheidend, denn die entstehenden Chemiefabriken benötigten entsprechend vorgebildete Arbeitskräfte (Schmidt in: Roth 1980, S. 129). Zunächst wurde Chemie nur an den Realschulen unterrichtet, erst später fand sie als Unterrichtsfach auch an Gymnasien Einzug, spielte jedoch dort eine geringere Rolle.

Für den Physikunterricht, der in den Gymnasien ausschließlich als Oberstufenunterricht angelegt war, wurden 1905 in Meran folgende Leitsätze vom Verein Deutscher Naturforscher und Ärzte verabschiedet (Meraner Beschlüsse):

> „1. Die Physik ist im Unterricht nicht als mathematische Wissenschaft, sondern als Naturwissenschaft zu behandeln.
> 2. Die Physik als Unterrichtsgegenstand ist so zu betreiben, daß sie als Vorbild für die Art, wie überhaupt im Bereich der Erfahrungswissenschaften Kenntnis gewonnen wird, dienen kann.
> 3. Für die physikalische Ausbildung der Schüler sind planmäßig geordnete Übungen im eigenen Beobachten und Experimentieren erforderlich" (Weltner in: Roth 1980, S. 355).

Für den Chemieunterricht gab es entwickelte methodische Lehrgänge erstmals 1869 bzw. 1870:

> „Der Unterricht in der Chemie soll . . . eine praktische Schule der induktiven Logik sein (Wilbrand)" (Schmidt in: Roth 1980, S. 129).

Chemie sollte als Demonstrationsunterricht vermittelt werden. Auch der Physikunterricht sollte dem Programm der induktiven Forschungsweise entsprechen.

„Ziel ist, Naturgesetze aufzufinden und allgemeine Wahrheiten zu erreichen" (WELTNER in: ROTH 1980, S. 354).

Diese Vorgaben führten dazu, daß sowohl Physik wie Chemie in der Verpflichtung auf eine bestimmte Wissenschaftsauffassung auch andere Erkenntnismöglichkeiten abschnitt und mit dazu beitrug, „daß Naturerkenntnis weitgehend zum Werkzeug von Naturbeherrschung verkommen ist" (RIES in: DUISMANN u. a. 1986, S. 270).

Die Mädchenbildung war keineswegs einbezogen in die Diskussionen um eine naturwissenschaftliche Unterrichtung. In den höheren Mädchenschulen des vorigen Jahrhunderts wurde Naturkunde meist gar nicht oder nur mit geringem Stundenanteil gegeben. In einer sehr detaillierten Beschreibung der Geschichte des Theresien-Gymnasiums von 1795 bis 1987 in Ansbach beschreibt ROBERT HASSLER, welche Lerninhalte 1906 den höheren Töchtern vermittelt wurden. Dabei nimmt der Religionsunterricht vor Deutsch und Französisch eine herausragende Stellung ein. Vier Stunden in der Woche erhielten die Mädchen Weltkunde, „eine Mischung aus Erdkunde, daran angeknüpfter Geschichte und Naturkunde" (1987, Bd. I, S. 161).

Das Fernhalten von Frauen vor allem aus naturwissenschaftlichen Berufsfeldern war lange Zeit vorherrschende Politik im Wissenschaftsbereich. An zwei Beispielen soll exemplarisch deutlich gemacht werden, wie hoch die Hürden für Frauen waren, Zutritt zu den Naturwissenschaften zu erhalten:

1848 wurde der Universität Heidelberg eine Stiftung von 100000 Mark geboten, deren Zinsen Frauen das Studium der Chemie und der Pharmazie ermöglichen sollten. Zugelassen werden sollten nach dem Willen der Stifter allerdings nur Frauen, die das Gymnasium absolviert und eine entsprechende Prüfung abgelegt hätten. Damit wurden die Zulassungsbedingungen für Frauen weit höher gehängt als für Männer – noch 1898 hatten 60% der promovierenden Chemiker kein Abitur. Trotzdem lehnte die Universität Heidelberg die Stiftung ab aus „Angst vor 'Zuständen wie vor zehn Jahren in Zürich', als dort viele Russinnen studierten und ihnen unsittlicher Lebenswandel nachgesagt wurde" (ROLOFF 1989, S. 29f.). 1916 warnte der Vorstand des Vereins Deutscher Chemiker Frauen vor dem Studium, um sie vor „falschen Hoffnungen und Enttäuschungen zu bewahren" (ebd.), und – ein Bezug zur jüngeren Vergangenheit – 1960 konnte man in den Nachrichten aus Chemie, Technik und Labor im Kommentar zu den Studierenden-Statistiken lesen: „Das Studium der Chemie bietet begabten männlichen Studenten nach wie vor gute Berufsaussichten" (ebd., S. 49).

Ein anderes spannendes Beispiel für die Behinderungen von Frauen beim Zugang zu den Naturwissenschaften ist die Biographie von LISE MEITNER: Als promovierte Physikerin durfte sie im Berliner Chemischen Institut von Emil Fischer nur in der Holzwerkstatt im Keller arbeiten. Um die Toilette zu benutzen, mußte sie in eine nahegelegene Gastwirtschaft gehen, und um an Vorlesungen teilzunehmen, hat sie sich manchmal in den hölzernen Hohlraum unter den ansteigenden Sitzbänken eines Hörsaals geschlichen (KERNER 1986; RICE 1990).

In den schulischen Lehrplänen wurde die geschlechtsspezifische Ausrichtung naturwissenschaftlicher Bildung lange Zeit festgeschrieben: Während der Zeit des Faschismus war der naturwissenschaftliche Unterricht an Mädchenschulen explizit auf die Rolle der Frau als Hausfrau und Mutter zugeschnitten. Versuchsanordnungen im Unterricht sollten das Mädchen lehren, „wie es als künftige Mutter und Hausfrau mit geeigneten Mitteln das Leben in Friedens- und Kriegszeiten meistern kann" – so die Bestimmungen zur „Höheren Schule". Die Jungenschulen hatten „die technische Seite in den Vordergrund" zu stellen, während „die Mädchenschulen ... die Stoffe gründlicher behandeln (sollten), mit denen die Hausfrau später umzugehen hat. Die Anordnung der Versuche im Unterricht der Mädchen soll die Möglichkeit der praktischen Anwendung im Haushalt mitberücksichtigen." Der Physikunterricht an Mädchenschulen sollte „möglichst an die Beobachtung von Vorgängen aus dem engeren Lebenskreis der Schülerinnen" anknüpfen, der Blick der Jungen an den Jungenschulen dagegen „mehr auf die Großmaschinen der Technik und des Verkehrswesens sowie auf die technischen Einrichtungen der Wehrmacht gerichtet" werden (CONRADT u. HECKMANN-JANZ 1985, S. 141 f.).

In Hamburg wurde der Unterricht noch 1963 explizit an den Jungen ausgerichtet:

> „Besonders im neunten Schuljahr bestimmt das technische Interesse der Jungen, ihre Freude am Versuchen, Messen, Konstruieren und Werken die Auswahl der Bildungsstoffe" (ebd., S. 196).

Die Stundenzahl für Mädchen und Jungen war identisch, nicht jedoch die Verteilung der Stunden auf die einzelnen Fächer. Mädchen wurden in Hauswirtschaft und Handarbeiten unterrichtet, diese Stunden gingen auf Kosten der naturwissenschaftlichen Fächer, vor allem von Physik und Chemie (ebd., S. 197; vgl. auch TORNIEPORTH 1979, S. 26, BORIS 1972, S. 59).

Daß Chemie und Physik Jungensache seien, mußte angesichts dieser Festlegung als allgemeingültig wahrgenommen werden.

So berichtet denn auch in dem Buch von CONRADT u. HECKMANN-JANZ die 1946 geborene INGEBORG HARDEN:

> „Physik und Chemie hingegen wurden als typische Jungenfächer gehandelt, von den Eltern wie von uns Schülerinnen, und in einem dieser Fächer eine Fünf zu haben, galt beinahe schon als schick“ (1985, S. 224).

Naturwissenschaftlicher Unterricht hatte immer neben der geschlechtsspezifischen Differenzierung auch eine für beide Geschlechter geltende ideologisch-politische Funktion. Er hatte die Aufgabe,

> „die Schüler auf die je herrschenden gesellschaftlichen Ideologien über Natur festzulegen. ... So wurde im Kaiserreich und im Faschismus die Bedeutung der Physik für die Kriegführung betont; in der Bundesrepublik sollte bis in die 60er Jahre der naturwissenschaftliche Unterricht – ausweislich der Lehrpläne – zur Ehrfurcht vor Gott erziehen. Inzwischen wurde diese Zieldimension fast durchgängig durch den Begriff des naturwissenschaftlich-technischen Fortschritts ersetzt, der – scheinbar naturgegeben – mit gesellschaftlichem Fortschritt verknüpft wird, obwohl angesichts vielfältiger naturwissenschaftlich-technisch induzierter Umweltprobleme Zweifel an dieser Gleichsetzung angebracht sind“ (RIESS in: DUISBURG u. a. 1986, S. 270 f.).

Die Reflexion dieser Prozesse der Verbindung von Naturwissenschaften und gesellschaftlicher Entwicklung – die dann vermittelt natürlich auch das Geschlechterverhältnis thematisieren müßte, bleibt im Unterricht häufig ausgeklammert, wenngleich die Lehrziele des naturwissenschaftlichen Unterrichts eigentlich – zumindest so wie WELTNER sie bestimmt – umfassender sind: WELTNER definiert fünf Ziele:

„1. Vermittlung der Kenntnisse von Phänomenen und Zusammenhängen aus Natur und Technik, die für das Verständnis der Umwelt und gesellschaftlichen Zusammenhänge notwendig sind.
2. Aufbau einer Kommunikationsfähigkeit hinsichtlich von Sachverhalten aus Naturwissenschaft und Technik.
3. Förderung der Urteilsfähigkeit in bezug auf Fragestellungen aus Naturwissenschaft und Technik und die möglichen Folgen ihrer Anwendungen.

4. Aufbau einer Handlungsfähigkeit im Hinblick auf Aufgaben technischer Art in Beruf, Haushalt und Freizeit.
5. Förderung der Lernbereitschaft und Lernfähigkeit im Hinblick auf aktuelle Probleme aus Naturwissenschaft und Technik sowie im Hinblick auf berufliche Weiterbildung" (WELTNER in: ROTH 1980, S. 356).

Sowohl für Chemie wie für Physik gilt in der Umsetzung der Lehrziele im Unterricht jedoch, daß ihre Orientierung auf abstrakte Modellbildungen und auf abstrakte Begriffe die realen Zusammenhänge zunehmend ausklammert.

In der heutigen Schulrealität finden wir Physikunterricht in der Sekundarstufe I weitgehend mit dem 5. Schuljahr beginnend. Im Primarbereich werden physikalische Themen in den Sachunterricht integriert. In der Sekundarstufe II der Gymnasien ist seit der Oberstufenreform der Physikunterricht in Klasse 11 weitgehend verpflichtend, in den Klassen 12 und 13 besteht Wahlfreiheit zwischen den naturwissenschaftlichen Fächern Physik, Chemie oder Biologie. Chemieunterricht fängt erst in der Sekundarstufe I und auch dort erst im 8. Schuljahr an.

Biologie gilt zwar heutzutage als naturwissenschaftliches Fach, sie hat sich aber offensichtlich nie so ohne weiteres in die vorherrschende Auffassung von Naturwissenschaften eingeordnet. GERHARD SCHAEFER beschreibt das Dilemma des Biologieunterrichts folgendermaßen:

„Wenn Biologie naturwissenschaftliche Lebenskunde sein soll, so hat sie die strengen Methoden naturwissenschaftlicher Denk- und Arbeitsweise einzuhalten. Sie läuft dann aber Gefahr, alles Lebendige auf das physikalisch und chemisch Beobachtbare zu reduzieren, und riskiert am Ende Enttäuschung und Ablehnung bei den Schülern. Auch wenn zweifellos Schüler höherer Klassenstufen diesen Reduktionismus bis zu einem gewissen Grade mitmachen, weil sie von der wissenschaftlichen Verfahrensweise als solcher fasziniert sind, so bleibt am Ende doch auch bei ihnen der stetige Wunsch nach Begegnung mit dem Leben selbst – Leben da draußen und Leben da drinnen, Leben in seiner unzerstörten ganzheitlichen, nicht wissenschaftlich zergliederten Form. Wenn der Biologieunterricht diesen erlebnishaften, ganzheitlichen Aspekt des Lebens nicht mehr berücksichtigt, sondern nur noch reduktionistische Biologie betreibt ohne ästhetische oder religiöse Komponenten, wandern diese Aspekte des Lebens ab in die anderen Schulfächer, und für die Biologie selbst bleibt dann nur noch das Gerippe übrig, so wie es in tausenden von Exemplaren in den Schulschränken steht. Aus der Biologie wird dann eine 'Nekrologie', eine Tötungslehre" (in: ROTH 1980, S. 107).

Biologie ist heutzutage ein normales Unterrichtsfach. Die Inhalte der Biologie sind im Sachunterricht der Primarstufe sehr viel leichter als etwa jene der Chemie integrierbar, weil es viel mehr darum geht, Sachverhalte der Umwelt – soweit sie noch als Natur gilt – zu beobachten. In der Sekundarstufe I ist Biologie eigenständiges Unterrichtsfach, in der Sekundarstufe II gehört sie zu den naturwissenschaftlichen Wahlmöglichkeiten.

Nach dieser kurzen Skizzierung der Entwicklung der zum naturwissenschaftlichen Unterricht gehörenden Schulfächer soll im folgenden erarbeitet werden, worin die geschlechtsspezifischen Probleme liegen. Die Wahlfachentscheidungen zeigen deutliche Unterschiede zwischen den drei Schulfächern. Physik gehört zu den „Jungenfächern", Chemie ebenfalls eher, während Biologie fast schon ein „Mädchenfach" ist. In der Diskussion um die naturwissenschaftlichen Fächer wird Biologie insofern auch immer ausgeklammert, obwohl zu fragen ist, ob dieses Fach tatsächlich so „geschlechtsneutral" oder gar frauenfreundlich ist. Brigitte Demes hat eine Analyse der Biologieschulbücher vorgenommen und dabei festgestellt, daß der Biologieunterricht vor allem Geschlechtsrollenstereotype verstärkt und dazu stillschweigend und selbstverständlich biologische Erklärungen in den gesellschaftlichen Sektor ausweitet. Dies geschieht unter Rückgriff auf Alltagserfahrung, die an die Stelle von wissenschaftlicher Beobachtung tritt.

„Im Bereich der Geschlechtsrollen entsprechen die entworfenen Bilder weitverbreiteten Rollenklischees, die Schüler werden angerufen mit Wohlvertrautem, mehrheitlich positiv Besetztem. Eine gute Voraussetzung für das Funktionieren des Bestätigungsmechanismus humanethnologischer Thesen durch Alltagserfahrung" (1989, S. 110).

Empirische Untersuchungen zu den naturwissenschaftlichen Fächern gibt es weniger, als man aufgrund der heftigen Diskussionen über die mangelnde Beteiligung bzw. das mangelnde Interesse von Mädchen daran erwarten könnte. Sie beziehen sich in der Regel auf das Fach Physik, während der Chemieunterricht kaum eigens untersucht wurde und für das Fach Biologie m. W. nur die bereits erwähnte Schulbuchanalyse vorliegt.

Klaus Hell hat 1982 eine Dissertation zu dem Thema ›Interessen und Leistungen im Fach Physik bei Hauptschülern und Hauptschülerinnen‹ vorgelegt. Da diese Untersuchung bereits von 1972 bis 1975 durchgeführt wurde, erfaßt sie auch noch einige der Einstellungen, die aus jener Zeit stammen, als Koedukation noch nicht selbstverständlich war und Stellungnahmen dazu auch Teil der Untersuchung bildeten. In einer Längsschnittuntersuchung hat er in einer Hauptschule in Oberhausen folgende Befragungen durchgeführt:

| | |
|---|---|
| „Dezember 1972 | Beliebtheitsskala der Schulfächer |
| Mai 1972 | Physikunterricht auch für Mädchen (anonym) |
| | Einschätzung des Faches Physik (anonym) |
| Juni 1973 | Einordnung physikalischer Teilbereiche nach Interesse und Nutzen, Beliebtheitsskala der Schulfächer |
| Oktober 1973 | Zuordnung von Versuchen unter verschiedenen Aspekten |
| November 1973 | Beliebtheitsskala der Schulfächer |
| April 1974 | Beliebtheitsskala der Schulfächer |
| Juni 1974 | Teilnahme an der Physikarbeitsgemeinschaft |
| Oktober 1974 | Aufteilung des Physikunterrichts nach Geschlechtern |
| Dezember 1974 | Beliebtheitsskala der Schulfächer |
| Mai 1975 | Beliebtheitsskala der Schulfächer |
| Oktober 1978 | Beliebtheitsskala der Schulfächer |
| November 1978 | Fragebogen zehntes Schuljahr“ |

(Hell 1982, S. 45 f.).

Die Ergebnisse dieser Untersuchungen zeigten, daß das Fach Physik bei den Jungen an dritter oder vierter Stelle der Beliebtheit, bei den Mädchen jedoch an siebter oder achter Stelle lag. Die Beliebtheit nimmt im Laufe der Schuljahre ab, und zwar bei den Jungen deutlicher als bei den Mädchen. Bei den Mädchen sind die Schwankungen allerdings größer, d. h., der Trend der Beliebtheit oder Unbeliebtheit ist bei ihnen nicht einheitlich (ebd., S. 66). Hell hatte verschiedene Versuche als schwierig oder leicht einstufen lassen und ebenso als für Jungen oder Mädchen geeignet. Dabei zeigte sich, daß die Einschätzung eines Versuchs als schwierig mit der Einschätzung, daß dieser Versuch eher für Jungen sei, einherging ebenso wie die Einschätzung von Versuchen als leicht mit ihrer Charakterisierung als für Mädchen geeignet.

> „Beide Geschlechter vermuten bei den Jungen größeres physikalisches Verständnis als bei den Mädchen: schwierige Versuche für die Jungen, leichte Versuche für die Mädchen“ (ebd., S. 89).

Eine Trennung des Physikunterrichts nach Jungen und Mädchen wurde von der Mehrzahl beider Geschlechter abgelehnt, 38% sprachen sich für eine solche Trennung aus. Dabei waren es die starkes Interesse am Fach Physik zeigenden Jungen und die geringes Interesse am Fach habenden Mädchen, die jeweils eine Trennung befürworteten. Die Argumentation dafür war entsprechend geschlechtsspezifisch unterschiedlich:

„Die Jungen, die zu den Interessierten gehören, fühlen sich gebremst und sehen die Mädchen als Hemmnis an. Sie würden gerne mehr Stoff oder den behandelten Stoff vertiefter vermittelt bekommen. Die Mädchen, die weniger oder gar nicht am Fach Physik interessiert sind, fühlen sich überfordert und erhoffen sich ohne Beisein der Jungen weniger oder leichtere Themen“ (ebd., S. 82).

Einen ähnlichen Zusammenhang erhielt HELL, als er die Befürwortung getrennten Unterrichts mit der Leistung in einem Physiktest in Beziehung setzte:

„Für eine Aufteilung des Physikunterrichts nach Geschlechtern sprechen sich die leistungsstarken Jungen und die leistungsschwachen Mädchen aus. Die Begründung ist auch hier klar: Die Jungen sehen die Mädchen als ‘Leistungsbremse’ an und die Mädchen die Jungen als ‘zu stark antreibenden Motor’“ (ebd., S. 102f.).

Das Institut für die Pädagogik der Naturwissenschaften in Kiel führt seit 1984 eine großangelegte Untersuchung über die Veränderungen von Schüler- und Schülerinneninteressen an Physik und Technik vom 5. bis 10. Schuljahr durch. Insgesamt wurden in der ersten Querschnitterhebung rund 10000 Schülerinnen und Schüler aus Hauptschulen, Realschulen und Gymnasien aus den Bundesländern Berlin, Hessen, Niedersachsen, Nordrhein-Westfalen, Saarland und Schleswig-Holstein befragt. Zunächst einmal bestätigt diese Untersuchung, was auch in früheren Schülerinnen- und Schülerbefragungen deutlich wurde: Das Gesamtinteresse der Mädchen an Physik ist deutlich geringer als das der Jungen. Ebenfalls gibt es einen Rückgang des Interesses an Physik im Laufe der Schuljahre, wobei dieser Rückgang bei Mädchen ausgeprägter ist als bei Jungen. Allerdings, differenziert man Physik nach verschiedenen Gebieten, zeigen sich hier Unterschiede. Das Interesse von Mädchen und Jungen bleibt nahezu konstant an den Gebieten Astrophysik, Nachrichtentechnik und Radioaktivität / Kernenergie. Ebenso gibt es im 5. Schuljahr keine Unterschiede in den Interessen der Jungen und Mädchen an den Bereichen Akustik, Optik und Atomlehre. Den deutlichsten Unterschied findet man bei der Elektronik, hier sind die Jungen sehr viel interessierter als die Mädchen (vgl. HOFMANN in: MINISTERIUM FÜR BILDUNG, WISSENSCHAFT, JUGEND UND KULTUR DES LANDES SCHLESWIG-HOLSTEIN 1990, S. 60).

Die Kieler Projektgruppe hat nicht nur Teilgebiete der Physik erfragt, sondern auch unterschiedliche Kontexte und unterschiedliche Formen der Auseinandersetzung mit den Gebieten im Blick auf ihre Beliebtheit bzw. Unbeliebtheit erhoben. Dabei zeigte sich, daß im Unterricht vor allen Dingen „die Beschreibung und Erklärung von physikalischen Versuchen" und die Behandlung von „Naturgesetzen, die es erlauben, bestimmte physikalische Größen exakt zu berechnen", den Unterricht bestimmen. Beide Kontexte interessieren die Schülerinnen und Schüler aber am wenigsten. Umgekehrt findet man relativ selten im Unterricht jene Kontexte, die Mädchen am meisten interessieren: „Vorgänge und Erscheinungen, die man direkt beobachten kann, wie z. B. Naturphänomene", „Anwendungen im Bereich der Medizin", „technische Anwendungen, die jetzt und zukünftig für uns alle von großem Nutzen sein können", und „technische Anwendungen, die mit großem Risiko für unsere Umwelt behaftet sind". Als deutlichen geschlechtsspezifischen Unterschied arbeitete LORE HOFFMANN heraus, daß Mädchen insgesamt gesehen stärker von Naturphänomenen, Jungen stärker von technischen Geräten begeistert sind (1989, S. 203). Eine Nichtberücksichtigung der Interessen von Schülerinnen und Schülern findet sich auch bei den Tätigkeiten, die im Physikunterricht gefordert werden.

„Betrachtet man nun die Häufigkeit, mit der die einzelnen Tätigkeiten aus der Sicht der Schülerinnen und Schüler im Unterricht zum Tragen kommen, so fällt auf, daß gerade diejenigen Tätigkeiten, an denen die Schülerinnen und Schüler das geringste Interesse haben, im Unterricht vergleichsweise häufig auftreten, und umgekehrt" (ebd.).

Neben der Tatsache, daß der Physikunterricht damit insgesamt an den Interessen der Schülerinnen und Schüler weitgehend vorbeigeht, gibt es aber auch zusätzlich geschlechtsspezifische Unterschiede im Interesse an Kontexten und Tätigkeiten. Am Beispiel der beiden Gebiete Licht und Bewegungen/Kraft soll dies aufgezeigt werden:

Mädchen interessiert über alle Jahrgangsstufen hinweg bei der Behandlung des Lichtes vor allem, wie Farben am Himmel zustande kommen. In den unteren Jahrgängen würden sie auch gerne ein einfaches optisches Gerät aus Glaslinsen und schwarzer Pappe selbst bauen und interessieren sich dafür, mit welchen Geräten Farbenblinde Farben unterscheiden können. Jungen interessiert über alle Jahrgänge hinweg vor allen Dingen, wie man mit Satelliten die Erde erkunden und beobachten kann. Beide Geschlechter finden am uninteressantesten zu berechnen, wie groß das Bild eines Gegenstandes ist, der mit Hilfe einer Glaslinse auf einer Leinwand abgebildet wird. Dieses ist jedoch eine Aufgabe, die vergleichsweise häufig im Physikunterricht vorkommt. Beim Thema Bewegungen/Kraft liegen die Interessen der Schüler wesentlich dichter beieinander als die Interessen der Schülerinnen. Diese möchten in allen Jahrgangsstufen am liebsten Einblick erhalten, welche künstlichen Organe und Gelenke heute in der Medizin zur Verfügung stehen. Ebenso interessieren sie sich dafür, wie Sicherheitsfahrzeuge aussehen könnten, in denen auch bei schweren Unfällen Fahrer oder Beifahrer wenig oder nichts passiert. Die konkreten Anwendungen und der Nutzen, den physikalische Erkenntnisse haben können, motiviert Mädchen am meisten.

Peter Häusler und Lore Hoffmann haben in einer anderen Veröffentlichung, in der sie die Ergebnisse ihrer IPN-Studie vorstellen, zunächst ein Modell präsentiert, das in einer Delphistudie fünf Konzepte physikalischer Bildung zusammenstellt, die alle im Laufe des Physikunterrichts zu realisieren seien. Die fünf Konzepte betreffen:

- Physik und Gesellschaft
- Physik im Alltag
- Physik als Erlebnis
- Physik als Methode und Denkgebäude
- Physik und Beruf.

Anschließend analysierten sie die Ergebnisse der Befragung der Jugendlichen im Blick auf die jeweiligen mädchenspezifischen Interessen an den verschiedenen Konzepten. Beim Konzept „Physik und Gesellschaft" fühlen sich Mädchen insbesondere dann angesprochen, „wenn sie unmittelbar betroffen sind. So sind z. B. Lärmschutz, Geschwindigkeitsbegrenzung, Energieeinsparung im Haushalt und Umweltschutz noch interessanter als eine Thematisierung der friedlichen oder militärischen Nutzung von Lasern oder Satelliten" (Häusler u. Hoffmann 1990, S. 14). Beim Konzept „Physik im Alltag" ist die Anbindung des Unterrichts an Geräte des Alltags für Mädchen interessenfördernd, allerdings nur, wenn sie entsprechende Erfahrungen mit diesen Geräten haben. In den unteren Klassen ist das Interesse am Selbstbau entsprechender Geräte bei Mädchen wie bei Jungen beson-

a) Licht

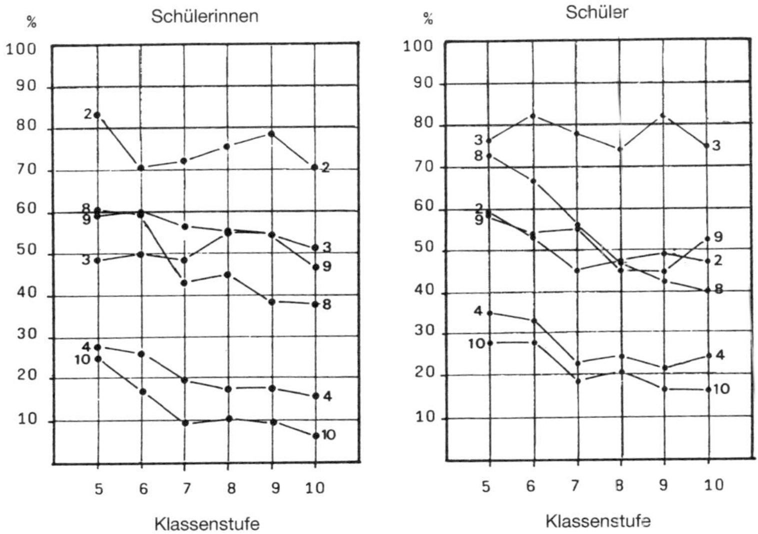


2. Mehr darüber erfahren, wie Farben am Himmel zustande kommen (Himmelsblau, Abendrot, Regenbogen).
3. Mehr darüber erfahren, wie man mit Satelliten die Erde erkunden und beobachten kann (z.B. Entdeckung von Bodenschätzen oder Pflanzenkrankheiten, Wetterbeobachtung, militärische Aufklärung, Spionage).
4. Mehr über den Zusammenhang zwischen Lichtbrechung und Farbe des Lichts erfahren.
8. Ein einfaches optisches Gerät (z.B. Mikroskop, Fernrohr oder Fotoapparat) aus Glaslinsen und schwarzer Pappe selbst bauen.
9. Sich ein Gerät ausdenken, mit dem Farbenblinde Farben unterscheiden können.
10. Berechnen, wie groß das Bild eines Gegenstandes (z.B. auf einem Dia) ist, der mit Hilfe einer Glaslinse auf einer Leinwand abgebildet wird.

*Abb. 7: Interessen der Schülerinnen und Schüler an Physikkontexten.*

Quelle: Hoffmann 1989, S. 203.

b) Bewegungen/Kraft

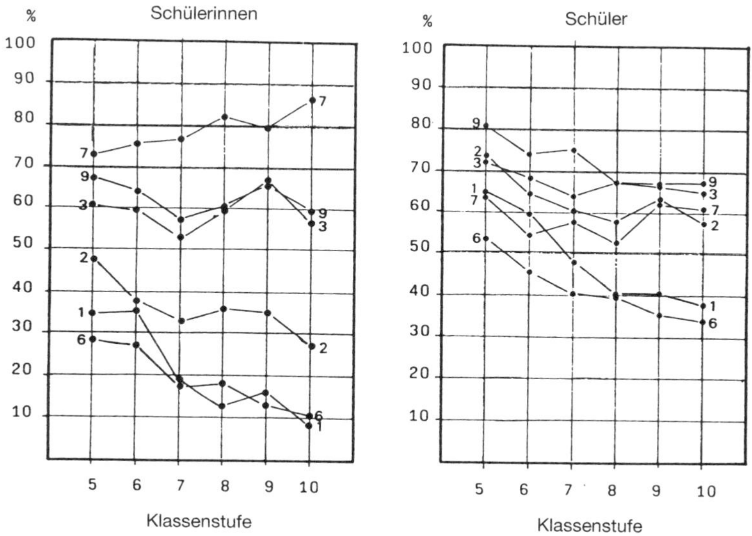


1. Mehr darüber erfahren, wie Geräte funktionieren, die Kräfte verstärken (z. B. Flaschenzug, Hebebühne).
2. Mehr darüber erfahren, wie man Erdöl aus sehr großen Tiefen (z. B. aus 3000 Metern) heraufpumpen kann.
3. Mehr darüber erfahren, wie die Wahrscheinlichkeit eines Autounfalls und die Schwere der Unfallfolgen mit zunehmender Geschwindigkeit wachsen.
6. Mehr Einblick erhalten, welche kraftsparenden Geräte in einer Autowerkstatt verwendet werden.
7. Mehr Einblick erhalten, welche künstlerischen Organe (z. B. Herz als Blutpumpe) und Gelenke heute in der Medizin zur Verfügung stehen.
9. Sich ein Sicherheitsfahrzeug ausdenken, in dem auch bei schweren Unfällen Fahrer und Beifahrer wenig oder nichts passiert.

ders hoch, nimmt jedoch im Verlaufe der späteren Klassenstufen ab. Das Konzept „Physik als Erlebnis" scheint Mädchen insgesamt in wesentlich stärkerem Maße als Jungen anzusprechen. Das Konzept „Physik als Methode und Denkgebäude", das offensichtlich im Unterricht überwiegend vorherrscht, ist sehr schwer zu vermitteln und vermutlich der Grund, warum die Interessen beider Geschlechter am Physikunterricht abnehmen. Wenn ein zumindest potentieller Anwendungsbezug hergestellt werden kann und damit die Notwendigkeit oder der Nutzen z.B. einer Quantifizierung deutlich gemacht wird, dann steigt das Interesse wiederum. „Für Mädchen ist es dabei günstig, wenn 'männliche Domänen' (z.B. Kraftfahrzeuge, Kräne, Motoren) gemieden werden zugunsten von Anwendungen in der Medizin, im Umweltschutz oder mit Bezug zur Biologie und zum eigenen Körper" (ebd.). Im Konzept „Physik und Beruf" muß man berücksichtigen, daß bestimmte Berufe von Schülerinnen wie von Schülern als Männerberufe, andere als Frauenberufe wahrgenommen werden. Bei der Behandlung ist insofern klar, daß Mädchen weniger Interesse an den Männerberufen haben, während „Physikalisches in einer Klinik, einer Arztpraxis oder auf einer Wetterstation" bei Jungen und Mädchen auf relativ gleich großes Interesse stößt.

Diese Ergebnisse wurden auch in einer Untersuchung von HÄNDEL, die ebenfalls 1984 durchgeführt wurde, bestätigt:

„Wird Physik allerdings in Konnotationen dargeboten, die der weiblichen Geschlechtsidentität entsprechen (Konnotation Haushalt/Medizin/Spiel), äußern die Schülerinnen größeres Interesse als Jungen. Werden dagegen physikalische Inhalte in technische Kontexte gestellt oder gar über einen Lehrbuchtext als 'reine Physik' dargeboten, ist die Differenz zwischen den mittleren Interessen der Schülerinnen und Schüler am größten. Insgesamt läßt sich feststellen, daß Mädchen sehr viel stärker auf die verschiedenen Konnotationen reagieren als Jungen" (zit. nach WEINBACH 1988, S. 116).

In dem bereits mehrfach erwähnten Forschungsprojekt von BETTINA HANNOVER zum Thema ›Mehr Mädchen in Naturwissenschaft und Technik‹, das an der Technischen Universität Berlin 1989 durchgeführt wurde und bei dem Jugendliche aus den 9. Klassenstufen befragt wurden, kam ein entsprechendes Ergebnis zustande:

„Mädchen fühlen sich dann nicht von naturwissenschaftlich-technischen Problemen abgeschreckt, wenn die Themenstellungen einen Alltagsbezug haben und ein praktischer Nutzen in der Problemlösung beinhaltet ist" (1990, S. 7).

IRMGARD WEINBACH hat 1987 eine schriftliche Befragung von 120 Schülerinnen und Schülern im 7. und 8. Jahrgang an Hauptschulen und Gymnasien zu „Ursachen der geschlechtsspezifischen Besonderheit in der Interessenausbildung bezüglich naturwissenschaftlicher Fächer“ durchgeführt. Sie fand heraus, daß die Ablehnung des Faches vor allem damit begründet wurde, daß „Physik und technische Dinge nichts für mich sind“ und „weil ich so etwas später bestimmt doch nicht mehr brauche“ (1988, S. 42). Das Selbstbild der Mädchen war in erster Linie von der Vorstellung „Physik ist nichts für mich“ bestimmt (ebd., S. 43). Mädchen, die Physik zu ihren Lieblingsfächern zählten, gaben als Grund dafür „das didaktische Geschick des Lehrers/der Lehrerin und Interesse am Stoff“ an (ebd., S. 42). IRMGARD WEINBACH hat auch nach der Befürwortung oder Ablehnung der Geschlechtertrennung in freiwilligen Arbeitsgemeinschaften gefragt und erhielt eine hundertprozentige Befürwortung koedukativen Unterrichts.

In der Untersuchung von BETTINA HANNOVER wurde auch deutlich, welchen Stellenwert das Image der Physik als „mädchenuntypisch“ für Mädchen hat:

> „Mädchen erwarten von allen Bezugspersonen weniger Anerkennung für die Wahl eines Physikleistungskurses als Jungen. ... Mädchen befürchten, daß sie sozial nicht anerkannt werden, wenn sie ‘untypischerweise’ Physik als Leistungskurs wählen“ (1990, S. 32).

Für Jungen dagegen gibt es sehr viel einleuchtendere Motive, warum ein Physikleistungskurs für sie positiv sein könne:

> „Die Jungen haben positivere Vorstellungen, welche Konsequenzen die Wahl eines Physikleistungskurses für sie hätte: Sie halten es für wahrscheinlicher, dabei erfolgreich zu sein, und glauben, die Kenntnisse für Hobby und späteren Beruf gebrauchen zu können“ (ebd., S. 35).

Der Chemieunterricht weist bezüglich der geschlechtsbezogenen Problematik eine Reihe von Parallelen zum Physikunterricht auf. Allerdings gibt es keine mir bekannten vergleichbaren Untersuchungen wie zum Physikunterricht. Eine Analyse der Problematik liegt jedoch in dem Beitrag von RENATE KUHRKE vor, den diese als Vortrag auf dem Forum „Koedukation und Naturwissenschaften“ in Kiel im Januar 1990 gehalten hat. Darin problematisiert sie zunächst, daß der Chemieunterricht sich als Abbild der Chemiewissenschaft versteht und entsprechend in erster Linie mit abstrakten Modellen operiert. Sie karikiert diese Tendenz folgendermaßen:

„Als besonders exakt, objektiv und wahr gelten in der Chemie Formeln und Zahlen. Also bemüht man sich, im Unterricht möglichst bald ebendies zu verwenden. Das Phänomen wird auf das reduziert, was meßbar ist: Das, womit ich mich morgens wasche, ist eine Stoffportion mit der Stoffmenge ca. 2000 mol, sie besteht aus Molekülen, denen die Summenformel $H_2O$ zukommt. Der Stoff, der durch diese Stoffportion repräsentiert wird, hat bei 20° C eine Dichte von 1 g $cm^{-1}$, einen Siedepunkt von 373° K und einen Schmelzpunkt von 273° K. Merken Sie, wie schön Duschen ist?" (1990, S. 84).

KUHRKE kritisiert, daß die Formeln in der Regel in einer Weise vermittelt werden, die kein wirkliches Verständnis für das, was sie ausdrücken sollen, herstellt. Experimentalunterricht, der Phänomene deutlich machen und Verständnis fördern könnte, wird wegen der damit verbundenen Kosten und des Zeitaufwands nur sehr wenig realisiert. Dem Einwand, Mädchen zeigten auch an dem wenigen stattfindenden Experimentalunterricht kein großes Interesse, entgegnet sie, daß in der Schule im allgemeinen sehr wenig Wert auf die Sauberkeit der Gerätschaften gelegt wird. In einem Projekt MiNT – Mädchen in Naturwissenschaft und Technik –, das als Modellversuch der Stadt Neuss vom Kultusministerium des Landes Nordrhein-Westfalen und dem Bundesministerium für Bildung und Wissenschaft gefördert wird, zeigt sich, daß Mädchen im Alter von neun bis vierzehn Jahren mit großem Interesse an den außerunterrichtlichen, schulformübergreifenden Arbeitsgruppen, die einmal in der Woche nachmittags für eineinhalb Stunden stattfinden, teilnehmen. Dort werden die benutzten Gerätschaften allerdings auch alle immer wieder gespült, jede Schülerin hat einen Schutzmantel, es gibt Handwaschbecken und saubere Handtücher.

„Welche Schule bietet solche Arbeitsbedingungen? Aber solche Arbeitsbedingungen würden zweifelsohne zu sauberem Arbeiten und dadurch zu größerem Erfolg und mehr Freude im Experimentieren führen, und zwar bei allen, bei Mädchen und Jungen" (ebd., S. 91).

Ein weiteres Problem des Chemieunterrichts sieht RENATE KUHRKE in dem in Chemiebüchern üblichen Rückgriff auf technische Anwendungen, wenn überhaupt eine praktische Anwendbarkeit hergestellt wird. Themen des Alltags, die vor allem Schülerinnen, aber auch Schüler, stärker ansprächen, finden sich sehr viel seltener. Allerdings stößt eine Änderung hier möglicherweise auf Widerstände von seiten der Chemielehrer, die häufig die Bezugnahme auf Alltagschemie als „Koch- und Backchemie" abqualifizieren (ebd., S. 92). Lehrer glauben, eine solche Chemie sei leichter und nicht anspruchsvoll genug. Die Orientierung des Chemieunterrichts auf abstrakte Formeln hat zur Konsequenz, daß Unterrichtsinhalte in der Regel wenig versprachlicht dargeboten werden. Dies führt nicht nur zu einer bei Schülerinnen wie Schülern unbefriedigenden Wirkung des Chemieunterrichts, es stellt auch eine Form dar, die Mädchen noch stärker benachteiligt, da sie ansonsten ihre größeren sprachlichen Fähigkeiten einbringen könnten. Der Anspruch an Erwachsene, naturwissenschaftliche Informationen verbaler Art aufnehmen und Voraussetzungen und Folgen praktizierter Naturwissenschaft beurteilen und bewerten zu können, fordert ebenfalls eine Versprachlichung der Chemie.

„Eine stärkere Versprachlichung der Unterrichtsinhalte ist also aus diesen Gründen schon zu fordern. Darüber hinaus würde ein solches Vorgehen für die Mädchen die Möglichkeit zur Selbstbestätigung bieten. Ihre Selbsteinschätzung hinsichtlich ihrer Fähigkeiten im naturwissenschaftlichen Unterricht – die nachgewiesenermaßen sehr gering ist – könnte positiv beeinflußt werden. Die 'Sprachlosigkeit' der Jungen, die vielleicht sogar Ursache für das oft gestörte Verhältnis Naturwissenschaftler–Geisteswissenschaftler, aber auch Wissenschaftler–Bürger ist, könnte verringert werden" (ebd., S. 94).

Abschließend geht KUHRKE noch auf das Verhalten der Lehrer und Lehrerinnen im Chemieunterricht ein. Sie bezieht sich auf eine Untersuchung von HEIDI WIENEKAMP, die für den Chemieunterricht in der Sekundarstufe I die bereits in anderen Untersuchungen festgestellte unterschiedliche Beachtung der Geschlechter herausgefunden hat:

„Jungen werden öfter aufgerufen, werden deshalb öfter gelobt und zum Weitersprechen ermuntert als Mädchen. Jungen werden andererseits öfter diszipliniert, finden also insgesamt mehr Beachtung als Mädchen. Zusätzlich äußern sie sich selbst öfter spontan zum Thema. Sie haben also in jeder Beziehung mehr vom Unterricht. Das Lehrerverhalten vergrößert also eher noch den Vorsprung, den die Jungen schon vorher haben: Sie verfügen über größere Stoffkenntnisse ..., und sie haben von vornherein das Gefühl, besser zu sein als die Mädchen" (ebd.).

Welche Vorschläge werden nun gemacht, um den naturwissenschaftlichen Unterricht so zu verändern, daß Schülerinnen wie Schüler davon profitieren können? Die Auswertung der IPN-Untersuchung hat bereits einige Hinweise auf die Auswahl von Inhalten, von Kontexten, in denen diese Inhalte bearbeitet werden, und von Tätigkeiten, mit denen die Schülerinnen und Schüler an sie herangeführt werden, gebracht. Entscheidend ist dabei, Physik in lebensweltliche Zusammenhänge einzubeziehen, ihren konkreten Nutzen für menschliche Probleme zu verdeutlichen, statt allein abstraktes Wissen zu bewerten. Dies hat MARTIN WAGENSCHEIN bereits in den 60er Jahren zu den Methoden des naturwissenschaftlichen Unterrichts als didaktische Regel entwickelt:

> „Erst die Mädchen, dann die Jungen. Das heißt nicht: langsam, damit die (in Mathematik und Naturwissenschaften als unbegabt verschrieenen) Mädchen 'mitkommen', sondern: die Mädchen dafür sorgen lassen, daß die Jungen die Abstraktionen nicht abspalten, statt sie anwachsen (ausgliedern) zu lassen" (1989, S. 123).

In der Zeitschrift NATURWISSENSCHAFTEN IM UNTERRICHT – PHYSIK wurden im Heft 1/1990 aus der Unterrichtspraxis einige Beispiele von Unterrichtseinheiten vorgestellt, die besonders die Interessen von Mädchen ansprechen. Aus dem Modellversuch MiNT wurden dafür insgesamt vier Themenbereiche zur Bearbeitung benannt:

„1. Vom Sachunterricht zum Fachunterricht
Hier werden Themen aus den Fachbereichen Biologie, Chemie und Physik fächerübergreifend in den Klassen drei bis fünf mit dem Ziel unterrichtet, Mädchen an naturwissenschaftliche Denkweisen heranzuführen, die Entwicklung naturwissenschaftlicher Fragestellung zu verdeutlichen und Sach- und Handlungskompetenz durch Beobachten und Experimentieren aufzubauen.
2. Technisches Werken mit Holz
Mit Schwerpunkt in den Klassen drei bis sechs werden in diesem Projektbereich handwerkliche Arbeiten mit Holz durchgeführt, um sachgemäßen Umgang mit dem Werkstoff und den Werkzeugen zu vermitteln, um das Selbstbewußtsein der Mädchen im handwerklich-technischen Bereich zu steigern und um praktische Fertigkeiten zu erwerben.
3. Chemie
Im Projektbereich Chemie werden Zugänge zum Fach Chemie (Einführungsunterricht siebte Klasse) erprobt, die den Interessen und Neigungen von Mädchen besser gerecht werden, jedoch auf koedukativen Unterricht übertragbar sind. Weiter sollen besondere Defizite der Mädchen (Raumvorstellungsvermögen) thematisiert und gegebenenfalls ausgeglichen werden.
4. Physik: Kommunikation
Als fächerübergreifendes Rahmenthema wurde Kommunikation, Verständigung, für alle Physikprojekte gewählt. Denn Kommunikationsprozessen begegnen wir nicht nur in Naturwissenschaften und Technik,

sondern sie gehören zu unserem Alltag, zu Kunst, Werbung und Unterhaltung. Von der Physik aus gesehen lassen sich Themen aus Optik und Akustik, aber auch aus der Elektrizitätslehre in diesen Rahmen integrieren. Wir wollen die Mädchen über die mit Auge und Ohr direkt wahrnehmbaren Phänomene auch für abstraktere Themenbereiche wie Elektrizität und Elektronik gewinnen" (CONRADS u. UHLENBUSCH 1990, S. 19).

ELISABETH AUER führt im gleichen Heft Beispiele aus der Biologie an, die das Interesse der Mädchen am Physikunterricht erhöhen können. Sie beschreibt, wie sie Rinderaugen im Optikunterricht im Schüler- und Schülerinnenversuch hat zerlegen lassen.

Die Frage, ob ein getrennter Unterricht für Mädchen und Jungen sinnvoll sei, läßt sich nicht eindeutig in Empfehlungen formulieren. PETER HÄUSLER und LORE HOFFMANN haben in einem Kieler Gymnasium, in dem der in der siebten Klasse beginnende Physikunterricht nach Jungen und Mädchen getrennt unterrichtet wurde, den unterrichtenden Lehrer und die Schülerinnen und Schüler nach ihren Erfahrungen befragt. Von seiten des Lehrers wurde eine Fortführung dieser Trennung nicht befürwortet, er wollte zukünftig wieder gemischte Gruppen einrichten.

„Die Koedukation bringe doch viele Vorteile. Insbesondere hätten die Mädchen einen positiven Einfluß auf die Jungen: es sei ruhiger in den Klassen, und die Jungen arbeiteten konzentrierter" (1990, S. 32).

Die Mädchen berichteten von durchaus positiven Erfahrungen und konnten sich sehr wohl vorstellen, auch weiterhin getrennten Unterricht zu haben. Dabei wollten sie allerdings nicht in allen Fächern getrennt sein, sondern befürworteten eine Aufhebung der Koedukation in Physik und eventuell in Sport, nicht jedoch in Mathematik und in Deutsch. Die Jungen sprachen sich überwiegend für einen gemeinsamen Unterricht aus. Dabei wurde in den Argumenten auch deutlich, daß sie Gründe für einen getrennten Unterricht nicht ohne weiteres akzeptieren:

„Herr F. hat das vielleicht nach Jungen und Mädchen gesondert, weil Mädchen wohl, wie es immer heißt, ohne Jungen angstfrei lernen können und weil sie sich dadurch angeblich besser durchsetzen sollen. Allerdings bin ich der Meinung, daß Mädchen, die wirklich interessiert am Physikunterricht sind, die würden sich auch so durchsetzen" (ebd., S. 33).

Die Trennung allein scheint also offensichtlich weder bei Lehrkräften noch bei den Jungen so ohne weiteres eine Veränderung in ihren Einstellungen zu bewirken. Es bedarf vielmehr schon vorher einer Sensibilisierung insbesondere auf seiten der Lehrkräfte. Darauf deutet zumindest ein Bericht von KLAUS TOBEL über geschlechtergetrennte Lerngruppen im Chemie- und Physikunterricht der Klasse 8 in Hamburg hin. Dort wurde in einer Stunde koedukativer Unterricht und in einer Stunde nach Geschlechtern getrennter Unterricht durchgeführt. TOBEL berichtet, daß die Mädchengruppen von den Lehrkräften zunächst als ungewöhnlich empfunden wurden, die Jungengruppen jedoch nicht. Daraus schließt er, daß es für Lehrkräfte in der Regel normal ist, sich mit Jungen zu befassen und sich an Jungen zu orientieren, nicht jedoch, sich an Mädchen zu orientieren. Nach seinen Erfahrungen gewannen die Mädchen durch die einstündige Trennung mehr Raum und Zeit fürs Lernen und beteiligten sich dann auch in den gemischten Gruppen besser. Die Atmosphäre in den Mädchengruppen war sehr persönlich, Disziplinprobleme wurden in beiden Gruppen, also sowohl in den Mädchen- wie in den Jungengruppen geringer (1989, S. 11).

Eine Erweiterung des Erfahrungsbereiches und eine Reflektion getrenntgeschlechtlichen Unterrichts scheint sehr wohl möglich und sinnvoll zu sein, eine bürokratische Festschreibung allerdings würde eher Effekte, wie sie aus dem Kieler Gymnasium berichtet wurden, hervorbringen.

## 4.3 Technische Bildung

Technikunterricht gibt es in den allgemeinbildenden Schulen ähnlich wie Naturwissenschaften in unterschiedlichen Fachzuordnungen. In der Primarstufe sollen technikbezogene Aspekte im Sachkundeunterricht vermittelt werden. In der Sekundarstufe I liegt der Schwerpunkt der Technikbildung bei der 1964 geschaffenen „Arbeitslehre". In der Sekundarstufe II gibt es im Rahmen der gymnasialen Oberstufe seit deren Neuordnung 1972 das Fach Technologie, das jedoch keineswegs durchgängig von den Schulen angeboten wird.

Die Anfänge des Technikunterrichts gehen auf die zweite Hälfte des 18. Jahrhunderts zurück, auf das Fach Technologie in den Industrieschulen, Philantropinen, Realschulen und Realgymnasien. BURKHART SACHS schreibt diesem „polytechnischen Unterricht" „emanzipatorisches Potential" zu, macht jedoch deutlich, daß ein solcher Anspruch sich nicht realisieren ließ. Gründe dafür sieht er zum einen in ökonomischen Bedingungen, in den hohen Kosten für Werkstätten, Werkzeuge und Material. Zum anderen bedeutete aber vor allem das Scheitern der bürgerlichen Revolution von 1848 eine Umorientierung der Allgemeinbildung auf eine „volkstümliche Bildung“ einerseits und eine Veränderung des Kulturverständnisses des gebildeten Bürgertums andererseits:

„Vom kritischen, politischen, zur Weltgestaltung befähigenden Kulturverständnis wandelte es sich zu einem Verständnis im Sinne einer ‘Seelenkultur’, die ihr Heil nur noch im scharf von der Außenwelt getrennten Inneren erblickte. Politik, Ökonomie und Technik wurden so aus dem Kulturverständnis der Gebildeten (der bloßen Zivilisation zugehörig) als unwesentlich ausgeblendet“ (1988, S. 7).

Statt polytechnischer Bildung bestand die technische Bildung nunmehr im Handfertigkeitsunterricht. Dabei wurde von den Verfechtern dieses Unterrichts nur an Jungen gedacht. Es ging um „Knabenhandarbeit“, um „Handfertigkeitsunterricht für Knaben“. Jungen sollten in diesem Unterricht „durch Kurse in mehreren grundlegenden Handwerkszweigen (Papier-, Papp-, Holz- und Metallarbeit), die systematisch nach fertigungstechnischen Schwierigkeiten gestuft sind, ... insgesamt in einer ‘universitas laborum’ eine allgemeine handwerkliche Grundbildung vermittelt“ bekommen (Wilkening in: Roth 1980, S. 478). Als Pendant für die Mädchenbildung gab es den Textilunterricht, der durchaus als Teil einer „technischen Grundbildung“ verstanden wurde (vgl. Kapitel 4.4).

Die bildungspolitischen wie fachdidaktischen Auseinandersetzungen um die Konzeptionen technischer Bildung kreisten um die Fragen, was „technische Sachverhalte und technisches Handeln“ überhaupt ausmache und wie es zu lernen sei. Die Verkürzungen, die zu finden waren, beschreiben Duismann u. Sellin folgendermaßen:

„Das Lernen durch Vor- und Nachmachen, die ‘Wortlosigkeit’ der Vermittlung und die Theoriearmut der auf den niedrigen Niveaus angesiedelten Formen technischer Erziehung; die Gewöhnung der Lernenden an vorgebliche Sachzwänge der Werkregeln und Verfahrensweisen; ... die Vernachlässigung der Reflexion über ökonomische, gesellschaftliche und politische Bedingungen technischer Erziehung“ (1986, S. 281).

Neuere Konzepte technischer Bildung versuchen, „die strukturelle Mitbestimmtheit der Technik durch die gesellschaftliche Situation und individuelle Bedürfnisse“ (PICHOL 1990, S. 7) zu vermitteln. KARL PICHOL versteht darunter eine Neufassung technischer Sachverhalte und technischen Handelns:

„Technische Sachverhalte dürfen nicht allein in ihrer ingenieursmäßigen Bedeutung erfaßt und beurteilt werden, sondern müssen in ihren Auswirkungen im Hinblick auf menschliches Leben und ihrer Bestimmtheit durch menschliches Leben insgesamt erkannt werden. ... Technisches Handeln ist nicht nur als ‘das auslösende Moment für den Ablauf technischer Prozesse’ zu verstehen, sondern als von individuellen und gesellschaftlichen Zielen geprägtes und wiederum die Gesellschaft formendes Handeln“ (1990, S. 8).

Diesen beiden Aspekten kann ein historisch-genetischer Ansatz am besten gerecht werden, den KARL PICHOL als einen Versuch charakterisiert, „auf die geschichtliche Entwicklung von Technik zurückzugreifen, um Beziehungen zwischen Gesellschaft, Individuum und Technik bei der technischen Bildung im Rahmen von neuorientierter Allgemeinbildung aufzudecken“ (ebd., S. 9). Ein solcher Ansatz würde selbstverständlich geschlechtsspezifische Entwicklungen einbeziehen müssen.

Der heutige Technikunterricht ist in der Primarstufe ein Bestandteil des Sachunterrichts. Es geht dabei einerseits um eine „technische Elementarerziehung“ durch konkrete Operationen:

„Einfache Geräte werden hergestellt. Leicht zu bearbeitende Werkstoffe (Papier, Karton, Holz, Ton, Textilien, Kunststoff, Blech, Draht) werden beim Bearbeiten mit einfachen Werkzeugen (Hammer, Zange, Feile, Säge, Messer, Schere, Falzbein) erkundet und zur Herstellung genutzt. Die Demontage technischer Geräte (Spielzeug, Haushaltsgerät, Werkzeug, Fahrrad) führt zum Verständnis technischer Funktionszusammenhänge. Mit technischen Baukästen werden überschaubare Baukonstruktionen und Maschinen mit ihren Mechanismen und Getriebeelementen montiert“ (WILKENING in: ROTH 1980, S. 481 f.; vgl. auch HENSELER 1988).

Andererseits soll der Sachkundeunterricht auch bereits eine „Einführung in die Arbeits- und Wirtschaftswelt“ leisten, indem dort Aspekte von Arbeit besprochen werden. Die in den Lehrplänen festgelegten Themenbereiche vermitteln den Kindern zugleich Geschlechterstereotypen. So waren beispielsweise im Bayerischen Lehrplan von 1970 die Lehraufgaben in der 1. Klasse folgendermaßen bestimmt:

„Bedürfnisse und Arbeiten in der Familie
In der Familie arbeiten wir füreinander (Mutter bäckt einen Kuchen – Mutter hat viele Berufe).

Einige aus der Familie arbeiten für fremde Menschen (Vater geht zum Geldverdienen)" (KAISER in: ROTH 1980, S. 98).

Die Arbeitslehre, das „Technikfach" in der Sekundarstufe I, ist in den Bundesländern sehr unterschiedlich ausgerichtet und bleibt überwiegend auf die Hauptschulen und Realschulen beschränkt. Zum Teil ist sie Pflichtfach, zum Teil gehört sie zum Wahlpflichtbereich. Gerade in den Fällen, in denen Wahlmöglichkeiten bestehen, tritt Arbeitslehre häufig in Konkurrenz zur zweiten Fremdsprache, so daß neben einer Selektion im Blick auf unterschiedlich stark bildungsorientierte Schülerinnen und Schüler auch eine Ungleichverteilung der Geschlechter erfolgt.

In den letzten Jahren ist die „Technikdiskussion" für die Schule insbesondere im Blick auf die gesellschaftlichen Veränderungen durch die „neuen Techniken", vor allem die Informationstechnik, geführt worden (vgl. FAULSTICH u. FAULSTICH-WIELAND 1988). Die KULTUSMINISTERKONFERENZ (KMK) hat 1986 eine Bestandsaufnahme über die Aktivitäten der Länder zur informationstechnischen Bildung gemacht und berichtet darüber:

„In allen Ländern ist anerkannt, daß die Vermittlung einer informationstechnischen Bildung zum Auftrag der Schule gehört. Die Einbeziehung der neuen Informations- und Kommunikationstechniken in das Schulwesen ist im Zuge der wachsenden Bedeutung und dynamischen Entwicklung zu einer wichtigen Aufgabe aller Länder geworden. Dabei steht das Bildungswesen in einem Verhältnis enger Wechselwirkung mit der Berufs- und Arbeitswelt, der Wirtschaft und der Wissenschaft" (1986, S. 1).

Die BUND-LÄNDER-KOMMISSION FÜR BILDUNGSPLANUNG UND FORSCHUNGSFÖRDERUNG (BLK) hatte bereits am 7. 12. 1984 ein Rahmenkonzept „Informationstechnische Bildung in Schule und Ausbildung" verabschiedet, das eine dreistufige Struktur vorsieht:

a) eine informationstechnische Grundbildung für alle Schüler,
b) eine vertiefende informationstechnische Bildung in Form der Informatik,
c) eine berufsbezogene informationstechnische Bildung.

Bis es zum Beschluß dieses Konzeptes kam, gab es heftige Kontroversen über den Sinn oder Unsinn der Einführung von Computern in die Schule. Die bereits existierenden Bildungsangebote – im Fach Informatik bzw. in verschiedenen freiwilligen Arbeitsgemeinschaften – wurden primär von Jungen in Anspruch genommen. Dies mag mit dazu geführt haben, daß die BLK in ihre Zieldefinition für das 1987 entwickelte „Gesamtkonzept für die informationstechnische Bildung" – das auch einen Teil für die Erwachsenenbildung umfaßte – explizit auf beide Geschlechter Bezug nahm. Dort heißt es nämlich, das „Ziel aller Bemühungen" in Schule und Ausbildung solle sein,

> „durch die informationstechnische Bildung allen Jugendlichen – Mädchen und Jungen gleichermaßen – die Chancen der neuen Techniken zu eröffnen und sie zugleich vor den Risiken zu bewahren, die durch unangemessenen Gebrauch entstehen können" (1987, S. 8).

Worin liegen nun die geschlechterbezogenen Probleme der verschiedenen Formen von „Technikbildung" in der heutigen Schule?

Am augenfälligsten und häufigsten angeführt wird hier – z. T. ähnlich wie für Mathematik und Naturwissenschaften – die sogenannte Technikdistanz von Mädchen. Gemeint sind damit – vor allem in älteren Untersuchungen – die angeblich mangelnden technischen Fähigkeiten, zumindest aber die fehlenden Interessen der Mädchen an Technik. Tatsächlich läßt sich jedoch auch für diesen Bereich wieder aufzeigen, daß der schulische Unterricht in der Regel die Interessen der Mädchen nicht berücksichtigt. An Hand der verschiedenen empirischen Untersuchungen soll dies im folgenden nachvollzogen werden.

Bereits Anfang der 70er Jahre führte Hans Martin Hüne eine Untersuchung mit ca. 500 Realschülerinnen und Realschülern der 6. und 7. Klassen, also bei 11- bis 13jährigen Kindern, durch. Mit einem Fragebogen prüfte er Kenntnisse über vier Bereiche bzw. diesen zugehörige Geräte, und zwar über den Bereich Fliegen, repräsentiert durch Flugzeug, Rakete und Ballon, über den Stromkreis am Beispiel des Bügeleisens und der Glühbirne, über Rundfunk und Radio sowie über Nähen am Beispiel der Nähmaschine. Es wurden jeweils Fragen zum „Hantierungswissen" und zur „technischen Lösungsgestalt" gestellt. Der Vergleich der Geschlechter ergab, daß Jungen in der Gesamtleistung auf beiden Klassenstufen höhere Werte erreichten als Mädchen. Die Unterschiede waren jedoch nicht für alle vier Bereiche gleich ausgeprägt: Die Mädchen erreichten nämlich im Bereich „Nähen" die Leistungshöhe der Jungen – in einer Voruntersuchung, die auch in 8. und 9. Klassen durchgeführt wurden, übertrafen sie deren Leistungen sogar. Aus Interviews mit den Jugendlichen schloß der Autor, daß „Art und Stärke des Umgangs mit einem technischen Gerät das Lösungsverhalten in dem betreffenden Bereich des Fragebogens verändert“ (in: Jacobs u. a. 1974, S. 144). Insofern deutete er die geringeren Gesamtleistungen der Mädchen als Ausdruck geschlechtsspezifischer Sozialisation, die sich als „Barriere“ im Bereich der Motivation, d. h. auch schon in bezug auf den Erwerb von Wissen in „untypischen“ Bereichen der Technik auswirkten (ebd.).

Walter Jacobs und Hans Dieter Eheim haben im gleichen Zeitraum 600 Volksschülerinnen und Volksschüler im Alter von 11 bis 17 Jahren mit fünf verschiedenen Tests, die gleiche Aufgabeninhalte in verschiedenen Medien erfaßten, untersucht. Es handelte sich dabei um einen „Hebel-Rollen-Test“ in verbaler, zeichnerischer und konstruktiver Fassung sowie um einen „Elektrischen Steuerungs-Test“ in verbaler und konstruktiver Form. Die Ergebnisse bestätigten zunächst einmal die Leistungsunterschiede zwischen den Geschlechtern:

„1. Die technischen Leistungen in allen fünf Medientests steigen für die untersuchten 10- bis 15jährigen Jungen mit dem Alter signifikant an. Bei Mädchen ist die Leistungszunahme wesentlich geringer.
2. Die technischen Leistungen in allen fünf Medientests sind sowohl für 10- bis 12jährige, als auch für 13- bis 15jährige Jungen wesentlich höher als diejenigen der entsprechenden gleichaltrigen Mädchen. Der Leistungspegel liegt für 13- bis 15jährige Mädchen etwa auf dem für 10- bis 12jährige Jungen gemessenen Niveau“ (1974, S. 246).

Darüber hinaus ergaben sich aber deutliche Unterschiede im Lösungsverhalten zwischen den Geschlechtern:

„3. Das Lösungsverhalten der Mädchen scheint vornehmlich kognitiv orientiert und wesentlich motivierbar im verbalen-technischen Kommunikationsraum zu sein.
4. Im Gegensatz dazu wird das Lösungsverhalten bei Jungen offenbar mehr motiviert durch praktisch-, funktionell- oder schöpferisch-technische Aspekte, die im konstruktiven Handlungsraum realisierbar sind“ (ebd.).

Die Relevanz der beiden Faktoren Motivation und Herangehensweise zeigte sich auch in einer Einstellungsuntersuchung, die Rolf Oberliesen 1973/74 mit Hauptschülerinnen und Hauptschülern der Klassen 6 bis 9 zum Fach Technik durchführte. Auch er fand durchgängige geschlechtsspezifische Unterschiede: Für die Jungen war das Fach „Technik“ über die Schuljahre hinweg konsistent ein beliebtes Fach, bei den Mädchen dagegen überwog die Ablehnung. Die Jungen schätzten das Fach als eines „mittlerer Schwierigkeit“ ein, während die Mädchen es eher als schwierig empfanden. Ein gezielt auf die

Weckung von Interesse und Motivation bei Mädchen gerichteter Unterricht (10 Stunden zur Informationstechnik) konnte die Negativeinstellungen der Mädchen jedoch ins Positive verwandeln und die Vorstellungen vom schwierigen Unterricht hin zur Einschätzung eines eher leichten Faches verwandeln (OBERLIESEN 1974).

Für ca. 10jährige Kinder bestätigte ERWIN ANGELE einige der geschlechtsspezifischen Differenzen. Er erfragte 1975 von insgesamt 492 Kindern (248 Mädchen und 244 Jungen) im 5. Jahrgang aller drei Schulformen Einstellungen zur und Erfahrungen mit Technik und ließ sie einen Wissenstest und die Kurzform des Mechanisch-Technischen Verständnistests von LIENERT durchführen. Unter Technik versteht ANGELE „das Herstellen von Objekten und Gegenständen, das Vorhandensein dieser Gegenstände und ihre Funktionsweisen" (1976, S. 25). Sowohl beim Interesse an technischen Dingen, bei Einstellungen zur Technik, bei den Erfahrungen mit technischen Sachverhalten sowie beim technischen Wissen und Verständnis ergaben sich hochsignifikante Differenzen zwischen Mädchen und Jungen. Das Interesse der Mädchen an Technik war geringer als das der Jungen, und zwar mochten sie z. B. weniger gern als Jungen einen großen Bagger bedienen, Spielzeug selber zusammenbauen, mit rohem Material und Werkzeug etwas herstellen oder ein Fahrrad auseinandernehmen. Maschinen fanden sie weniger interessant, Haustiere und Pferde waren ihnen lieber. Sie wollten lieber einen Beruf ergreifen, der wenig mit Technik zu tun habe, und hielten „die moderne Technik" nicht unbedingt „für einen Beweis für die Klugheit des Menschen". Sie glaubten auch weniger, daß die Technik den Menschen „Schutz gegen Naturgefahren" gebe, befürchteten vielmehr eher, daß die Technik das Leben der Menschen schwieriger mache.

„Es scheint, daß die Mädchen lediglich bei offenbar beliebten technischen Gegenständen (Kaugummiautomat), bei einfachen praktisch-technischen Anforderungen (mit Draht und Holz ...), bei einigen abstrakten Einstellungsaussagen: 'Jeder muß etwas von Technik verstehen' und bei rollenkonformen technischen Objekten: 'technische Geräte im Haushalt' eine den Jungen gleichgeartete Einstellung haben. In der positiven Einstellung zum Auto übertrafen sie die Jungen" (ebd., S. 129 u. S. 132).

Die Erfahrungen mit Technik wurden bei 26 verschiedenen Items erfragt, zu denen z. B. folgende Aussagen gehörten:

- Ich habe schon mit einem technischen Baukasten Spielzeugmaschinen gebaut.

- Ich habe schon eine Bedienungsanleitung für eine Maschine oder ein technisches Gerät gelesen.
- Ich habe zu Hause Bücher, in denen etwas über Technik steht.
- Ich habe am Fahrrad die Beleuchtung schon selber repariert.
- Ich habe ein Glühlämpchen schon so an eine Taschenlampenbatterie gehalten, daß es leuchtete.

Mädchen hatten deutlich geringere Erfahrungen mit den erfragten Beispielen als Jungen: Die Mittelwerte der Jungen lagen bei diesem Fragenbogen bei $x = 103{,}4$, die der Mädchen bei $x = 76{,}9$ ($s = 1{,}19$, $t = 16{,}63$, $p = 1\%$).

Das technische Wissen und Verständnis bei den Mädchen war signifikant geringer, und zwar auch bei den Mädchen, die gleiche Erfahrungen mit Technik – d.h. keine Mittelwertsunterschiede – wie Jungen hatten.

> „In bezug auf diese Variablen befinden sich bei Schülern des fünften Schuljahres die Mädchen aus dem Gymnasium auf dem Niveau der Jungen aus der Hauptschule" (ebd., S. 153).

Innerhalb der Gruppe der Mädchen erbrachten mehr Erfahrungen auch ein signifikant höheres Wissen, jedoch kein signifikant höheres Verständnis. ANGELE ging deshalb davon aus,

> „daß Mädchen tatsächlich auch bei mit Jungen vergleichbaren Erfahrungen mit Technik weniger technisches Wissen und weniger technisches Verständnis haben" (ebd., S. 147).

Zu fragen ist allerdings, ob die von ANGELE verwendeten Items tatsächlich für technisches Verständnis relevante Erfahrungen mit Technik darstellten oder ob sie nicht sowieso primär den Wissensaspekt betrafen.

Im Auftrag des BUNDESMINISTERIUMS FÜR BILDUNG UND WISSENSCHAFT (BMBW) wurde 1982 von einer Projektgruppe bei Infratest eine Untersuchung zum Verhältnis von Jugendlichen zur Technik bei 17–18jährigen durchgeführt. Mit einer standardisierten Befragung wurden 1015 GymnasiastInnen des 12. Jahrgangs (465 Mädchen, 550 Jungen) und 953 Auszubildende des 2. Lehrjahres (366 Mädchen, 587 Jungen) sowie die TeilnehmerInnen des Wettbewerbs Jugend forscht im Jahr 1981 erfaßt. Ergänzend zu diesen Daten wurden Gruppendiskussionen und Einzelinterviews durchgeführt. Die Projektgruppe fand bei diesen Jugendlichen – ebenso wie die anderen bereits zitierten Untersuchungen – ein geringeres Interesse an Technik bei den

*Tab. 9: Grad des Technikinteresses*

| Skalen-Wert | | Mädchen | Jungen |
|---|---|---|---|
| Sehr gering | 1 | 35% | 11% |
| gering | 2 | 31% | 14% |
| mittel | 3 | 21% | 18% |
| stark | 4 | 10% | 27% |
| sehr stark | 5 | 3% | 30% |

Quelle: BMBW 1982, S. 43 M.

Mädchen (vgl. Tab. 9): 35% der Mädchen gegenüber nur 11% der Jungen zeigten ein sehr geringes, nur 3% der Mädchen gegenüber 30% der Jungen zeigten ein sehr starkes Technikinteresse.

Den unterschiedlichen Ausprägungen des Technikinteresses unterlagen zudem deutlich verschiedene Interessenstrukturen: Von zwölf vorgegebenen handwerklich-technischen Interessengebieten erreichten bei den Mädchen nur drei Prozentwerte über 20: Für Basteln interessierten sich 52% der Mädchen, für Töpfern 34% und für Biochemie 24%. Bei den Jungen standen Moped-/ Autoreparaturen mit 51% an der Spitze, gefolgt von Flugzeugen, Raketen, Raumfahrt mit 42% und Basteln mit 39%. Für Töpfern interessierten sich nur 7% der Jungen, alle anderen Gebiete erreichten Prozentanteile von mindestens 20 (BMBW 1982, S. 32M). Bei den nichttechnischen Interessengebieten lagen dagegen die Prozentanteile der Mädchen insgesamt deutlich höher; Unterschiede fanden sich hier vor allem bei zwei Gebieten: Romane, gute Bücher standen bei Mädchen mit 78%, die dies als ihr Interessengebiet angaben, an 2. Stelle, während nur 47% der Jungen sich dafür interessierten (Rangplatz 9). Die Beschäftigung mit Natur, Tier- und Pflanzenwelt stand bei den Mädchen mit 70% an 3. Stelle, bei den Jungen mit 51% erst an 6. Stelle.

Aufschlußreiche Ergebnisse brachte der Vergleich zwischen den technisch interessierten Mädchen mit anderen Gruppen: Ihr Interessenspektrum war breiter als das der technisch interessierten Jungen und auch als das der nicht technisch interessierten Mädchen, sie waren neben ihrer technischen Interessiertheit zugleich gesellschaftspolitisch engagiert (ebd., S. 35). Eine solche breitere Orientierung finden wir auch in anderen – auf neue Techniken bezogenen – Untersuchungen bestätigt (vgl. FAULSTICH-WIELAND u. DICK 1989; SKLORZ-

Weiner 1989). Die Infratest-Forschungsgruppe faßte die verschiedenen technischen und nichttechnischen Interessen zu fünf Dimensionen zusammen und stellt zu deren Verteilung fest:

„Relativ zu allen Jugendlichen haben die Jungen, die die gymnasiale Oberstufe absolvieren, hohes Interesse in den Bereichen Physik/Technik und Sozialkunde/Politik; in den übrigen Dimensionen entspricht ihr Interesse etwa dem Durchschnitt. Die Mädchen, die die gymnasiale Oberstufe absolvieren, haben ein völlig anderes Interessenprofil: sehr starke Interessen in bezug auf Deutsch/Lebenssinn-Fragen, überdurchschnittliche Biologie/Natur-Interessen, aber extrem niedrige Physik/Technik-Interessen (etwas höhere, aber ebenfalls unterdurchschnittliche Werken/Basteln-Interessen).

... Die Mädchen unter den Auszubildenden sind in bezug auf Physik/Technik nicht so extrem desinteressiert wie die Mädchen auf dem Gymnasium; auf der anderen Seite sind sie in bezug auf Biologie/Natur und Deutsch/Lebenssinn-Fragen nicht so stark interessiert, allerdings immer noch mehr als ihre männlichen Kollegen" (ebd., S. 40 u. S. 41).

Das geringere und anders geartete Interesse der Mädchen ging einher mit einer wesentlich skeptischeren Einschätzung des „technischen Fortschritts":

„Mädchen sind vom Nutzen des technischen Fortschritts viel weniger überzeugt als Jungen. Während nahezu zwei Drittel der männlichen Jugendlichen glauben, daß Umweltprobleme auf die Dauer nur mit technischem Fortschritt lösbar sind, stimmt dieser Ansicht weniger als die Hälfte der Mädchen zu. Ebenso glauben die Mädchen mehrheitlich, daß man mit weniger technischem Fortschritt möglicherweise besser leben könne, während Jungen dem nur zu 40% zustimmen" (ebd., S. 25).

Diese skeptisch-negativere Einstellung der Mädchen zum technischen Fortschritt war allerdings – dies geht aus den Aussagen der Mädchen in den Gruppendiskussionen und Einzelinterviews hervor – eher Ausdruck von Verunsicherung und Hilflosigkeit als von offensiver Kritik (ebd., S. 26). Dies hat sicherlich mit der Kompetenz für technische Fragen zu tun. Wenngleich hier nicht – wie bei Angele – das „objektive" Wissen erfaßt wurde, so gab es doch Fragen zur Einschätzung der Kompetenz. Das Selbstbild bezüglich technischer Kompetenz wies dabei klare Differenzen auf:

„Unter den Jungen hält sich jeder vierte für technisch unbegabt, während 40% sich als besonders kompetent in technischen Fragen einschätzen. Ganz anders die Mädchen: Mehr als die Hälfte hält sich für technisch unbegabt, nur 12% schätzen sich in technischen Fragen als besonders kompetent ein" (ebd., S. 31).

*Tab. 10: Förderung von Beschäftigung mit technischen Fragen*

| Jugendliche nach relativem Technik-Interesse | „Der Unterricht hat mich dazu angeregt, mich weiter mit technischen Fragen zu beschäftigen“ | |
|---|---|---|
| | Jungen | Mädchen |
| Desinteressierte | 21% | 10% |
| Mäßig Interessierte | 56% | 16% |
| Interessierte | 65% | 28% |
| Stark Interessierte | 78% | 29% |
| Gesamt | 56% | 22% |

Quelle: BMBW 1982, S. 63 M.

Allerdings war es keineswegs so, daß Mädchen nicht an technischer Kompetenz interessiert wären: 48% von ihnen hatten dem Item „Wie etwas technisch funktioniert, das hat mich eigentlich schon immer interessiert“ und 68% dem Item „Ich habe mir schon oft gewünscht, von Technik mehr zu verstehen“ zugestimmt (ebd., S. 31M). Der Wunsch nach Technikkompetenz wurde auch nicht vom Interesse an Technik bestimmt: Auch die Desinteressierten würden gerne mehr von Technik verstehen.

Die Schule leistet diese Qualifizierung jedoch offensichtlich nicht: Die AutorInnen der BMBW-Studie fragten die Jugendlichen, ob man ihrer Meinung nach in der Schule genug über Technik erfahre. Dreiviertel der Jugendlichen verneinte dies, wobei Mädchen sich noch kritischer über die Schule äußerten als Jungen und die stärkste Kritik von den technisch besonders interessierten Mädchen kam (BMBW 1982, S. 60). In vielen Fällen wurde im schulischen Unterricht zunächst überhaupt kein Bezug zu Technik und technischen Fragen gesehen, und erst bei Nachfragen und Ausweitung der Fragestellung auf Naturwissenschaften gaben die Jugendlichen an, dort Kenntnisse vermittelt bekommen zu haben. Dabei scheint die Schule jedoch im wesentlichen nur eine Förderung bereits bestehender Interessen und nicht die Weckung von technischem Interesse zu leisten. Sowohl die wenig wie die stark technikinteressierten Mädchen gaben zu geringeren Anteilen als Jungen an, durch den Unterricht zu einer weitergehenden Beschäftigung mit technischen Fragen angeregt worden zu sein (vgl. Tab. 10).

Die Defizite der technischen Bildung sahen die Jugendlichen vor allem darin, daß ihnen zu wenige praktische Fertigkeiten vermittelt und sie zuwenig über Nutzen und Gefahren von Technik informiert werden. Zu diesen beiden Gebieten äußerten alle Jugendlichen, technikdesinteressierte wie -interessierte, Mädchen z.T. noch stärker als Jungen, unbefriedigte oder weitergehende Lerninteressen (ebd., S. 73 M).

Für den Unterricht in „neuen Techniken", d. h. die informationstechnische Bildung, gibt es ähnliche Kritikpunkte (vgl. FAUSER u. SCHREIBER 1986 u. 1988; SANDER 1988, S. 62; ALTERMANN-KÖSTER u. a. 1990). Und für dieses Gebiet können auch die sonstigen Ergebnisse der BMBW-Studie bestätigt werden, u. a. in unserem Forschungs- und Entwicklungsprojekt ›Mädchenbildung und neue Technologien‹ (vgl. FAULSTICH-WIELAND u. DICK 1988 u. 1989). Nahezu durchgängig äußerten die befragten Mädchen und Jungen der 7. Jahrgänge in zwei Frankfurter additiven Gesamtschulen Interesse daran, etwas über Computer zu erfahren. Für die Mädchen allerdings war die (vermutete) Notwendigkeit von Kenntnissen am und über Computer für den späteren Beruf das zentrale Motiv, sich mit den neuen Techniken auseinanderzusetzen. Den Jungen dagegen war es einfach „selbstverständlich", sich für Computer zu interessieren. Auch aus der Begleitforschung der nordrheinwestfälischen informationstechnischen Grundbildung ergaben sich bei Mädchen und Jungen andere Schwerpunkte des Lerninteresses. Nach dem Interesse an Bedienungskenntnissen und der Klärung der Funktionsweise des Computers wollten die Jungen vor allem wissen, wie Verbindungen und Netze zwischen Computern hergestellt werden. Dieses Gebiet stand bei Mädchen an letzter Stelle ihrer Interessen. Sie wollten gerne mehr darüber erfahren, was man mit Computern im Beruf alles machen kann (ALTERMANN-KÖSTER u. a. 1990, S. 140).

Die Mädchen in unserem Frankfurter Projekt schätzten die eigene Kompetenz als geringer ein, nicht nur glaubten sie, daß Jungen schon mehr über Computer wüßten, sie sahen bei sich selber vor allem Kenntnis- und Verständnislücken. Die Jungen dagegen „demonstrierten" Kompetenz – z. T. selbst dann, wenn tatsächlich keine vorhanden war. Die Meinung der Jungen von den Mädchen war keineswegs hoch: Sie sprachen den Mädchen zu großen Teilen Fähigkeiten, vor allem aber Interesse an dem Thema ab, reklamierten das Gebiet für sich. GERD PAUL geht sogar so weit, zu vermuten, „daß der Ausschluß von Mädchen eine der Konstitutionsbedingungen der 'Brüderhorde' der Computerfans ist" (in: Sander 1988, S. 102).

Bestätigt wurden in unseren Untersuchungen auch die geschlechtsspezifisch unterschiedlichen Einschätzungen der technischen Entwicklung. In einer standardisierten Befragung im 9. Jahrgang zeigte sich, daß Jungen signifikant häufiger der Meinung waren,

- daß der Computer uns das Leben erleichtern wird,
- daß der Computer unsere Freizeit bereichern wird,
- daß der Computer helfen wird, unser persönliches Wissen zu erweitern,
- daß unsere Wirtschaft nur mit dem Computer wettbewerbsfähig bleiben wird.

Wenn auch nicht signifikant, aber doch von der Tendenz her unterschiedlich zwischen den Geschlechtern waren auch folgende Einstellungen. Mädchen glaubten eher,

- daß mit dem Computer die zwischenmenschlichen Beziehungen verkümmern werden,
- daß der Computer unsere persönliche Freiheit verringern wird.

Jungen glauben eher,

- daß der Computer dazu beitragen wird, daß man uns besser überwachen kann,
- daß durch den Computer der Unterricht in der Schule interessanter wird,
- daß weniger Lehrer gebraucht würden, wenn Computer in der Schule richtig eingesetzt würden.

Während die Jungen also weit eher optimistisch auf eine Verbesserung der Lebensqualität durch Computer setzen und vor allem eine Bereicherung ihrer Freizeit sehen, ist die Einstellung der Mädchen ambivalenter.

In den verschiedenen referierten Untersuchungen zeigten sich durchgängige geschlechtsspezifische Unterschiede in den Interessen an und den Einstellungen zur Technik. Betrachtet man sich die Inhalte des „Technikunterrichts" in unseren Schulen, so muß man feststellen, daß sie primär an den Lerninteressen von Jungen orientiert sind. In der Primarstufe werden für die technische Bildung folgende Bereiche genannt: Produktionstechnik und -arbeit, Bautechnik und gebaute Umwelt, Maschinen- und Elektrotechnik (Wilkening in: Roth 1980). Zwar heißt es in den Richtlinien, daß Unterrichtsbeispiele dem Erfahrungsbereich der Kinder angemessen sein sollen. Konkrete Beispiele zeigen jedoch, daß die Entwerfer von Unterrichtseinheiten wohl eher die Jungen dabei im Blick haben, wie z. B. beim Vorschlag zum Bau eines Spielzeugautos. Auch die Inhalte der Unterrichtseinheiten in der informationstechnischen Grundbildung sprechen tendenziell eher die Interessen von Jungen als die von Mädchen an. Jungen können nach eigenen Angaben auch signifikant mehr Vorwissen und Vorkenntnisse in sie einbringen als Mädchen (ALTERMANN-KÖSTER u. a. 1990, S. 146ff.).

Im Unterricht schlägt sich die Jungenorientierung so nieder, daß Jungen auch mehr Aufmerksamkeit beanspruchen und erhalten, während Mädchen diszipliniert und kooperativ die vorgegebenen Arbeiten erledigen (ALTERMANN-KÖSTER u. a. 1990, S. 149). Die Atmosphäre wird von den Mädchen allerdings als negativ eingeschätzt, dies gilt sowohl für die Informatikschülerinnen (SANDER 1988, S.63; vgl. auch ROGGE 1987) wie auch für die Schülerinnen in unserem Projekt ›Mädchenbildung und neue Technologien‹. Dort vermuteten die Mädchen, daß ein geschlechtsgetrennter Unterricht ihnen ein ruhigeres, selbstbestimmteres Lernen ermöglichen würde – und sie erlebten ihn auch so.

Eine an den Jungen orientierte Ausrichtung der technischen Bildung verstärkt die sowieso vorhandene Wahrnehmung der Technik als männliche Domäne, die sich darüber hinaus durch die Einstellungen der Lehrpersonen und der Mitschüler gegenüber den Mädchen, also durch das soziale Klima des Unterrichts ergibt. Auch hier finden wir schon in der Primarstufe entsprechende Beispiele. So erzählt INGRID SOMMERKORN z. B. aus den Schulerfahrungen mit ihrer Tochter:

„Auf einem Elternabend berichtete die Fachlehrerin ganz begeistert von dem großen Engagement und der enthusiastischen Mitarbeit der Kinder dieser Klasse. Die Lehrerin hatte in ihrer Freude ob der Aktivitäten einer Schülergruppe gar nicht gemerkt, daß sie eine andere Sozialgruppe dabei ganz verloren hatte – nämlich die Mädchen – und daß sie im Grunde gar nicht das Verhalten der Klasse beschreiben konnte. Die Mädchen waren bei diesen technisch-orientierten Bastelprojekten zu ‘drop-outs’ geworden: sie hatten sich resigniert zurückgezogen, fanden den Technikunterricht ‘doof’, weil ‘Frau ... die Jungen, die sich doll meldeten, mehr dran genommen hat als uns Mädchen’. Der Teufelskreis begann: Die Lehrerin war von den interessierten Jungen angetan und ‘hat sie dann immer wieder dran genommen’. Die Mädchen empfanden, daß die Jungen vorgezogen wurden und verloren so ihr Interesse am Technikunterricht“ (1988, S. 17f.).

Auf einem Elternabend im Jahr 1988, als mein größerer Sohn Michael in die 4. Klasse ging, stellte die Lehrerin das kommende Lehrprogramm für den Sachkundeunterricht vor, zu dem Elektrotechnik gehörte. Ihr Kommentar war: Das wird die Jungen der Klasse sicher interessieren und ihnen Spaß machen. Was mit den Mädchen der Klasse sei, wurde gar nicht thematisiert.

CHRISTINE ROLOFF konnte in einem Projekt „Geschlechtsspezifische Umgangsformen mit dem Computer“ nachweisen, daß Interesse und Kreativität der Lernergebnisse vom „Geschlechterverhältnis im sozialen Kontext des Lernens“ abhängen:

> „Während Mädchen unter sich allein ebenso wie Jungen eine Struktur der Dominanz und Unterlegenheit über Kompetenz und Konkurrenz – neben allerdings auch einer größeren Kooperationsbereitschaft – entwickelten, ließen ihnen die Jungen für ein so breit gefächertes Verhalten wenig Raum. Sie setzten einen Expertenstatus durch, der die Mädchen tendenziell zu Zuschauerinnen und Zuarbeiterinnen machte“ (1990, S. 105).

Strategien zur Veränderung der beschriebenen geschlechtsspezifischen Unterschiede im Bereich des Technikunterrichts liegen nach ALLISON KELLEY in sechs Bereichen:

- Veränderung von Mädchen und Frauen
- Veränderung von Jungen
- Veränderung von LehrerInnen
- Veränderungen des Lehrplans
- Veränderung der Unternehmer
- Gesellschaftliche Veränderungen (in: JANSHEN u. RUDOLPH 1984, S. 107 ff.; vgl. auch die Maßnahmebeispiele in: BMBW 1987).

Während die beiden letzten Bereiche auf gesellschaftliche Aspekte der geschlechtsspezifischen Arbeitsteilung zielen – es geht dabei um die Bildung von Frauennetzwerken, die Durchsetzung der Quotierungsforderung und um die Schaffung von Kinderbetreuungsmöglichkeiten –, bieten die anderen Bereiche unmittelbar Handlungsmöglichkeiten in der Schule: Eine Veränderung von Mädchen und Frauen kann nach KELLEY bewirkt werden durch die Präsentation von Rollenmodellen, also z. B. durch Frauen, die erfolgreich in technischen Berufen tätig sind. Praktische Angebote, z. B. im Rahmen von Projekttagen, ermöglichen Mädchen den Abbau von Hemmungen. Reine Mädchenklassen könnten nach KELLEYS Vorstellungen ähnliches leisten. Videos, in denen demonstriert wird, wie Mädchen durch das Verhalten von Eltern, LehrerInnen und Mitschülern ermutigt werden, helfen, durch Sensibilisierung die Abwehrkräfte der Mädchen zu stärken.

Um Jungen zu verändern, sollte ihnen insbesondere ihr Dominanzverhalten deutlich gemacht werden. Allerdings warnt KELLEY vor Ad-hoc-Aktionen:

„Amerikanische Untersuchungen haben ergeben, daß kurzfristige oder schlecht vorbereitete Module die Vorurteile der Jungen sogar verstärken können. In England gab es ähnliche Probleme mit dem Projekt zur 'Entwicklung antisexistischer Informationen'. Jedes Programm für Jungen muß umfassend und sehr gut ausgearbeitet sein. Schließlich haben Männer gegenwärtig reale Privilegien, und die werden sie nicht einfach aufgeben" (in: JANSHEN u. RUDOLPH 1984, S. 109).

Lehrerinnen und Lehrer sollten sich ihre eigenen Geschlechtsrollenstereotype deutlich machen und Prioritäten auch auf Einstellungsänderungen legen. Sie können die Interaktionen im Klassenraum ebenso wie das Material, mit dem sie arbeiten, überprüfen.

Die Lehrpläne sollten so verändert werden, daß sie auf die Interessen der Mädchen eingehen und deren Selbstbewußtsein stärken. Dazu gehört auch, daß Inhalte nicht abstrakt, sondern in ihrer Brauchbarkeit dargestellt werden. In dem vom Pädagogischen Zentrum Rheinland-Pfalz herausgegebenen Materialienband „Mathematik, Naturwissenschaften und Technik – nichts für Mädchen" (PZ-INFORMATION 4/89) wird eine Fülle von Beispielen gegeben, wie im Lehrbereich Haushalt, in Physik, Chemie und Mathematik technische Fragestellungen, die an Erfahrungsbereichen und Interessen der Mädchen ansetzen, einbezogen und erörtert werden können. Für die informationstechnische Bildung plädiert DIETER SINHART-PALLIN aufgrund einer Untersuchung über persönlichkeitsbezogene Wirkungen der Computerbenutzung dafür, die geschlechtsspezifisch unterschiedlichen „Technikstile" – nämlich die „harte" Informatik-Interessiertheit der Jungen und die „Differenziertheit oder Mehrdimensionalität, in der Technik eine neben- oder nachgeordnete Rolle spielt", bei den Mädchen – „zum Stoff der Erkenntnis zu machen" (1990, S. 156). Zugleich plädiert er dafür, nicht eine Technikzentriertheit für pädagogisch wertvoll zu erachten, sondern die Perspektive der Technikbildung aus den Lebenszielen, die mit Technik erreicht werden sollen, zu gewinnen. Dies hieße – wie MARTIN WAGENSCHEIN schon für die Mathematik und Naturwissenschaft gefordert hat – auch in der Technikbildung sich im Unterricht vorrangig an den Interessen der Mädchen zu orientieren.

## 4.4 Textilunterricht

In den Anfängen der schulischen Bildung von Kindern war die allgemeine Schulpflicht noch nicht durchgesetzt und die Position der Lehrer auch wirtschaftlich eher eine prekäre. Normalerweise reichte ihr Auskommen, selbst wenn sie gleichzeitig als Küster tätig waren, nicht zum Leben aus. Die dadurch gegebene Notwendigkeit zum Nebenerwerb wurde von vielen Lehrern und ihren Frauen durch die Anfertigung von Textilien bestritten. Insofern, weil auch die Schulstuben häufig identisch mit den Wohnräumen der Lehrerfamilie waren, kann man davon ausgehen, daß die Kinder zumindest sehr viel mitbekommen haben über Textilarbeit, wenn sie nicht sogar in Produktionsprozesse einbezogen wurden (vgl. LADJ-TEICHMANN 1983).

Die im 17. und beginnenden 18. Jahrhundert entstehenden Industrieschulen beinhalten überwiegend Textilarbeiten, und zwar für beide Geschlechter. Die Ausbildung von praktischen Fertigkeiten in der Anfertigung oder Ausbesserung von Textilgegenständen diente dabei der Vorbereitung für Erwerbstätigkeit. Beide Geschlechter waren gleichermaßen mit Textilarbeiten beschäftigt. Allerdings gibt es Berichte darüber, daß wegen der großen Kinderzahl, die in den Klassen der Industrieschulen zusammengefaßt waren, z. T. die Frauen der beschäftigten Lehrer mit herangezogen wurden und diese Gruppenbildungen vornahmen, die oft bereits geschlechtsspezifisch waren (ebd., S. 75). Viele der Industrieschulen fungierten als Vorlage, d. h., in ihnen wurde Ware hergestellt, die von der Schule verlegt wurde. Im ersten Drittel des 19. Jahrhunderts wurden Jungen zunehmend aus diesen Industrieschulen ausgeschlossen, weil das Textilgewerbe zunehmend ein Bereich für Frauenarbeit wurde. Männer fanden in anderen Bereichen besser bezahlte Tätigkeiten.

Ebenso spielte allerdings eine Rolle, daß der Einfluß des Neuhumanismus mit seinen Vorstellungen von allgemeiner Bildung sich nicht mit dem Utilitarismus der Industrieschulen vertrug (LERCHE-RENN 1987, S. 26). Außerdem wurde das Verlagswesen im 19. Jahrhundert immer bedeutungsloser, weil durch die Produktion von Maschinen immer mehr Bereiche der Handarbeit verdrängt wurden. Für die Mädchen blieben die Industrieschulen entweder als Angliederung an Volksschulen oder als privat geführte Arbeitsschulen noch bis Mitte des 19. Jahrhunderts erhalten. Der Textilunterricht in diesen Schulen orientierte sich an der Lohnarbeit im textilen Bereich, bereitete die

Mädchen zur häuslichen Erwerbsarbeit, also zur Heimarbeit bzw. zur Arbeit in Manufakturen vor. Es zeichnete sich aber schon in der ersten Hälfte des 19. Jahrhunderts ab, daß eine Umorientierung der gewünschten Rolle von Frauen auch über Bildungsprozesse in Gang gesetzt wurde. 1830 taucht in Preußen als Begründung für Sinnhaftigkeit von Textilarbeit ein zusätzliches Element auf: „ Frauen seien zuständig für Herstellung und Erhaltung der textilen Gegenstände im Haushalt“ (Ladj-Teichmann 1983, S. 125).

Ebenfalls in den 30er Jahren des 19. Jahrhunderts taucht die Bezeichnung „weibliche Arbeit“ für die Handarbeit auf. Damit wird unterschlagen, daß bis dahin Männer gleichermaßen die verschiedensten Handarbeiten getan haben. Zunehmend wird dem Textilarbeiten der Mädchen jetzt die Orientierung auf ihre spätere Rolle als Hausfrau und Mutter zugeschrieben, wird es damit gleichermaßen als disziplinierendes Instrument eingesetzt. So begründete etwa 1860 die Königsberger Regierung einen Erlaß, nach dem Handarbeitsunterricht für Mädchen während zweier Schreib- oder zweier Rechenstunden in der gewöhnlichen Schulzeit durchzuführen sei, damit, daß dieser Unterricht den

> „oft gefährdeten Sinn für Ordnung, Sparsamkeit und Wohlanständigkeit zu wecken und zu fördern, namentlich in untersten und zahlreichsten, leider nicht selten in bettelhaftes Wesen versunkenen Volksschichten“ geeignet sei (Ladj-Teichmann 1983, S. 127).

1872 wurde der Handarbeitsunterricht an den Elementarschulen obligatorisch für Mädchen. Damit war auch der Prozeß seiner Bestimmung als Instrument zur Vorbereitung der Frauen auf die Hausarbeit weitgehend abgeschlossen. Ökonomisch war die Entwicklung der kapitalistischen Produktionsweise so weit fortgeschritten, daß Männern erstmals eine Art Familienlohn gezahlt werden konnte. Gleichzeitig war der durch Aufgabe der Erwerbstätigkeit von Frauen bedingte Einkommensverlust auszugleichen durch die fleißige Handarbeit der Frauen. Die ideologische Ausrichtung der Arbeitertöchter auf die Rolle als Hausfrau durch den Handarbeitsunterricht geschah durch die Übernahme der methodischen Elemente des Handarbeitsunterrichts aus den höheren Töchterschulen: Das Bezugsobjekt für die Handarbeiten war in jedem Fall der Haushalt. In einem 1889 erschienenen Buch ›Der Handarbeitsunterricht in der Volksschule‹ von Wilhelm Springer wird zwischen sogenannten Nutzarbeiten und

Putzarbeiten unterschieden. Nutzarbeiten meinten die Instandhaltung von Wäsche und Kleidung, die Ausbesserung und die Umarbeitung. Putzarbeiten dagegen dienten der Verschönerung von Kleidern und Wäsche. Derartige Tätigkeiten waren bisher vor allem in den höheren Töchterschulen vorherrschend gewesen. Sie sollten dort – wenngleich die Nutzarbeiten im Vordergrund stehen sollten – ebenfalls weiter gepflegt werden. Für die Elementarbildung wurden die Putzarbeiten jedoch explizit ausgeschlossen. So heißt es in dem Buch von Springer:

„Nach dem Willen der Schulbehörde soll der Handarbeitsunterricht der Volksschule sich ausschließlich auf die fürs Haus, insbesondere kleinbürgerliche Haus unerläßliche Arbeiten beschränken. Aus dieser Forderung ergibt sich dreierlei:

1. Die feinen Handarbeiten in jeder Form sind unbedingt auszuschließen (...)
2. Auch die Wäscheneuarbeiten müssen soweit eingeschränkt werden, daß die für einen ergiebigen Flick- und Stopfunterricht notwendige Zeit frei bleibt.
3. Die Ausbesserungsarbeiten, auf denen so recht eigentlich des Hauses Sparsamkeit und Ordnung beruhen, müssen recht in den Vordergrund gerückt und so nachhaltig betrieben werden, daß nicht nur der Mädchen Auge und Hand, sondern auch Sinn und Neigung für sie gewonnen werden" (Springer [2]1902, S. 7; zit. nach Ladj-Teichmann 1983, S. 145).

Der Ausschluß der sogenannten Putzarbeiten aus der Erziehung der Arbeitermädchen sollte vor allem verhindern, daß diese derart erworbene Fähigkeiten für eine Berufstätigkeit nutzen konnten.

In der Sozialisation der höheren Töchter hatte das Textilarbeiten vor allem eine disziplinierende Funktion. Mädchen mußten stundenlang stricken oder sticken. Sie sollten so daran gewöhnt werden, niemals untätig zu wirken.

„Wird berücksichtigt, daß höhere Töchter Jahre hindurch und auch als Strafmaßnahme stricken mußten, bevor sie dann wiederum jahrelang nähen und sticken durften, kann die Sozialisationsleistung dieser Arbeit kaum überschätzt werden. Angestrebtes Ergebnis dieser mühseligen, eintönigen Disziplinierung war vor allem der 'feste moralische Halt' und die Vorbereitung auf die zukünftigen Arbeiten in der Familie, wofür Frauen unbedingt entsagende Tugenden, Hingabe und die Bereitschaft zur Aufopferung benötigten" (Ladj-Teichmann 1983, S. 201 f.).

Die Mechanisierung, die beim Erlernen der Textiltechniken erreicht wurde, führte dazu, daß Mädchen und Frauen während der

Zeit, in der sie handarbeiteten, gleichzeitig auch anderes tun konnten – nämlich ihren Gedanken freien Lauf lassen. Die damit einhergehende „Gefahr“ wurde schon frühzeitig erkannt: Handarbeitsunterricht ging in den bürgerlichen Schichten für die Mädchen gleichzeitig mit Unterricht in französischer Konversation einher. LADJ-TEICHMANN sieht in der Möglichkeit, Handarbeiten mit anderen Aktivitäten zu kombinieren, auch einen letztlich erhaltengebliebenen Freiraum für Frauen:

> „Textile Handarbeiten und die zeitaufwendige Herstellung 'unnötiger Dinge' bilden einen Anachronismus in einer Epoche, in der sich kapitalistische Produktionsmethoden durchsetzten und jede Tätigkeit an der 'ökonomisch' eingesetzten Zeit gemessen wurde. Sie stehen einer kapitalistisch verwerteten Arbeitskraft direkt entgegen. Stricken, Sticken oder Häkeln könnte von Frauen allerdings z. T. auch deshalb so intensiv betrieben worden sein, um durch diese Tätigkeit eine Schutzmauer um sich aufzurichten, um etwas in den Händen zu halten, an dessen Nützlichkeit sie sich aufrichten konnten und das das Eindringen eines 'fremden' Einflusses abhalten sollte. Der These von der Internalisierung fremdbestimmter 'Fabrikdisziplin' durch Textilarbeiten stände dann entgegen, daß hinter dem Vorhang der nimmermüden Hände Reste verborgen und aufbewahrt geblieben sind, die der vollständigen Vereinnahmung der Frau durch die kapitalistische Gesellschaft Widerstand leisten“ (1983, S. 216f.).

Die Orientierung des Handarbeitsunterrichts am privaten Haushalt, an der späteren Tätigkeit der Mädchen als Hausfrauen, findet sich auch in den Lehrplänen zu Beginn der Bundesrepublik. Bildungspolitische Änderungen zeigten sich allerdings durchaus mit Einführung der Koedukation. Es wurde nötig, Begründungen dafür zu finden, warum auch Jungen Textil- und hauswirtschaftlichen Unterricht erhalten sollten. Die Zuordnung des Textilunterrichts ist in den einzelnen Ländern unterschiedlich, z. T. gibt es eine Kombination mit den neu eingerichteten Bereichen der Arbeitslehre, zu denen auch hauswirtschaftlicher Unterricht gehört. Eine von MARIE THIELE-WITTIG und INGE LITSCHKE durchgeführte Analyse der Lehrpläne des hauswirtschaftlichen Unterrichts im Verlauf der Jahre ergab eine Unterscheidung in vier verschiedene Phasen:

1955 – Eigenart der Geschlechter und lebenspraktischer Unterricht
1962 – Weitere inhaltliche Vorgaben; Mutter kocht, Mutter bügelt
1968 – Verspäteter und halbherziger Neubeginn: „Der Haushalt als sozioökonomische Einheit“

1973/80 – „Neutralisierung“ des Haushalts als Schritt zur Ablösung von vorwiegend weiblicher Zuständigkeit (1989, S. 161 f.).

THIELE-WITTIG u. LITSCHKE führen die Entwicklung von 1968 bis 1973 explizit auf den Einbezug der Jungen zurück:

„Die Revision der Richtlinien und Lehrpläne von 1973 beinhaltet bahnbrechende Neukonzeptionen insofern, als ein umfassendes zusammenhängendes Haushaltskonzept zum Tragen kommt und eine prinzipielle Abkehr von der vorrangigen Zuschreibung des Haushalts zur Frau erfolgt. Die 1968 eingeleitete Einbeziehung von Jungen in Themen und Fragestellungen dieses Unterrichts wird dabei auf der Identifikationsebene einen Schritt weiter geführt, da ihnen die Aufgaben im Haushalt prinzipiell in gleicher Weise offenstehen und nicht mehr einer Hausfrau zugeschrieben werden.

In bezug auf Haushalt und Hausarbeit läßt sich von einer Art Neutralisierung als Vorgehensweise sprechen. Die mit dem Instrument dieser ‘Neutralisierung’ des Haushalts vorgenommene Loslösung von der vorrangigen Zuordnung des Haushalts zur Frau läßt offen, wer welche Aufgaben übernimmt, und geht auf die mit einem solchen Wandel verbundenen Probleme, Konflikte, gegenläufigen oder verharrenden Tendenzen kaum ein. Die Frage, welche Personen welchen Geschlechts welche Aufgaben und Verantwortlichkeiten übernehmen, tritt in den Hintergrund. Demgegenüber werden der Haushalt selbst und die auf dieser Ebene vorliegenden Aufgaben und Leistungen in den Vordergrund gestellt, ebenso die Vielfalt und Bedeutung der Abstimmungsprozesse im Haushalt. Daraus folgt weitgehend, daß auch die Aufgabenübernahme entsprechenden Abstimmungsprozessen unterliegt“ (ebd., S. 199 f.).

Was hier als „Neutralisierung“ angesprochen wird, bei der die Aufgaben und nicht die Personen im Vordergrund stehen, findet sich in den Konzeptionen zum Textilunterricht ebenfalls. ALMUT SCHRÖDER begründet die „Hauptpositionen des Textilunterrichts“ so:

„Vielfältige didaktische Bemühungen haben seit Beginn der 70er Jahre zu einem neuen Selbstverständnis des Textilunterrichts geführt, der grundsätzlich koedukativ zu erteilen ist. Trotz konzeptioneller Unterschiede, besonders hinsichtlich der Akzentuierung, besteht unter den Fachvertretern mehrheitlich Konsens darüber, daß Kleidung und Wohnung Bezugsfelder des Textilunterrichts darstellen.

Textilien begegnen dem Menschen in der Kleidung und in der Wohnung vorrangig als Gebrauchsgüter, aber auch als Kunstgegenstände. Jeder wird in unterschiedlicher Weise mit Textilien konfrontiert, und zwar durch kommerziellen Erwerb, durch Gebrauch, gegebenenfalls durch Instandhaltung und Selbstanfertigung und durch Auseinandersetzung mit textilen Kunstobjekten“ (in: ROTH 1980, S. 500).

Die mit den Bildungsreformen und der Einführung der Koedukation verbundene explizite Befürwortung koedukativen Unterrichts auch im Textilbereich ging weitgehend ohne Reflexionen ihrer Bedeutung einher. Entsprechende Untersuchungen zum Textilunterricht liegen meines Wissens auch nicht vor. 1989 beschäftigte sich allerdings der Fachverband Textilunterricht e. V. der Bundesrepublik Deutschland auf seiner Bundesfachtagung in Loccum mit dem Koedukationsproblem. Die Tagung stand unter dem Titel „Textilunterricht – ein Beitrag zur allgemeinen und beruflichen Bildung für Mädchen und Jungen". Die dokumentierten Beiträge dieser Fachtagung zeigen, daß inzwischen eine heftige Diskussion in Gang gekommen ist, daß auch eine gewisse Sensibilisierung bei den Lehrkräften erreicht wurde, daß die Perspektiven aber noch relativ unklar sind. In einer Arbeitsgruppe „Koedukation – Chance oder Behinderung" wurde folgende Einschätzung der Entwicklung des Textilunterrichts getroffen (abgedruckt in: TEXTILARBEIT + UNTERRICHT 2/1990, S. 73):

Koedukation wurde in der didaktischen Diskussion als anzustrebende Unterrichtsform angesehen, allerdings konnte Jungen nicht zugemutet werden, Mädchenbildung zu erwerben, deshalb bot man viel argumentative Kraft auf, das Problem zu lösen, warum Textilunterricht auch Jungen angeht. Als Folge dieser Argumentation finden wir:

Die Fähigkeit und Leistungen von Mädchen und Frauen werden abgewertet – die Neutralisierung der Tätigkeiten macht sie unsichtbar (oder leugbar wie in dem Ausdruck, daß jeder „gegebenenfalls durch Instandhaltung" mit Textilien zu tun habe: *Jeder* hat das sicher nur gegebenenfalls, *jede* hat das sicher!). Natürlich hängt mit dieser Entwicklung auch die ambivalente Bedeutung, die Textilarbeit für Frauen hatte – nämlich Disziplinierungsinstrument zu sein –, zusammen, und natürlich sollen Jungen und Männer in Hausarbeit einbezogen werden. Dies darf aber wieder nicht auf Kosten von Frauen geschehen. Als Alternative für den Textilunterricht wurde deshalb folgender Anspruch formuliert:

Der Textilunterricht sollte u. a. dazu dienen, Jungen mit den Leistungen von Mädchen und Frauen bekannt zu machen – dabei erhalten sie natürlich die Gelegenheit, sich auch entsprechende Kompetenzen anzueignen, aber nicht auf Kosten einer Abwertung von Frauen!

In der gegenwärtigen Diskussion um die Koedukation geht es in erster Linie um die Möglichkeit einer zeitweisen Trennung der Geschlechter. Die Begründung dafür ist, daß Mädchen so eine Chance erhalten, sich „männliche" Bereiche anzueignen, weil im „autonomen Bereich" der Widerstand der Jungen wegfällt. Beim Textilunterricht ist das Problem jedoch anders gelagert: Hier haben wir es mit einem traditionellen Mädchenfach zu tun, in dem nun Mädchen und Jungen unterrichtet werden sollen. Es kann deshalb hier weniger um eine zeitweise oder dauernde Trennung der Geschlechter gehen als vielmehr darum, an zwei Aspekten den gemeinsamen Unterricht zu verändern:

Bei den Inhalten muß es weniger um eine Neutralisierung der Themen gehen als vielmehr um eine Sichtbarmachung von Frauenleistungen.

Beim Sozialverhalten geht es darum, sensibel zu werden für die Dominanz der Jungen und die stillen Leistungen der Mädchen und hier Veränderungen im Interesse beider Geschlechter zu erwirken.

## 4.5 Sportunterricht

Bereits in der griechischen Antike wurde die Bedeutung sportlicher Übungen und Notwendigkeit von Gymnastik von Platon herausgestellt. Die Ausbreitung des Christentums hat jedoch mit einer körperfeindlichen Einstellung Sport als allgemein auszuübende Tätigkeit verhindert. Erst während der Aufklärung wurde auch wieder die Sinnhaftigkeit körperlicher Tüchtigkeit betont. In den der Aufklärung verpflichteten Internaten wurde Gymnastik betrieben. Ende des 18. Jahrhunderts forderten die Ärzte aus gesundheitlichen Gründen auch Leibesübungen für das weibliche Geschlecht. In den Bildungsveranstaltungen war aber immer nur die männliche Jugend berücksichtigt. „Turnvater" Jahn, der als Begründer des modernen Sportunterrichts gilt, wandte sich ausschließlich an Knaben und Männer, denn die politische Bedeutung seines Turnens galt dem Erhalt von Männlichkeit und Wehrhaftigkeit und schloß Frauen aus (PFISTER 1983, S. 59).

An den höheren Schulen wurde in Preußen das Fach Leibesübungen für Jungen 1842 obligatorisch, an den Elementarschulen 1862. Ab Mitte des 19. Jahrhunderts gab es für Mädchen gegen Entgelt Turnkurse, die vor allen Dingen der Gesundheit und der Ästhetik dienen sollten. Etliche der privaten höheren Mädchenschulen boten ebenfalls solche Turnkurse an, bedingt auch durch die Konkurrenz der

Mädchenschulen untereinander. Mit der Einführung des Faches Leibesübungen an den Elementarschulen war keineswegs gewährleistet, daß auch Mädchen Sportunterricht erhielten. Zwar wurden an einigen Schulen, insbesondere im ländlichen Bereich, Übungen für Mädchen und Jungen gemeinsam durchgeführt, in der Regel jedoch fiel der Mädchenturnunterricht, der nicht obligatorisch war, häufig aus oder wurde durch Handarbeiten ersetzt (ebd., S. 69). Erst 1894 wurde an den höheren Mädchenschulen Sportunterricht eingeführt, an den Elementarschulen wurde er für Mädchen nicht vor dem Ersten Weltkrieg verbindlich.

Die in der zweiten Hälfte des 19. Jahrhunderts entwickelte Mädchengymnastik war explizit auf das vorherrschende Weiblichkeitsbild zugeschnitten, sie mußte die besondere Eigenschaft besitzen,

> „die ihr den Charakter als weibliche Gymnastik sicherte. Anmut, Sanftheit, Duldsamkeit, Sittsamkeit, Liebe und Frömmigkeit sind die Elemente, aus denen die Bildung des Mädchens und der Jungfrau vollendet wird. Das darf auch bei der Gymnastik nicht übersehen werden, vielmehr hat auch sie ... die physische und psychische Eigentümlichkeit des Geschlechts sorgfältig zu berücksichtigen, damit die beabsichtigte leibliche Ausbildung nicht auf Kosten der zarten Weiblichkeit in eine spartanische Härte oder athletische Künstelei ausartet ...“ (Kloss 1855; zit. nach Pfister 1983, S. 61).

Der Sport, den die Männer betrieben, beinhaltete Werte wie Aggressivität, Durchsetzungsvermögen, Kampfgeist, Härte u. a. (ebd., S. 62). Dies kommt z. B. in folgender Beschreibung der Sprungübungen als Jungenspiel deutlich zum Ausdruck:

> „Der ältere Knabe setzt muthig über einen Gartenzaun, einen nicht allzubreiten Bach oder auch über seine Kameraden (...) hinweg. Es tritt schon ein wenig der Reiz der Gefahr hinzu, auch eine leise Kampfstimmung taucht auf, als ob es sich um eine symbolische Unterwerfung handelte; darum haben wir es hier mit einem vorwiegend männlichen Spiel zu thun“ (Gross 1899, S. 106; zit. nach Nötzel 1988, S. 240).

In den 20er Jahren dieses Jahrhunderts waren die Weiblichkeitsvorstellungen ein ganzes Stück weit ins Wanken geraten. Dies zeigte sich auch in der Ausweitung der von Frauen betriebenen Sportarten und Übungsformen. Zunehmend wurden Sportlerinnen auch zu Wettkämpfen zugelassen. Von den Gegnern des Hochleistungssports für Frauen wurde aber weiterhin damit argumentiert, daß ein solches Tun unweiblich sei:

„So sehr ich den Lauf für die Frau empfehle, so wenig kann ich eine Frau im Endkampf eines 100-m-Laufes sehen: verzerrtes, hochrotes und schweißtriefendes Gesicht, das sind die äußeren Merkmale, und könnte solch eine Frau sich im Spiegel sehen, ich glaube, sie überlegte es sich sicher sehr, ob sie diese Übungen weiterbetreiben soll; denn das läßt sich nun einmal nicht fortleugnen, daß die Frau im Wettkampf ihre Weiblichkeit einbüßt, und damit das Schönste, was wir an ihr schätzen, verliert" (KÜHN 1926; zit. nach PFISTER 1983, S. 64).

Die Lehrpläne während der Weimarer Republik sahen getrennten Sportunterricht vor. Auch während des Faschismus wurde getrennter Unterricht – nicht nur im Sport – zur Norm. Sportunterricht für Jungen diente der Ausbildung von Wehr- und Kampffähigkeit (vgl. PFEIFFER 1978), sportliche Betätigung für Mädchen und Frauen sollte sich vor allen Dingen auf Spiel und Tanz konzentrieren. Da mit der Ausrichtung der Olympischen Spiele von den faschistischen Machthabern aber auch Leistungsnormen von Frauen erwünscht wurden, gab es eine gewisse Diskrepanz in den Anforderungen an Frauen.

In der Bundesrepublik wurde zunächst einmal die institutionelle Trennung der Geschlechter im Sport beibehalten. Auch die Richtlinien sahen durchaus unterschiedliche Ziele für den Sportunterricht vor (vgl. NÖTZEL 1987). So werden als Aufgaben des Mädchenturnens in den niedersächsischen Richtlinien von 1953/54 festgelegt:

„Der Eigenart der Mädchen entsprechend steht die Pflege des Rhythmischen im Vordergrund ... Die weibliche Jugend soll sich doch auch im Wettkampf messen ... Dabei darf das Gefühl für die Anmut gelöster Bewegungen nicht durch zu hohe Leistungsanforderungen überdeckt werden oder gar verloren gehen" (nach PFISTER 1983, S. 70).

In den 60er Jahren setzte sich der koedukative Sportunterricht in den Grundschulen weitgehend durch. Für die Sekundarstufe I blieb er bis in die 70er Jahre, wenn nicht bis heute, umstritten. Die Richtlinien erlaubten Koedukation, schrieben sie aber nicht vor. Für koedukativen Sportunterricht wurden als Argumente eingebracht:

- der Freizeitbereich ist in der Regel gemischtgeschlechtlich, deshalb kann der Sportunterricht eine Vorbereitung darauf sein, wenn er koedukativ stattfindet;
- Koedukation verbessert gerade im Sportunterricht das soziale Klima.

Als Gegenargumente wurden eingewandt:

- die Leistungsunterschiede zwischen den Geschlechtern sind zu groß, um gemeinsamen Unterricht durchzuführen;
- die geschlechtsspezifischen Interessen sind zu verschieden.

Die Koedukationdiskussion hatte für den Sportunterricht einen anderen Stellenwert als für die anderen Fächer: Ging man bezogen auf den allgemeinen Unterricht davon aus, daß Mädchen und Jungen „gleich" seien – machte man sich insofern die ja eindeutig vorhandenen Rollen- und Klischeevorstellungen nicht klar –, so waren im Sport Geschlechtsrollenvorstellungen explizit Gegenstand der Überlegungen. Gerade von Frauenseite aus wurde in den 70er Jahren für koedukativen Sportunterricht argumentiert, um die Festlegung der Geschlechter auf „starke, aggressive, leistungsfähige" Männer und „schwache, anmutige" Frauen zu überwinden. Androgynität galt als anzustrebendes Konzept, und die Koedukation schien der Weg dorthin zu sein. Es gab bezogen auf den Sportunterricht auch sehr viel mehr Untersuchungen, die sich direkt mit der Einschätzung der Koedukation befaßten.

Mitte der 70er Jahre wurde von Rudolf Engel u. a. im Grundschulbereich eine Untersuchung zu den sportlichen Einstellungen durchgeführt. Anstoß für diese Untersuchung war die Beobachtung, daß Grundschulkinder, wenn sie die Turnhalle betreten, sich meistens nach Jungen und Mädchen getrennt setzen und auch, wenn durch Übungen Aufstellen oder Gruppieren gefordert wird, geschlechtsspezifische Gruppen bilden. Durch mündliche Interviews wurden 142 Mädchen und 145 Jungen aus zehn Klassen an vier Wuppertaler Grundschulen, die eingeschult worden waren, befragt. Jungen kannten signifikant mehr Sportarten als Mädchen. Zwar überwog bei den Nennungen der Mädchen der Anteil typisch männlicher Sportarten, aber sie gaben typisch weibliche Sportarten bedeutend häufiger an als Jungen. Befragt danach, welche Sportart sie am liebsten selbst betreiben würden, wählten fast 70% der Jungen und nur 10% der Mädchen eine männliche Sportart, umgekehrt entschieden sich nur 8% der Jungen und 55% der Mädchen für eine weibliche Sportart (1985, S. 75). In einem anschließenden Verhaltenstest zeigte sich, daß Mädchen sich in größerem Maße an männlich orientierten Aktivitäten beteiligten als Jungen an weiblich orientierten, daß insgesamt jedoch beide Geschlechter Tätigkeiten bevorzugten, die dem eigenen Geschlechtsrollenbild entsprechen (ebd. S. 81).

Gertrud Pfister hat 1975 eine Befragung bei 14- bis 16jährigen Schülerinnen und Schülern in 55 Klassen aus Realschulen und Gymnasien verschiedener Bundesländer durchgeführt. Sie fand weder eine pauschale Ablehnung noch eine pauschale Befürwortung des Koedukationprinzips im Fach Sport. Ein Viertel der Schüler und ein knappes Fünftel der Schülerinnen (18,7%) sprachen sich dafür aus, von Anfang an Mädchen und Jungen gemeinsam in den gleichen Sportarten zu unterrichten. 16,8% der Schüler und 14,6% der Schülerinnen waren der Meinung, daß Mädchen und Jungen immer getrennt unterrichtet werden sollten (1983, S. 290). Als Gründe für ein gemeinsames Sporttreiben wurden angegeben:

- Abbau von Geschlechtsrollenklischees
- Hilfe zur Gleichberechtigung
- besseres Verständnis zwischen Jungen und Mädchen
- Spaß
- größeres Angebot an Sportarten
- Leistungsanreize
- bessere organisatorische Möglichkeiten.

Gründe gegen einen gemeinsamen Sportunterricht waren:

- unterschiedliches Leistungsniveau
- unterschiedliche Interessen
- Hemmungen
- gespanntes Verhältnis zwischen Jungen und Mädchen
- organisatorische Schwierigkeiten (Pfister 1983, S. 302 f.).

In einer ergänzenden Befragung von Schülerinnen und Schülern in 5. Jahrgangsklassen zeigte sich, daß Mädchen unter koedukativem Unterricht vor allem Jungensportunterricht verstanden, während Jungen mit koedukativem Sportunterricht vor allem Mädchensport assoziierten (ebd., S. 307 f.). Bei der Prüfung von Zusammenhängen zwischen einer positiven oder negativen Einstellung zur Koedukation und anderen Variablen ergaben sich folgende Gesichtspunkte: Eine positive Einstellung zur Koedukation war von Informationen über diese Unterrichtsform und von damit verbundenen Vorstellungen abhängig. Schülerinnen und Schüler ohne Erfahrungen mit koedukativem Sportunterricht assoziierten damit in der Regel die Inhalte und Methoden des jeweils für das andere Geschlecht typischen Sportunterrichts. Bei den Mädchen waren insofern die Variablen Leistungsstärke, Beliebtheit des Sports und Angst die entscheidenden Trennfaktoren zwischen Koedukationsbefürworterinnen und -gegnerinnen.

„Mädchen, die leistungsstark sind und keine Angst im Sportunterricht haben, sind in der Mehrzahl sportbegeistert. In dieser Gruppe treten doppelt so viele Schülerinnen für wie gegen koedukativen Sportunterricht ein. Bei den leistungsstarken Schülerinnen hat darüber hinaus die Einstellung zum Sportunterricht, bei den leistungsschwachen die Sicherheit bzw. Unsicherheit Einfluß auf die Haltung gegenüber der Koedukation im Sport" (ebd., S. 380).

Bei den Schülern spielte die Leistungsstärke keine Rolle, weil auch die leistungsschwachen Jungen in der Regel davon ausgingen, daß sie den Mädchen eher überlegen seien (vgl. Abb. 8).

Im koedukativen Sportunterricht kommt es tatsächlich häufig zu Konflikten, die sich an den unterschiedlichen Wünschen und Bedürfnissen der Schülerinnen und Schüler entzünden. Nach einer Beobachtungsstudie im Sportunterricht in 7. und 8. Klassen einer Berliner Hauptschule gab es in erster Linie Konflikte zwischen Jungen, gefolgt von Konflikten zwischen den Geschlechtern, die zum überwiegenden Teil durch Jungen ausgelöst wurden. Konflikte zwischen Mädchen waren vergleichsweise selten (vgl. Tab. 11). In mehr als der Hälfte der Konfliktfälle wehrten sich die Mädchen zwar, jedoch nur in 25,2% der Fälle erkennbar erfolgreich. In etwas weniger als einem Drittel der Konflikte zogen die Mädchen sich kampflos zurück. In nur 6,9% griffen die Lehrkräfte ein und in nur 5,3% fanden Mädchen und Jungen gemeinsam eine Lösung (PFISTER u. KLEIN 1985, S. 183).

Die Einstellung der Lehrkräfte zum koedukativen Sportunterricht bestimmt entscheidend, wie Sportunterricht erteilt wird. In empirischen Untersuchungen wurde in verschieden großen Befragungen diese Einstellung erfaßt. Dabei zeigte sich, daß mit zunehmender Klassenstufe der Wunsch nach Koedukation erheblich abnahm. Während in der Klassenstufe 1 bis 4 der Sportunterricht zu 100% koedukativ durchgeführt wurde, befürworteten ihn „nur" 91,3% der befragten Lehrkräfte. Für die Klassen 5 bis 6 gab es die geringste Diskrepanz: Hier erteilen 63,2% der Befragten den Sportunterricht koedukativ, und 62,5% befürworteten ihn auch. Die Diskrepanz ist in den Klassen 7 bis 10 am größten, 48,5% erteilten koedukativen Unterricht, aber nur 17,6% befürworteten ihn (SCHMIDT 1985, S. 125). WERNER SCHMIDT führte selbst eine Fragebogenerhebung bei 546 Lehrkräften (315 männlich, 231 weiblich) aus der Sekundarstufe I und II durch. Grundsätzlich befürwortete die überwiegende Mehrzahl dieser Befragten die Durchführung koedukativen Sportunterrichts (93%). Differenziert nach den Altersstufen zeigten sich aber erhebliche Diskre-

*Tab. 11: Konflikte im Sportunterricht*

| Konflikte wurden beobachtet zwischen | | Dabei lösten den Konflikt aus: | |
|---|---|---|---|
| Jungen – Jungen | 53,8% | Jungen | 61,4% |
| Mädchen – Mädchen | 5,1% | Mädchen | 9,8% |
| Jungen – Mädchen | 41,1% | keine Aussage möglich | 28,8% |

| Wie reagierten die Mädchen in Konfliktsituationen mit Jungen? | |
|---|---|
| Mädchen wehren sich nicht | |
| ziehen sich zurück | 29,0% |
| rufen den Lehrer um Hilfe | |
| Mädchen wehren sich ohne Erfolg | 11,5% |
| mit Erfolg | 25,2% |
| nicht einschätzbar | 22,1% |
| Mädchen und Jungen finden gemeinsam eine Lösung | 5,3% |
| Lehrer/Lehrerin greift ein | 6,9% |

Quelle: PFISTER u. KLEIN 1985, S. 183.

panzen. Auch hier waren es wiederum die Klassen sieben bis zehn, bei denen weit weniger Lehrkräfte den Sportunterricht koedukativ erteilen möchten, als sie dies tatsächlich tun.

„Es unterrichten nur 52% der Befragten in den Klassen sieben bis zehn koedukativ. Der Wunsch nach gemeinsamem Unterricht fällt mit 34% noch geringer aus" (ebd., S. 130).

Ältere Lehrer und Lehrerinnen, d.h. diejenigen über 40 Jahre, lehnten koedukativen Sportunterricht stärker ab als jüngere. Die Skepsis gegenüber koedukativem Sportunterricht hing auch damit zusammen, daß die Mehrzahl der Befragten betont, „daß Koedukation einen wesentlich höheren persönlichen Einsatz erfordere" (ebd., S. 132).

Neuere Untersuchungen zeigen, daß die Bereitschaft und Aufgeschlossenheit für das koedukative Prinzip bei den Sportlehrkräften gestiegen ist, daß die Lehrpersonen dafür aber in der Regel ungenügend ausgebildet sind. Die Konsequenz daraus ist, daß der Sportunterricht jungenbezogen verläuft.

„Mädchen erhalten im Unterschied zu Jungen, die eher leistungsbezogen und zielgerichtet gelobt werden, eine nur allgemeine, undifferenzierte Belobi-

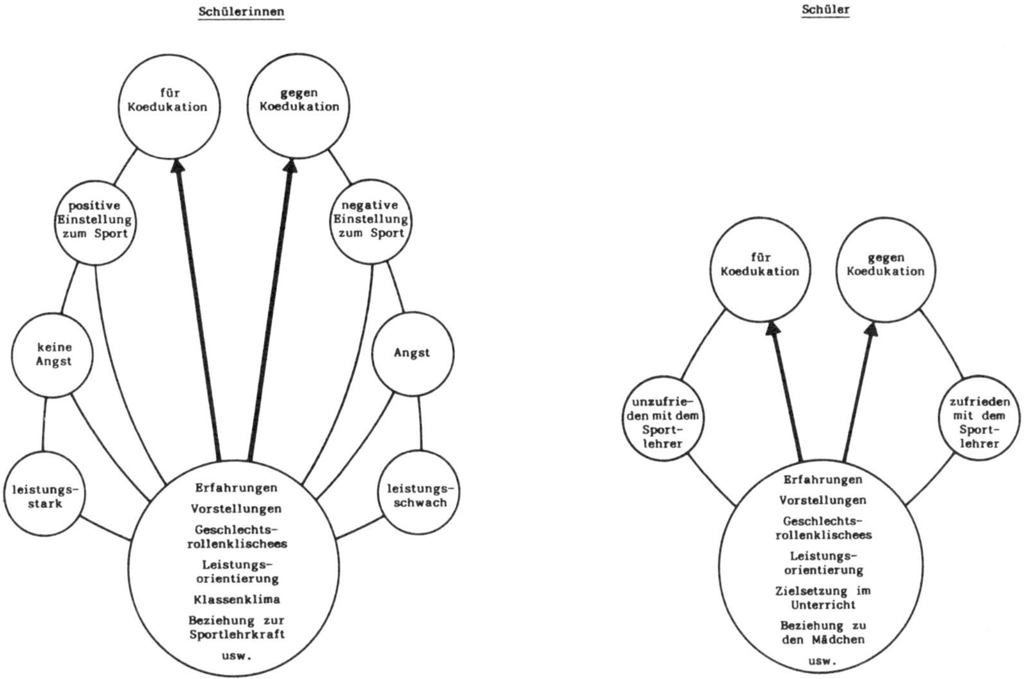


*Abb. 8: Variablen für die Einstellung zur Koedukation im Sportunterricht.*

Quelle: PFISTER 1983, S. 391.

gung für korrekte Ausführungen" (ENDEMANN 1986; zit. nach KRÖNER 1989, S. 115).

Soweit es Lehr-Lern-Material für den Sportunterricht gibt, zeigt dieses ähnliche Tendenzen wie die Schulbücher anderer Fächer: Jungen wird mehr Platz und Aufmerksamkeit eingeräumt.

„Bilder/Abbildungen zeigen wesentlich häufiger Jungen, sie werden auch als die besseren Sportler präsentiert. Auch die Texte beziehen sich inhaltlich und sprachlich im wesentlichen auf eine männliche Leserschaft" (GEIER 1986; zit. ebd., S. 116).

Die offensichtlich häufige Orientierung des Sportunterrichts an den Jungen führt auch in neueren Untersuchungen zu einer ambivalenten Einstellung zum koedukativen Sportunterricht bei den Schülerinnen und Schülern. So zeigt eine Untersuchung aus dem Berufsschulbereich in der bisherigen DDR, daß die Schülerinnen ebenso wie die Schüler Nachteile beim koedukativen Sportunterricht empfinden:

„Zum einen stören sie (die Schülerinnen) die albernen, oft ordinären Bemerkungen der männlichen Lehrlinge, dadurch fühlen sich die Mädchen gehemmt und haben Angst vor einer Blamage ... Zum anderen kritisieren sie das unkameradschaftliche Verhalten einiger männlicher Lehrlinge beim gemeinsamen Sporttreiben, besonders bei Sportspielen ...
Die männlichen Lehrlinge sehen Nachteile des koedukativen Sportunterrichts vor allem in der ihrer Meinung nach unterschiedlichen Leistungsbereitschaft, dem sportlichen Können und den Interessen der Mädchen am Sport ... Charakterisieren sie die Mädchen als albern, lustlos, träge und desinteressiert" (BERGHAUSEN 1990, S. 14f.).

In den letzten Jahren gab es Veränderungen in der Diskussion um die Koedukation im Sportunterricht. Gerade Frauen, die noch vor zehn Jahren vehement für koedukativen Sportunterricht eintraten, die Emanzipationsprozesse der Frauen durch die Koedukation unterstützt sahen, plädieren nunmehr gegen das Koedukationsprinzip. HEIDI SCHEFFEL und WILTRUD THIES beschreiben, welche Schwierigkeiten sie haben, einen von ihnen angestrebten parteilichen Unterricht für die Mädchen im koedukativen Alltag umzusetzen. Exemplarisch soll hier eines dieser Beispiele aus dem Unterrichtsalltag einer Gruppe des sechsten Jahrgangs wiedergegeben werden.

„Im Rahmen eines Turnkurses ist Akrobatik Thema des Unterrichts. Im Versammlungskreis am Ende der ersten thematisch so belegten Stunde ist das Gebrüll einiger Jungen groß: 'So ein Scheiß! – Macht keinen Spaß! – Ist langweilig!'

Die abwertende Haltung dieser Jungen dominiert die Situation, dann erinnere ich mich der anderen Hälfte der Gruppe und frage gezielt die Mädchen: 'Wie ist das mit Euch?' Die Mädchen schweigen zunächst. Ich frage noch einmal: 'Macht's Euch auch keinen Spaß?' Jetzt kommt die Antwort klar und deutlich: 'Doch sehr sogar – Ja, doch – Mhm.' Die Jungen setzen in der Zwischenzeit ihre Abneigungsäußerungen ununterbrochen fort.

Um den Mädchen trotz der Interventionsversuche der Jungen den Inhalt Akrobatik weiter zu ermöglichen, differenziere ich in der nächsten Stunde nach Neigungen. Ich biete Akrobatik an, und wer hierzu keine Lust hat, kann an Tauen, am Trapez und an den Ringen turnen – ohne mich. Die Neigungsdifferenzierung erweist sich, wie vermutet, als Geschlechtsdifferenzierung: Die Mädchen machen begeistert mit mir Akrobatik; die Jungen turnen für sich. Weil sie es aber nicht durchhalten, die Aufmerksamkeit der Lehrerin nicht zu besitzen, sondern diese 'nur' den Mädchen zugewandt erleben, erzwingen sie auf andere Art meine Zuwendung: 'Heidi komm schnell, der ... ist vom Kasten geflogen! – Heidi komm mal, die Taue klemmen – Heidi ... haben Streit, die schlagen sich die Köpfe ein!'

Kurzresümée: Der Lehrerin war es nicht möglich, sich in Ruhe auf das Thema und die Mädchen einzulassen. Die Jungen wußten sich ihren Raum und die Zuwendung der Lehrerin zu nehmen. Die Mädchen – begeistert vom und aktiv im eigentlichen Inhalt der Bewegungsstunde – mußten zugunsten der Jungen, die sich neben dem gesetzten Unterrichtsinhalt beschäftigten, die Aufmerksamkeit der Lehrerin abtreten" (1989, S. 75f.).

Die gerade von diesen Frauen in Anspruch genommene Parteilichkeit für die Mädchen wird offensichtlich von den Jungen als Angriff, als gleichzeitige Parteinahme gegen sich empfunden. Insofern scheint eine solche Position in einem koedukativen Sportunterricht auch kaum durchsetzbar zu sein. DIETER BRODTMANN und KLAUDIA KUGELMANN plädieren in ihrem Beitrag „Mädchen und Jungen im Schulsport" für eine Abkehr von geschlechtsbezogenen Sportkulturen und den Aufbau einer gemeinsamen Kultur. Nur dies könne sinnvolles Ziel eines koedukativen Unterrichts sein. Als Wesensmerkmale einer männlichen Sportwelt bezeichnen sie das unbedingte Streben nach Erfolg in der Konkurrenz.

„Ihrem ganzen Anspruch nach ist diese Sportwelt eine streng geregelte, ernste und ernstzunehmende Welt, in der Wettkampf und Training rational geplant und durchgeführt werden" (1984, S. 11).

Kennzeichen einer weiblichen Sport- und Bewegungswelt sind dagegen „das Vorherrschen von Einstellungen und Verhaltensweisen wie

- Freude am Miteinander, am Gelingen einer Bewegung oder eines Spiels als vorrangiges Ziel anstelle des Strebens nach Erfolg in der Konkurrenz oder maximalen sportlichen Leistungen;
- größere Sensibilität für Körpersignale (Verminderung der Anstrengung, bevor Muskeln und Gelenke schmerzen, Körper und Wille verhärten);
- Zulassen von Gefühlsäußerungen bis zum Lachenkönnen über sich selbst;
- Wahl der Sportpartner nach Sympathie statt nach Leistungskriterien;
- Mitfühlen mit und Einbeziehen von Schwächeren, Benachteiligten, Ungeschickten;
- Handeln nach subjektiv-emotionalen statt nach logisch-rationalen Kriterien;
- Entwickeln von Phantasie und Kreativität;
- Verspieltheit statt Ernsthaftigkeit;
- Einfügen der Sportwelt in den Lebenszusammenhang“ (ebd.).

Koedukativer Sportunterricht bedeutet für BRODTMANN und KUGELMANN, daß beide Geschlechter einen Schritt in eine andere Kultur tun müssen. Dieser Schritt ist für Jungen sehr viel schwerer als für Mädchen, weil Jungen in unserer Gesellschaft mit dem Erwerb ihrer Geschlechtsidentität lernen, die eigene Geschlechtsrollenkultur als der weiblichen Kultur überlegen zu betrachten. In der Entwicklung einer gemeinsamen Sportkultur müßte es deshalb darum gehen, Züge eines männlichen Sports durch solche einer weiblichen Sportkultur zu modifizieren. Das hieße, daß

- „Freude und Lust an der Erfahrung des Körpers und an der Bewegung in ihrer Bedeutung für befriedigendes Sporttreiben ebenso anerkannt werden wie körperliche Leistung;
- Wettkampf und Erfolg als Anreiz zum Sporttreiben ebenso anerkannt werden wie Freude am Miteinander und am Gelingen;
- Partner nach Sympathie, nicht nach Leistung und sozialem Status ausgewählt werden;
- Kraft ohne Aggressivität und körperliche Gewalt eingesetzt wird und Auseinandersetzung mit friedlichen Mitteln erfolgt;
- Sport und Spiel im Grunde eher spielerisch als ernsthaft aufgefaßt werden, da man scheinbar Festes leichtherzig ändern kann;
- Bewegungsvielfalt und Bedeutungsvielfalt das sportliche Geschehen bestimmen;
- Lebenswelt und Bewegungswelt stärker als bisher in Zusammenhang gebracht werden“ (ebd. S. 13).

Brodtmann und Kugelmann nennen fünf Prinzipien als Überlegungen zur Unterrichtsgestaltung, die zum gemeinsamen Sporttreiben befähigen würden.

*Prinzip 1:* Allmähliches Gewöhnen an gemeinsames Handeln

Dieses Prinzip bedeutet, daß z. B. stark geschlechtstypisch vorbelastete Inhalte zunächst ausgeklammert bleiben, daß die Bildung geschlechtsheterogener Gruppen nicht erzwungen wird. Durch innere Differenzierungen muß sowohl das Bedürfnis nach geschlechtshomogenen Gruppierungen erfüllt werden wie andererseits Situationen arrangiert werden sollen, die z. B. als kooperativ zu lösende Bewegungsaufgaben oder gesellige Spielformen ein Miteinander von Mädchen und Jungen befriedigend ermöglichen.

*Prinzip 2:* Vielfalt der sportlichen Sinnorientierungen nutzen

Die im Sportunterricht häufig vorherrschende Dominanz der Orientierung auf Leistungssteigerung, Konkurrenz und Überbietung sollte ergänzt werden durch andere Sinnesorientierungen wie gesellige Kommunikation, Spiel, Risiko, Abenteuer u. ä. Brodtmann und Kugelmann schlagen Landheimaufenthalte als besonders geeignete Gelegenheiten vor, um dem gemeinsamen Sporttreiben von Mädchen und Jungen sinnvolle Anfänge zu geben.

*Prinzip 3:* Betonung des Körpererlebens

Die Sensibilisierung von Mädchen und Jungen für die mit jeweiligen sportlichen Betätigungen verbundenen, sehr unterschiedlichen Körpererfahrungen sind sehr wichtig.

„Es wird seltener Probleme im Miteinander von Mädchen und Jungen im Sport geben, wenn im Sportunterricht statt des Erfolges in der Konkurrenz vor allem das Erleben des Könnens, d. h. des Erlebens der Beherrschung des eigenen Körpers in der Bewegung, angestrebt wird" (ebd., S. 15).

*Prinzip 4:* Modellhaftes Lehrerverhalten

Lehrpersonen sollten gerade auch fürsorgliches Eingehen auf Jungen praktizieren, also etwa Traurigkeit, Schmerz, Erschöpfung oder Enttäuschung bei Jungen ebenso akzeptieren wie bei Mädchen.

*Prinzip 5:* Probleme und Lösungen begreifen lernen

Die Bearbeitung der Geschlechterfrage sollte nicht am Anfang stehen, eine kognitive Auseinandersetzung mit dem Problem gemeinsamen Sporttreibens sollte dann erfolgen, wenn entsprechende Erfahrungen gemacht sind, die aufgegriffen und bearbeitet werden können.

Gerade dieser letzte Punkt scheint sehr wichtig zu sein, betrachtet man die im Buch von Kröner und Pfister aus den Anfängen der 80er

Jahre berichteten Erfahrungen zur Sensibilisierung von Mädchen und Jungen für gemeinsamen Sportunterricht: Dort werden Beispiele berichtet, in denen im Unterricht mit gemeinsamem Fußball bzw. gemeinsamem Tanzen begonnen wurde. Beide Unterrichtsformen ergaben jedoch erhebliche Probleme in der konkreten Durchführung, während sie sich als sehr wohl geeignet erwiesen, über die unterschiedlichen Sportinteressen und Geschlechterrollen zu reden.

Das Wichtigste zur Erfüllung der von Brodtmann und Kugelmann aufgestellten fünf Prinzipien, und damit zur Ermöglichung eines koedukativen Sportunterrichts, der Mädchen wie Jungen nützt, ist allerdings eine entsprechende Ausbildung der Lehrkräfte:

> „Erst eine gründliche Ausbildung in der Koedukationsfrage und Aufklärung über sexistische Interaktionsstrukturen kann Sportlehrerinnen und Sportlehrer in die Lage versetzen, im Interesse der Identitätsfindung und -stärkung von Mädchen ihre Entscheidung für die eine oder andere Unterrichtsform zu fällen oder beides miteinander zu verbinden zum Wohl der Heranwachsenden und deren Chancen zu Wahlfreiheit und Mündigkeit“ (Kröner in: Pfister 1989, S. 117).

## 4.6 Unterricht in Deutsch und Fremdsprachen

Die sprachlichen Fächer, insbesondere die Fremdsprachen, gelten als Domäne der Mädchen. In den wahlbezogenen Kursen finden wir hier eine Mehrheit von jungen Frauen. Historisch gesehen hatten die Fremdsprachen, besonders Französisch, in der Mädchenbildung einen hohen Stellenwert. Schaut man sich allerdings die Darstellungen der Unterrichtsfächer Deutsch, Englisch und Französisch im „Handlexikon zur Didaktik der Schulfächer“ (Roth 1980) an, so erfährt man dort zwar kurz einiges über deren Einführung in die Schule, jedoch keinerlei Hinweise auf geschlechtsspezifische Entwicklungen.

So wurde Deutsch schon vor dem 17. Jahrhundert in privaten Schreibschulen gelehrt. Luther propagierte den Unterricht in Deutsch, vor allem um den Katechismus zu verbreiten. Im 17. Jahrhundert galt der Wert der deutschen Sprache selber auch als Unterrichtsmotiv. Seit Beginn des 19. Jahrhunderts diente der Deutschunterricht einerseits als Denkschulung, andererseits als Nationalerziehung. Insbesondere in bezug auf die Nationalerziehung ist zu vermuten, daß sie geschlechtsspezifisch unterschiedlich ausgerichtet war. Hierüber schweigt sich der Beitrag jedoch aus.

Der Englischunterricht geht ebenfalls in seinen Anfängen auf das 17. Jahrhundert zurück, wenngleich zu der Zeit Französisch eindeutig vorherrschend gewesen ist. In Preußen wurde 1859 Englisch zum Pflichtfach an den Real- und höheren Bürgerschulen. Eine Vormachtstellung erreichte das Fach aber erst im 20. Jahrhundert. 1964 vereinbarten die Kultusminister der Länder, daß Englisch für alle Pflicht werden solle.

Französisch wurde bereits seit dem Mittelalter in Deutschland gelehrt. Es war eine wichtige Handels- und Kultursprache. Insbesondere vom Bürgertum aus erfolgte eine Orientierung an dem französischen höfischen Verhalten. Bis Ende des 18. Jahrhunderts galt die praktische Beherrschung der Sprache in Wort und Schrift als Ziel eines Französischunterrichts.

Im 19. Jahrhundert erfolgte dann zwischen den humanistischen und den realistischen Schulen ein Streit um den Wert der Sprachen. Dabei ging es in erster Linie um die Gegenübersetzung zwischen den alten Sprachen Latein und Griechisch und den neuen Sprachen. Für die Mädchenschulen wurde der Streit offensichtlich zugunsten der neuen Sprachen entschieden, denn ein großer Teil der Mädchenschulen war neusprachlich orientiert. Noch im 19. Jahrhundert wurde der Aufbau des Französischunterrichts als die Behandlung von Grammatik mit anschließender Lektüre festgeschrieben. Dagegen gab es allerdings Positionen, die der gesprochenen Sprache höheren Wert beimessen wollten. Ab 1910 umfaßte der Fremdsprachenunterricht auch Kulturkunde. Während des Faschismus wurde die Bedeutung des Französischunterrichts weitgehend zurückgenommen. Französisch galt als Sprache der Feinde. In der Bundesrepublik wurde nach dem Zweiten Weltkrieg – mit Ausnahme des Saarlandes – überall Englisch als erste Sprache vor Französisch eingeführt.

In den Diskussionen um die Wirkungen der Koedukation auf die Entwicklung von Interessen glaubt man, daß neben der Geschlechterpolarisierung in den naturwissenschaftlichen Fächern auch eine entsprechende – in diesem Fall natürlich umgekehrte – Polarisierung in den sprachlichen Fächern bewirkt wird. Das heißt, man vermutet, daß in koedukativen Kontexten mehr Mädchen und weniger Jungen als in jeweiligen geschlechtshomogenen Kontexten sprachliche Fächer wählen. Ingbert von Martial hat die Leistungskurswahlen der

*Tab. 12: Leistungskurswahl im Fach Deutsch*

| Schuljahr | Mädchen an Mädchen-schulen (in %) | Mädchen an koedukativen Schulen (in %) | Jungen an Jungen-schulen (in %) | Jungen an koedukativen Schulen (in %) |
|---|---|---|---|---|
| 1983/84 | 45,0 | 47,4 | 49,1 | 31,8 |
| 1984/85 | 42,7 | 47,7 | (41,7) | 32,9 |
| 1985/86 | 39,5 | 49,1 | (44,5) | 30,0 |

Zusammengestellt aus: v. MARTIAL 1989, S. 56–61.

*Tab. 13: Leistungskurswahl im Fach Englisch*

| Schuljahr | Mädchen an Mädchen-schulen (in %) | Mädchen an koedukativen Schulen (in %) | Jungen an Jungen-schulen (in %) | Jungen an koedukativen Schulen (in %) |
|---|---|---|---|---|
| 1983/84 | 41,0 | 48,3 | (37,0) | 36,1 |
| 1984/85 | 48,5 | 49,1 | 46,8 | 37,7 |
| 1985/86 | 42,9 | 51,5 | (41,5) | 41,3 |

Zusammengestellt aus: v. MARTIAL 1989, S. 56–61.

11. Jahrgänge rheinland-pfälzischer Gymnasien für die Schuljahre 1983 bis 1986 zusammengestellt. Es handelt sich dabei um Daten aus 127 koedukativen Schulen – davon 12 in privater Trägerschaft –, 8 privaten Mädchengymnasien und 2 privaten Jungengymnasien. Im folgenden sind die Leistungskurswahlen für die Sprachfächer zusammengestellt (vgl. Tab. 12 bis 15).

Im Leistungsfach Deutsch wird die Vermutung der Polarisierung durch die Daten gestützt: Vor allem Jungen an koedukativen Schulen wählen zu geringeren Prozentsätzen als Jungen an Jungenschulen Deutsch als Leistungsfach. Bei den Mädchen gehen die Differenzen in die gleiche Richtung, sind aber weniger ausgeprägt. Für die Fremdsprachen gilt die Polarisierung ebenfalls, wenngleich die Unterschiede zum Teil sehr gering werden.

Die geschlechterbezogene Problematik macht sich in den sprachlichen Fächern insbesondere an sexistischen Tendenzen der Inhalte

*Tab. 14: Leistungskurswahl im Fach Französisch*

| Schuljahr | Mädchen an Mädchen-schulen (in %) | Mädchen an koedukativen Schulen (in %) | Jungen an Jungen-schulen (in %) | Jungen an koedukativen Schulen (in %) |
|---|---|---|---|---|
| 1983/84 | 24,3 | 27,1 | (10,2) | 9,9 |
| 1984/85 | 23,7 | 25,8 | (10,6) | 9,2 |
| 1985/86 | 24,4 | 26,2 | (10,5) | 9,5 |

Zusammengestellt aus: v. MARTIAL 1989, S. 56–61.

*Tab. 15: Leistungskurswahl im Fach Latein*

| Schuljahr | Mädchen an Mädchen-schulen (in %) | Mädchen an koedukativen Schulen (in %) | Jungen an Jungen-schulen (in %) | Jungen an koedukativen Schulen (in %) |
|---|---|---|---|---|
| 1983/84 | (4,7) | 6,4 | (14,8) | 7,3 |
| 1984/85 | (3,8) | 6,1 | ( 8,3) | 6,3 |
| 1985/86 | (9,4) | 5,5 | (13,5) | 6,6 |

Zusammengestellt aus: v. MARTIAL 1989, S. 56–61.

fest. Ebenso wie die Schulbücher im Deutschunterricht weisen auch die fremdsprachigen Lehrwerke eindeutige Geschlechtsrollenklischees auf, nach denen Mädchen die Inaktiven sind bzw. in denen Mädchen eine untergeordnete Rolle spielen (u.a. ZUMBÜHL 1982; SCHMELING 1985; vgl. die Bibliographie bei DICK 1986).

Eine Analyse der Hessischen Rahmenrichtlinien Neue Sprachen, die wegen ihrer kritisch-emanzipatorischen Tendenzen heftig diskutiert wurden, ergab, daß der sprachliche Sexismus sich in ihnen unbemerkt weiterhin durchsetzt. Den Rahmenrichtlinien beigefügt sind Listen mit englischen und französischen Sprachmitteln im Anhang. Deren Analyse ergibt, daß auf männliche Personen weit häufiger Bezug genommen wird als auf weibliche: „Mädchen sind sprachlich eine quantité négligeable“ (MANS 1983, S. 90). In den Versprachlichungen treten weit mehr Jungen und Männer auf: In dem Anhang für die französischen Richtlinien sind es 34 Nennungen von Männern, aber nur zwei von Frauen, in den englischen sind es 15 Männer und eine Frau. Ein ebensolch krasses Mißverhältnis findet sich in der Bezugnahme auf die Geschlechter, die als Gegenstand oder Adressaten gewählt wurden. Nicht nur sind die Männer vor allem die Sprechenden wie die Angesprochenen, auch zeigt sich in den Sätzen, in denen Frauen Angesprochene sind, daß die Muster der Sprechintentionen, die gewählt werden, im wesentlichen dem Stereotyp männlicher Kommunikation mit und über Frauen entsprechen. MANS faßt seine Untersuchung der Hessischen Richtlinien folgendermaßen zusammen:

„Im Unterschied und Gegensatz zu den expliziten Ausführungen zu Lernziel und Inhalten haben die Rahmenrichtlinien implizit ein sexistisches Bild der Geschlechter; Frauen und Männer werden ungleich und mit geschlechtsspezifischen Beschränkungen dargestellt, besonders Frauen unterdrückt und diskriminiert; und bei der Ausstattung mit kommunikativer Kompetenz wird einseitig an Jungen/Männer gedacht" (ebd., S. 93).

Wenngleich eine Vielzahl von Analysen des Lehrmaterials auf die impliziten Geschlechterrollenvorstellungen vorliegt, ist ein Bewußtsein für die damit transportierten Diskriminierungen kaum vorhanden. Eher ist es so, daß Lehrerinnen und Lehrer Bilder von geschlechtsspezifischem Verhalten im Kopf haben, ohne daß ihnen diese explizit klar sind (vgl. GDANIEC 1982). Untersuchungen gibt es allerdings wenige dazu.

RUTH WODAK hat eine Studie über die geschlechtsspezifischen Unterschiede in der Aufsatzgestaltung vorgelegt. Sie hat 500 Aufsätze 11- bis 14jähriger Kinder zum Thema „Meine Mutter und ich" hinsichtlich der Wahl des Texttyps, der Argumentation, der Partikelverwendung und der Themenwahl analysiert. Die Wahl des Texttypes ergab eindeutige geschlechtsspezifische Unterschiede. Die Jungen wählten in der Mehrzahl die Form von Tagesschilderungen, die Mädchen schrieben fast alle einen auf Reflexion bedachten Besinnungsaufsatz:

„Die Buben begnügten sich mit einer sachlichen, chronologischen Schilderung des Alltags und der Mutterfigur, die Mädchen hingegen setzten sich mit Problemen und Beziehungen auseinander" (1985, S. 34).

Die Analyse der Argumentationsmuster erbrachte zunächst einmal Ergebnisse, die dem gängigen Vorurteil, Jungen seien logisch, Mädchen irrational, entsprachen. WODAK analysierte allerdings differenzierter, sie zeigte auf, daß der Argumentationstyp nicht unabhängig vom Texttyp zu sehen ist:

> „Ein Besinnungsaufsatz bedingt eher Brüche und Widersprüche als eine Beschreibung, Schilderung oder Erzählung" (ebd., S. 35).

Die Abhängigkeit vom Texttyp gilt auch für die Verwendung von Partikeln:

> „Je involvierender das Thema und je häufiger ein Besinnungsaufsatz daraus resultiert, desto eher werden Partikeln gebraucht" (ebd., S. 36).

Damit konnte WODAK das vordergründig bestätigte Vorurteil, Männer würden Meinungen und Tatsachen explizit und uneingeschränkt in den Raum stellen, Frauen seien ängstlich, unsicher und trauten sich nicht, ihre Meinung in derselben Weise zu äußern, widerlegen.

Auch die Themenwahl unterschied sich geschlechtsspezifisch, wenn sie freigestellt war:

> „Buben wählen Themen, die von Aktivität, Wettkampf und äußeren Ereignissen handeln, Mädchen hingegen bevorzugen Aufsätze über Gefühle, zwischenmenschliche Beziehungen und Bewertungen von Ereignissen" (ebd., S. 37).

WODAK geht davon aus, daß die festgestellten Unterschiede zwischen Mädchen und Jungen in der Aufsatzgestaltung sozialisationsbedingt sind. Als Konsequenzen für die Schulpraxis forderte sie:

- „Diskussionen und Reflexionen dieser Rollen und Sprachmuster sind jedoch sicherlich möglich und notwendig ...
- Die Aufsatzbewertung müßte diese Ergebnisse ins Kalkül ziehen, sozialisationsbedingte Fähigkeiten und Mängel berücksichtigen.
- Die jeweils anderen Texttypen und textinhärenten Merkmale sind mit Buben und Mädchen stärker zu üben. Eine funktionale Kompetenz wäre das Ziel.
- Ebenso sollten Mädchen darin bestärkt werden, sachlich und abstrakt zu schreiben, Buben hingegen die persönliche Ebene einzubeziehen und keine Angst vor Gefühlen zu haben. Thema und Ziel des Aufsatzes sollten die Darstellungsart bedingen, nicht anerzogene Strategien.
- Klischees aus Lehrbüchern sind sicherlich auch ein guter Anlaß, um erziehungsbedingte Muster zu diskutieren, letztlich zu verändern.

Ein anderes Bewußtsein, eine größere funktionale pragmatische Kompetenz sind Voraussetzungen für partnerschaftliches Verhalten und neue alternative Erziehungsmodelle. Und ein aufgeklärter Aufsatzunterricht könnte dazu sicherlich in großem Maße beitragen" (ebd., S. 38f.).

Die Thematisierung geschlechtsspezifischer Aspekte erfolgt im Deutschunterricht in erster Linie, wenn es um die Fragestellung „Mädchen/Jungen in der Schule" geht. So wurde beispielsweise in dem Schwerpunktheft zu diesem Thema der Zeitschrift PRAXIS DEUTSCH vom September 1985 eine ganze Reihe von verschiedenen Unterrichtsbeispielen und Vorschlägen zusammengetragen, die eine Bearbeitung und Aufarbeitung des Geschlechterverhältnisses ermöglichen sollen (vgl. auch KOPP-DEGETHOFF 1989). Die Verantwortlichen für das Heft – beides Männer – resümierten ihre Erfahrungen mit der Planung und Gestaltung des Heftes folgendermaßen:

„Wir sind im Laufe unserer Auseinandersetzung mit der Geschlechterproblematik immer mehr zu der Überzeugung gekommen, daß die Schule für die Heranwachsenden eine große Chance darstellt, ein Miteinander der Geschlechter erfahren zu lassen, das zukunftsweisend – im privaten wie im gesellschaftlichen Sinne – sein kann. Das heißt freilich, daß Koedukation nicht nur als organisatorisches Prinzip, sondern ... – auch inhaltlich gefüllt wird. Da ist noch einiges zu tun" (BAURMANN u. SPINNER in: PRAXIS DEUTSCH 1985, S. 66).

Auch im Fremdsprachenunterricht lassen sich Texte so bearbeiten, daß dem Geschlechterverhältnis sowie den Handlungs- und Verhaltensmöglichkeiten von Mädchen und Jungen, von Frauen und Männern Aufmerksamkeit geschenkt wird; z. B. stellt ANGELINA WEBER im FRIEDRICH-JAHRESHEFT VII ›FEMININ – MASKULIN‹ ein französisches Kinderbuch vor, das dafür sehr gut geeignet ist: „Ernest et Célestine, musiciens des rues".

Neben den Reflexionen mit Hilfe von Texten, die sich explizit mit dem Geschlechterverhältnis beschäftigen, zielen Veränderungsvorschläge auch auf die Verwendung von Sprache überhaupt. Dabei geht es darum, die Mechanismen aufzuzeigen, mit denen Frauen in der Sprache unsichtbar gemacht werden. HEIDE VOGT führt in ihren Hinweisen und Anregungen für Schule und Unterricht zum „Lernziel: Gleichberechtigung" ein Rätsel an, das dafür besonders aufschlußreich ist:

„Ich beginne mit einem Rätsel, das vor einigen Jahren populär war, und das von einem Vater mit seinem Sohn handelt, die zusammen in dem neuen Sportwagen des Vaters eine Tour machen. Während er zu schnell um eine Kurve fährt, verliert der Vater die Kontrolle über das Auto, und sie verunglücken. Der Vater stirbt sofort bei diesem Zusammenstoß, der Sohn wird zum nächsten Krankenhaus gebracht, wo die diensthabenden Notärzte auf ihn warten. Ein Chirurg eilt zu der Tragbahre, auf der der Junge liegt, zieht die Decke zurück, schreit auf und ruft aus: 'Mein Gott, ich kann nicht operieren, das ist mein Sohn!' Die Frage ist, wer ist der Chirurg, wenn der Vater des Jungen bei dem Unfall umgekommen ist? Warum ist die Antwort: Der Chirurg ist die Mutter des Jungen, so verblüffend?" (o. J., S. 24).

Auch für den Englischunterricht referiert VOGT einige von DALE SPENDER beschriebene „disappearing tricks", durch die mit bestimmten Beispielsätzen Frauen verschwinden und wieder auftauchen. Als Beispiele führt sie an:

„Australian are bear-trinking surfies. / Australian look good in bikinis.
So gewannen die Schüler/innen einen ersten Eindruck von der Bedeutung des generischen man respektive he. Das Spiel eignet sich als Aufhänger für eine Diskussion um die Wirkungsweise der Sprache in bezug auf geschlechtsspezifisch geprägte Denkschemata" (ebd., S. 33).

EVA BODEN präsentiert eine Analyse der lateinischen Sprache im Hinblick auf die Bezeichnungen für „Frau" bzw. „Mann". Es zeigt sich, daß im Latein eine Vielzahl von Begriffen für Frauen existieren, aber nur wenige für „Mann". BODEN folgert daraus:

„Was könnte deutlicher zeigen, daß wir es in den Texten, aus denen Lernwortschätze und Lexika ihren Befund erhoben haben und die den lateinischen Lektürenunterricht bestimmen, mit Texten zu tun haben, in denen Männer über Männer und (gelegentlich) über Frauen – oder über sich und das sie an Frauen Interessierende sprechen" (1989, S. 144).

Sprache ist Bestandteil von Kultur ebenso wie dies die Vorstellungen von Weiblichkeit und Männlichkeit sind. Sprache widerspiegelt auch Geschlechterverhältnisse – dies herauszuarbeiten sollte zur Aufgabe der sprachlichen Fächer gehören.

## 5. PERSPEKTIVEN

Vergegenwärtigen wir uns noch einmal die bisherigen Ausführungen, so wird deutlich, daß in den bildungspolitischen Diskussionen das Stichwort „Koedukation" nicht allein für den gemeinsamen Unterricht von Mädchen und Jungen steht, sondern daß sowohl die aufgezeigten Probleme wie die jeweiligen Lösungsvorschläge vielfältige Aspekte des Geschlechterverhältnisses betreffen. Sie kumulieren historisch wie aktuell in dem als „Wesen der Frau" charakterisierbaren Bild von weiblichem Verhalten, das wiederum gebunden ist an die Realität geschlechtshierarchischer Arbeitsteilung im Patriarchat. Immer wieder sind wir auf implizite oder explizite Höherbewertungen der männlichen Leistungen, auf dominantes Verhalten von Jungen gestoßen. Die Argumentationen, welche die Unterschiede zwischen den Geschlechtern als natürliche, der Biologie geschuldete, zu erklären versuchen, greifen jedoch zu kurz. „Geschlecht" – dies hat vor allem die Frauenforschung der letzten Jahre herausgearbeitet – ist keineswegs eine bloß biologische Bestimmung, es ist vielmehr eine soziale Kategorie: Weiblichkeit ebenso wie Männlichkeit sind kulturell vermittelte Verhaltensmuster.

Bezogen auf die Perspektiven der Koedukationsdiskussion heißt das zunächst einmal Skepsis gegenüber Positionen, die eine Rückkehr zur Tradition der Mädchenschulen propagieren. Tatsächlich finden wir im „feministischen Lager" auch nur selten Frauen, die die Forderung nach Einrichtung von Mädchenschulen stellen. JUDITH RAUCH, Redakteurin bei der Zeitschrift EMMA, gehört zu diesen wenigen, die pro Mädchenschule argumentieren:

„Ich bin ein Kind der Koedukation ... Wäre ich heute klüger, wäre ich sensibler, wäre ich erfolgreicher, wenn ich eine Mädchenschule besucht hätte? Ich weiß es nicht, aber eines weiß ich: ich wäre selbstbewußter ... Denn die koedukative Schule hat mich nicht nur Lesen und Schreiben, nicht nur Rechnen und Experimentieren gelehrt. Die Koedukation hat mich noch etwas sehr gründlich gelehrt: das Verstummen ...

In Frauengruppen habe ich überhaupt erst wieder Reden gelernt. Erst

Frauen haben mich gelehrt, meine Intelligenz als Chance und nicht als Behinderung zu begreifen ...

Frauenräume gilt es zu erhalten, meine ich. Ich will, daß sie erhalten bleiben, die wenigen noch existierenden Mädchenschulen in der BRD! Egal wie konservativ oder wie elitär sie heute sein mögen. Sie können sich ändern. Und sie sollen sich ändern, mit unserer Hilfe. Ich bin dafür, daß die traditionellen Mädchenschulen neue, freche Schwestern bekommen. Feministische, mindestens aber frauenbewegte Mädchenschulen.

Schulen, die Mädchen nicht in der trügerischen Illusion erziehen, wir lebten in einer gleichberechtigten Gesellschaft (wie es die koedukative Schule tut). Schulen, die Frauen auf das Leben im Patriarchat vorbereiten und ihnen zugleich die Kraft und die Fähigkeit mitgeben, für ihre Rechte zu kämpfen. Schulen, in denen Schülerinnen weibliche Vorbilder vor Augen haben: ihre Lehrerinnen, aber auch die vielen unterschlagenen 'großen Frauen' der Vergangenheit und der Gegenwart. Es ist schade um jedes Mädchen, das verstummt" (1989, S. 29).

JUDITH RAUCHS Plädoyer zielt m. E. nicht auf eine generelle Wiedereinführung geschlechtergetrennter Schulen, sondern will mit der Forderung nach Einrichtung „feministischer" Schulen vor allem Utopievorstellungen aufzeigen. Solche Utopien haben durchaus eine wichtige Funktion, weil sie helfen, den Blick zu schärfen für die Ziele, die erreicht werden sollen. Die Bezugnahme auf Frauen ist dabei das zentrale Moment. Die Argumentation und Begründungen für diese Bezugnahme sind jedoch zweischneidig: Von italienischen Frauen als „Affidamento" (LIBRERIA DELLA DONNA DI MILANO 1988) formuliert – was meint, daß Frauen sich anderen Frauen anvertrauen –, besteht sehr schnell die Gefahr, „Frausein" wiederum biologisch festzumachen – als Bezugnahme auf die „Mutter" und auf „Mütterlichkeit" – und gerade nicht kulturell zu begreifen. Die Gefahr, daß solche Positionen durch konservative Kräfte genutzt werden, deren Ziel gerade nicht ist, Entfaltungsmöglichkeiten für Frauen zu schaffen und ihnen eigenständige Lebensplanungen zu sichern, ist sehr groß. VertreterInnen katholischer Privatschulen haben sich denn auch sehr schnell in der Koedukationsdebatte zu Wort gemeldet und sich für den Erhalt und die Schaffung neuer Mädchenschulen ausgesprochen (vgl. Heft 2/86 der Zeitschrift ENGAGEMENT; vgl. v. MARTIAL 1988). Diese Positionen beinhalten jedoch keine Veränderung des bisherigen Frauenbildes.

Feminismus muß dagegen als soziale Bewegung begriffen werden, der politische und moralische Kraft zukommt, mit der die Lebenssituation von Frauen – und damit auch die von Männern – verändert wird (vgl. HARDING 1990). Es kann dann aber nicht darum gehen, nach Inhaltsmomenten zu suchen, die Frauen gleichmachen und damit zugleich Festschreibungen von „Weiblichkeit“ vornehmen. Vielmehr muß es darum gehen, die historische und biographische Gewordenheit von Frauen und Männern zu erforschen, zu akzeptieren und auf dieser Basis zu neuen kulturellen Veränderungen zu kommen. Damit ist nicht impliziert, auf Gleichberechtigung zu verzichten, vielmehr jeweils zu bestimmen, welche Gleichheit und welche Differenz – die allerdings immer nur „demokratische“, nicht geschlechtshierarchische Differenz meint (vgl. PRENGEL 1990b) – akzeptabel ist.

Unsere westeuropäische Gesellschaft hat sich zunehmend in die Richtung entwickelt, keine Bereiche mehr zu dulden, die nur einem Geschlecht vorbehalten sind – wenngleich vor allem Männerbünde noch größere Verbreitung haben als man gemeinhin glaubt (vgl. VÖLGER u. WELCK 1990). Die Forderung von Frauen – die ihre rechtliche Grundlage in Artikel 2 des Grundgesetzes gefunden hat – war bisher die nach gleichberechtigter Teilhabe an Bereichen, von denen sie ausgeschlossen waren. Diese Teilhabe mußten Frauen sich zum Teil gegen massiven Widerstand erkämpfen, und sie ist keineswegs vollzogen. Männer haben in dieser Gesellschaft kaum vergleichbare Probleme: Bereiche, die ihnen verschlossen sind, werden – von ihnen – zugleich auch als „unmännlich“, als „Weiberkram“ abgewertet. Wo sie dennoch Zugang suchen, nehmen sie diesen entweder mit Gewalt oder erreichen eine Zulassung mit dem Argument der Gleichberechtigung mit wesentlich weniger Widerstand – wie z. B. zum bisherigen Frauenberuf der Hebamme. Die patriarchale Struktur sicherte bisher den Männern in der Durchsetzung ihrer Interessen eine eindeutige Vorrangstellung. Mit der neuen Frauenbewegung haben Frauen sich jedoch Räume geschaffen, die Männern verschlossen bleiben, die zugleich aber nicht mehr nur die „irrelevanten Kaffeeklatschzirkel“ darstellen, sondern Schutz für Frauen und ein Stück Gegenmacht (wie z. B. die Frauenhäuser) bedeuten. Die Koedukationsdiskussion zielt nun auf einen sehr wichtigen Bereich: Zum einen ist die Bedeutung der Sozialisation im Kindes- und Jugendalter für die Entwicklung von Fähigkeiten, Einstellungen und Verhaltensweisen allgemein bekannt, zum anderen ist Schule als staatliche Pflichtveranstaltung eine Einrichtung, an der niemand vorbeikommt. Wenn Frauen hier eigene Räume schaffen können, dann – dies lassen zumindest die heftigen emotionalen Reaktionen vor allem von Männern auf das Thema vermuten – sehen Männer ihre gesellschaftliche Vormachtstellung gefährdet. Vor diesem Hintergrund sind mögliche Lösungen der Koedukationsproblematik zu betrachten. Dabei sollen zunächst jene Modelle genauer beleuchtet werden, die auf die teilweise Aufhebung der Koedukation setzen, um danach jene Vorschläge zusammenzutragen, die eine Veränderung der Koedukation, eine *„reflexive Koedukation"* beinhalten.

## 5.1 Aufhebung der Koedukation?

Die noch existierenden Mädchenschulen sind in der überwiegenden Zahl private Schulen in konfessioneller Trägerschaft. Der Arbeit in diesen Schulen unterliegt häufig eine biologisch verstandene Wahrnehmung von Weiblichkeit (vgl. z. B. LUHMANN 1989; v. MARTIAL 1989). Sie korrespondiert auch eher mit einem konservativen Frauenbild, das als Normalvorstellung die familiale Abhängigkeit beinhaltet. Indiz dafür ist auch die Tatsache, daß die Entscheidung, ob die Tochter eine Mädchenschule besuchen soll, öfter von den Eltern als von den Mädchen selber getroffen wird (vgl. KAUERMANN-WALTER u. a. 1988, S. 180).

Wenn von Feministinnen Mädchenschulen gefordert werden, so stellen sie sich allerdings gerade nicht katholische Privatschulen darunter vor, sondern – wie JUDITH RAUCH formulierte – feministische, mindestens aber frauenbewegte Schulen. Vergleichbar wären solche Schulen sicherlich mit den ersten Gesamtschulen, in denen engagierte Lehrkräfte mit viel Elan und Kreativität Neues aufbauten. Ebenso wie bei diesen oder bei anderen Reformschulen werden dabei zweifellos Widersprüche und Brüche auftreten, aus deren Lösungen Veränderungen für das gesamte Schulwesen folgen können und werden. Eine dauerhafte Geschlechtertrennung aller Schulen wäre nicht wünschenswert: Die Gefahr, daß die „normalen" Mädchenschulen konservative Wertevermittlung betrieben, wäre ebenso groß wie die, daß sie wieder zur Bildung zweiter Klasse würden. Vorurteile und Diskriminierungen durch Jungen und Männer wären provoziert, und die Vorteile des unverkrampfteren Umgangs der Geschlechter miteinander, die auch durch koedukative Erziehung gegeben sind, wären wieder beseitigt. Zielrichtung kann auch nicht die dauerhafte Trennung in den Schulen sein, denn Schule ist eingebunden in die existierende Gesellschaft, und deren Entwicklung geht – wenngleich unendlich langsam und mühevoll – über eine Aufhebung patriarchaler Strukturen, nicht aber über eine dauerhafte Geschlechtertrennung.

Zu fragen ist allerdings, inwieweit nicht teil- oder zeitweise Trennungen der Geschlechter innerhalb der koedukativen Schulen ein sinnvoller Weg sein könnten. Von einigen Kultusministerien scheint dies als ein auf dem Erlaßwege und insofern „unproblematisch" bürokratisch regelbarer Ansatz angesehen zu werden. Solch „verordnete" Trennungen haben jedoch durchaus ihre Probleme, wie wir bei dem Vorhaben „Mädchenbildung und neue Technologien" feststellen konnten: Dort wurden die SchülerInnen während eines Schulhalbjahres im einstündigen Kurs „Kritischer Umgang mit dem Computer", der als Pflichtunterricht erteilt wurde, nach Geschlechtern getrennt. Vor Beginn des Unterrichts wurden die Jugendlichen ebenfalls in geschlechtshomogenen Gruppen gefragt, was sie von nach Jungen und Mädchen getrennten Kursen halten würden. Faßt man die Argumentationen in den Mädchengruppen zusammen, so zeigte sich, daß einige Punkte in allen Gruppen immer wieder auftauchten:

- Fast durchgängig wurde zunächst unterstellt, daß die Jungen mehr über Computer wüßten als Mädchen.
- Durchgängig berichteten die Mädchen von diskriminierenden Erfahrungen mit Jungen.
- Die Konsequenz, die sie aus dieser Erfahrung zogen, war jedoch uneinheitlich:
  - viele Mädchen konnten sich im getrennten Unterricht bessere Lernbedingungen vorstellen;
  - viele, und zwar auch die, die getrennten Unterricht befürworteten, suchten nach Möglichkeiten, die koedukative Situation zu verbessern. Dazu wollten sie vor allem sicherstellen, daß die Jungen irgendwie in den Griff zu kriegen sein müßten. Das Partnermodell wurde als Lösung angesehen oder die Vorbereitung der Jungen durch LehrerInnen. Die Notwendigkeit, selber selbstbewußt gegen Diskriminierung vorzugehen und sich zu wehren, wurde primär von Gymnasiastinnen angesprochen.
- Durchgängig fand man bei den Mädchen die Vermutung, daß ein getrennter Unterricht notwendig bedeuten müßte, daß er in den Mädchengruppen qualitativ schlechter sei.

Faßt man die Diskussion der Jungengruppen zur Frage der Koedukation zusammen, so lassen sich folgende Punkte festhalten:

- In den Hauptschulklassen waren die Jungen eher gegen koedukativen Unterricht, weil sie sich durch die Mädchen und ihre vermeintliche dauernde Streiterei gestört fühlten. Mindestens zum Teil sprachen sie den Mädchen auch das Interesse am Computer ab.
- In den Realschulklassen waren die Jungen überwiegend für koedukativen Unterricht, allerdings aus einer Pose heraus, die sie selber glänzen ließ: nämlich in der Betonung, daß es im Interesse der Mädchen läge, wenn sie gemeinsam mit den Jungen unterrichtet würden, die ja schon erfahrener und wissender seien.
- Die Gymnasiasten äußerten sich kaum zum Thema, befürworteten jedoch bis auf zwei den koedukativen Unterricht, und zwar zur Gewährleistung gleicher Inhalte.

Damit ergab sich zwischen Jungen- und Mädchenmeinung durchaus eine Komplementarität: Sowohl Jungen wie Mädchen waren weitgehend davon überzeugt, daß die Jungen erfahrener und besser im Umgang mit Computern seien. Während Mädchen, sofern sie koedukativen Unterricht befürworteten, auf Hilfe der Jungen hofften, boten Jungen diese Hilfe in ihren Argumentationsbegründungen durchaus auch an. Die Art und Weise, wie sie dies taten, zeigte allerdings deutlich, daß koedukativer Unterricht für Mädchen eine typische Double-bind-Situation bedeutet. Das Wissen darum ließ denn auch die Stimmen bei den Mädchen, die getrennten Unterricht befürworteten, zahlenmäßig so stark sein.

Wie sah nun nach der konkreten Erfahrung getrennten Unterrichts die Einschätzung der Schülerinnen und Schüler dazu aus?

- Die Hauptschülerinnen äußerten sich fast alle positiv zum getrennten Unterricht, weil sie so „selbst bestimmen konnten, was sie lernen wollten" und „nicht von den Jungen zur Seite gedrängelt wurden". Nach wie vor taucht allerdings die Vermutung auf, im koedukativen Unterricht hätten sie vielleicht doch vom Wissen der Jungen profitieren können. Als Argument für gemeinsamen Unterricht führten sie auch an, daß es ihnen dann möglich gewesen wäre, den Jungen zu beweisen, was sie können:

> „Einerseits fand ich das gut mit den Mädchen zusammen, aber andererseits war das auch nicht gut, daß wir getrennt waren. Die Jungen sollten auch sehen, daß wir was machen können. Andererseits war es gut, daß wir getrennt waren, weil die Jungen uns andauernd ärgern."

- Auch unter den Realschülerinnen war eine Mehrheit für getrennten Unterricht, aber auch hier folgten ähnliche Einschränkungen in den Argumentationen, so daß auch sie sich weitgehend auf die Formel „sowohl positiv wie negativ" einigten.

- Auf seiten der Jungen hatte sich die Stellung zur Koedukation insofern verschoben, als sich nach dem halben Jahr mehr Schüler als in der Vorerhebung für getrennten Unterricht aussprachen. Hauptargument für koedukativen Unterricht wurde bei ihnen, und zwar primär von Realschülern vorgebracht, die Unmöglichkeit des Leistungsvergleichs im getrennten Unterricht.

„Das ist irgendwie langweilig, weil wenn nur die Jungen zusammen sind, dann wissen sie nicht, was die anderen machen und umgekehrt. Weil, wenn jetzt lauter Mädchen wären, die jetzt besser wären als wir, das wüßten wir gar nicht. Und könnten nichts mitkriegen, weil wir ja getrennt gemacht haben. Und wenn wir zusammen gemacht hätten, wüßten wir das wahrscheinlich. Und Vorurteile, wie die Mädchen können doch eh nicht am Computer arbeiten und so, würden vielleicht verschwinden. Daß es vielleicht höchstens ein paar gibt, die sich nicht so gut damit verstehen, aber daß es im Großen und Ganzen doch ziemlich gleich ist, daß nicht nur die Jungen alle die Guten, Starken und so wären."

Daß es den Jungen mit diesem Vergleich und dem Akzeptieren von ‚besseren Mädchen' wirklich ernst wäre, muß allerdings eher bezweifelt werden. In den Diskussionsrunden, in denen es darum ging, zu erklären, warum Mädchen sich kooperativer im Unterricht verhalten haben als Jungen, wurden durchaus massive Abwertungen geäußert. Da fanden sich dann Erklärungsmuster wie die folgenden:

- „weil die Weiber alleine nicht können, darum müssen sie sich gegenseitig helfen.
- Ja, die Jungen, die machen ja so einen kleinen Konkurrenzkampf, wer am meisten kann, und deswegen wird sich erst überhaupt gar nicht gemeldet, jeder ruft rein, so daß er halt am ersten die richtige Antwort hatte. Die Weiber, die haben erstens no future, also keine Ahnung vom Computer, deswegen können sie nichts reinrufen, weil sie nichts wissen und deswegen ist es bei denen auch nicht so laut wie bei uns."

„Also, wenn Sie das gesehen haben, daß ein Junge streitischer ist, dann würde ich sagen, daß der Junge mehr Interesse am Computer hat als ein Mädchen. Weil der Junge sagt dann, ich will es machen, ich will alles machen, da merkt man halt, daß der mehr Interesse hat. Und die Mädchen, die haben halt nicht so viel Interesse. Deshalb sind sie gelassener, arbeiten miteinander, jeder denkt ein bißchen, dann kommt was zusammen. Und bei den Jungen, ich weiß nicht, die haben halt mehr Interesse."

„Naja, die Jungen sind ja vielleicht temperamentvoller wie die Mädchen, die haben mehr auf dem Kasten. Weil die Mädchen, die nehmen sich nicht so viel Arbeit vor."

Die Erfahrungen getrennten Unterrichts zeigen, faßt man diese Äußerungen zusammen, daß die Double-bind-Situation der Mädchen – in jedem Fall abgewertet zu werden, ob sie Leistungen zeigen oder sich helfen lassen – nicht einfach aufgehoben wird: Nach wie vor halten die Mädchen die Jungen für kompetenter im Zusammenhang mit Computern, und die Unsicherheit, ob dies tatsächlich stimmt, ist durch den getrennten Unterricht verstärkt worden. Den Mädchen ist ein Instrument, sich gegen die Angriffe der Jungen zu wehren, genommen worden. Auch die Jungen beklagen, daß der getrennte Unterricht ihnen die Vergleichsmöglichkeiten genommen habe – die Art, in der sie dies zum Ausdruck bringen, macht allerdings deutlich, daß sie eigentlich beklagen, ihnen sei ein Mittel zur Selbstdarstellung genommen worden. Nichtsdestotrotz halten sie fest daran, daß die Mädchen weniger gelernt hätten.

Trennungen im Unterricht sind also keineswegs eine einfache Lösung des Geschlechterproblems. Bei getrenntem Unterricht werden – durchaus anknüpfend an die Tradition der Schulgeschichte – die Mädchenkurse als nachrangig, qualitativ weniger wertvoll angesehen. Getrennter Unterricht hat keineswegs nur positive Momente, sondern auch negative Rückwirkung wie die Verstärkung von Vorurteilen.

## 5.2 Reflexive Koedukation

Eine skeptische Einschätzung verordneter Einrichtung von getrennten Mädchen- und Jungengruppen heißt allerdings keineswegs, daß Trennungen im Unterricht überhaupt nicht sinnvoll wären. Es gibt Berichte z. B. aus dem naturwissenschaftlichen Unterricht, nach denen z. B. bei wöchentlichem Wechsel von getrenntem und gemeinsamen Unterricht positive Erfahrungen für Lehrkräfte wie für Schülerinnen möglich waren (vgl. Tobel 1989, vgl. Kap. 4.2). Bereits 1957 hat sich Hans Walter Erbe gegen die Koedukation als starres Prinzip ausgesprochen und gelegentliche Trennungen als gut bezeichnet:

„Man spürt bei solcher gelegentlichen Trennung ein leises Aufatmen, eine besondere Offenheit im Gefühl, unter sich zu sein" (1957, S. 439).

Die mit den Geschlechterrollen verbundenen Zwänge kommen in getrennten Gruppen weniger zum Tragen, so daß sie thematisiert und bearbeitet werden können. Vor allem Mädchen können so ein größeres Selbstvertrauen entwickeln. Sie lernen dabei, „ihre Stärken wie Fürsorglichkeit, Sensibilität, Emotionalität und Umsicht für sich selbst einzusetzen und zu entwickeln, statt sie ausschließlich für andere funktionalisieren zu lassen" (HVHS FRILLE 1989, S. 7). Wenn Mädchengruppen geschaffen werden, entstehen selbstverständlich auch Jungengruppen. Für die Arbeit mit solchen Gruppen gibt es mittlerweile aus der außerschulischen Bildungsarbeit Ansätze für eine „antisexistische Jungenarbeit", die den Jungen ein verändertes Bewußtsein und Verhalten ermöglichen wollen. Unter anderem in der Heimvolkshochschule Alte Molkerei Frille wurde ein entsprechendes Konzept entwickelt, dessen Ausgangspunkt die Reflexion der Einbindung der Jungen und Männer in die „herrschende Männlichkeit" ist.

„Der Begriff der herrschenden Männlichkeit ermöglicht es, aber macht es auch nötig, eine differenziertere Betrachtung unterschiedlicher Männer und Jungen als Grundlage für die pädagogische Arbeit zu nutzen. Sie ermöglicht die Betrachtung des Einzelnen als 'geschlagen' mit der Last der Erwartungen an ihn als Mann – mit Erwartungen, die er nie erreichen kann – und gleichzeitig als Mann in einem System, in dem er gegenüber Frauen privilegiert ist" (ebd., S. 65).

Die „antisexistische Jungenarbeit" versteht sich als „neue Sicht auf Jungen ... Sie sieht den Jungen/Mann als Akteur und Betroffenen der herrschenden Männlichkeit" (ebd., S. 72).

Die Praxis der Jungenarbeit setzt vor allem an dem nicht erreichbaren Männlichkeitsideal an und versucht, die Zwänge und Nöte von Jungen und Männern zu thematisieren (vgl. auch NEUTZLING u. SCHNACK 1990; SCHNACK und NEUTZLING 1990). So wichtig dies ist, so besteht doch die Gefahr, in der vorrangigen Orientierung auf Jungen das bestehende Geschlechterverhältnis noch weiter zu stabilisieren. FRIEDERIKE HÖHER charakterisiert die möglichen Konsequenzen sehr hart:

„Was sich in der sog. Männerbewegung und in der antisexistischen Jungenpädagogik als Befreiung von alten Zwängen (der Heterosexualität, des Alleinernährers, des Konkurrenzdrucks) darstellt, ist manchmal nichts anderes als eine subtile Männerverschonungsstrategie" (1990, S. 86).

HÖHER führt dies vor allem auf den Anspruch der „Jungenpädagogen" zurück, Jungenarbeit nur von Männern machen zu lassen. Da das Geschlechterverhältnis ein hierarchisches ist, bedeutet Jungenarbeit durch Männer nur eine vermeintliche Orientierung an „weiblichen Werten" – tatsächlich werden Mädchen und Frauen wiederum ausgeklammert. HÖHER fordert statt dessen eine antisexistische Jungenpädagogik, die in Auseinandersetzung mit Frauen geschieht (ebd., S. 185). Sie benennt für die schulische Praxis zwei Handlungsschritte zur Konkretisierung ihres Ansatzes:

- „Bewußte antisexistische Koedukation, ergänzt durch spezifische Angebote für Jungen u. a. als theoretische und praktische Auseinandersetzung mit weiblichen Vorbildern vom Vorschulalter an.
- Eine für Jungen verpflichtende hauswirtschaftliche Bildung, Erziehungslehre, Elternbildung und Säuglingspflege bereits in den Schulen" (ebd., S. 187).

Wir können folgern, daß teil- oder zeitweise Trennungen von Mädchen und Jungen immer rückbezogen werden müssen auf koedukative Kontexte. Reflektiert werden müssen das Geschlechterverhältnis und seine Konstitutionsbedingungen, und zwar sowohl in getrennten Gruppen wie im gemeinsamen Unterricht.

Auch im koedukativen Unterricht lassen sich Veränderungen der Einstellungen von Mädchen und Jungen und der Interaktionen untereinander bewirken. ALMUT SIMONS und HERBERT SIMONS berichteten bereits 1978 über Aktivitäten, mit denen die „Sympathie- und Antipathiebeziehungen zwischen Jungen und Mädchen in der Grundschule" verändert werden konnten. In zehn Spielnachmittagssitzungen, die als Schulunterricht galten, initiierten die Lehrerinnen Spiele, bei denen die Kinder zusammen spielten, einander halfen, einander zuhörten und sich gegenseitig wählten. Zunächst wurden die PartnerInnen frei gewählt, dann erfolgte eine zunehmende Steuerung der Wahl, um geschlechtsheterogene Paare zu erhalten. Aus den vorher und nachher durchgeführten soziometrischen Tests ergab sich eindeutig nach den Spielenachmittagen eine Verbesserung der sozialen Beziehungen und ein Abbau sozialer Distanz zwischen Mädchen und Jungen (die vorher vor allem von Jungen zu Mädchen bestanden hatte) (SIMONS u. SIMONS 1978).

MARGRET IMHOF berichtet über Selbsterfahrungsarbeit in der Grundschule, mit der eine Veränderung der Geschlechterbeziehungen erreicht wurde. Sie nutzte die Differenzierungsstunden, um „Konfliktgruppen" zu initiieren, in denen sie Übungen zum „in sich selbst hineinhorchen", „sich in den anderen hineinversetzen",

„Grenzen setzen“ und „sich mitteilen“ durchführte. Mit Hilfe der Gespräche wurde – so berichtet IMHOF –

„ein anderes Verhalten eingeübt, eine andere Haltung den Mitschülerinnen und Mitschülern gegenüber eingenommen.

1. Die Mädchen und Jungen übten sich darin, nach innen zu schauen, Kontakt zu sich selbst aufzunehmen.
2. Diese gelernte Introspektion zieht die Fähigkeit zur Einfühlung, Empathie nach sich. In dem Maße, wie die eigenen Sonnen- und Schattenseiten erkannt und akzeptiert werden, kann die andere/der andere mit ihren/seinen Sonnen- und Schattenseiten akzeptiert werden.
3. Aber nicht nur gleichmütiges Akzeptieren kann das Ziel sein. Notwendig ist, dem anderen/der anderen zu zeigen, wie er und sie erlebt werden und bei mangelnder Achtung Grenzen zu setzen und Achtung zu fordern. Es ist die Voraussetzung für einen Umgang unter Gleichen.
4. Diese inneren und äußeren Vorgänge müssen in Sprache übersetzt werden, damit sie im Inneren deutlich und dem anderen mitteilbar werden können. Das bedeutet Auseinandersetzung und zuweilen Kampf. Ruhe, Ordnung, Gehorsam, Liebsein werden als Grundhaltung in Frage gestellt“ (1987, S. 267 f.).

Das Geschlechterverhältnis änderte sich durch diese Konfliktgruppen:

„Die Mädchen lernten, die Jungen zu verstehen, aber auch, die Entwertung nicht hinzunehmen, sondern Einfühlung zu fordern. Die Jungen lernten, sich mit den Mädchen zu identifizieren, übten sich in ‘weiblichen’ Verhaltensweisen und lernten, weiche und auch schmerzliche Gefühle zuzulassen“ (ebd., S. 269).

CHARLOTTE RÖHNER hat mehrfach an Beispielen aus ihrer Grundschulpraxis aufgezeigt, wie sie mit den geschlechtsspezifischen Verhaltensweisen umgeht. Sie versucht, die Bedeutung der jeweiligen Verhaltensweise für die Kinder zu reflektieren und damit eigenes wie gegenseitiges Erkennen zu ermöglichen:

„Um das Geschlechterverhältnis aus den alten Verstrickungen von Stärke und Schwäche, von Macht und Ohnmacht zu lösen, gilt es Mädchen zu ermutigen, Jungen/Männern Grenzen zu setzen, ihre eigenen Fähigkeiten zu erfahren und Macht zu ergreifen, Macht im Sinne ihrer Bedeutung, die zu der Wurzel des Wortes zurückkehrt: posse, potere, pouvoir – können, über ein Potential verfügen, eigene schöpferische Energie besitzen und benutzen: Macht als Fähigkeit zur Wandlung (...)“ (1985, S. 130).

ANNEDORE PRENGEL bezieht sich explizit auf CHARLOTTE RÖHNER, wenn sie für feministische Pädagogik fordert, auf Stellvertretung zu verzichten:

„Diese Lehrerin stülpt den Mädchen und Jungen nicht ihre politische Option über, sondern läßt eine Auseinandersetzung mit den real vorhandenen Gefühlen, Wünschen und Erfahrungen zu, sie eröffnet damit die einzige Chance zu wirklich selbstbestimmten Lernprozessen und zum Erlernen von Selbständigkeit. Diese Form feministischer Pädagogik erlaubt es, daß die in den Mädchen und Jungen lebendigen kulturellen Traditionen bewußt werden. Sie können sich die Gewinn- und Verlustseiten der Mädchenkultur und der Jungenkultur klar machen und herausfinden, was sie wollen, so daß selbstgewünschte Formen der Lebensgestaltung möglich werden. Mädchen und Jungen haben so eine Chance, die Wünsche und Pläne des anderen Geschlechts kennenzulernen und auf einer realistischen Basis zu entscheiden, ob und was sie miteinander tun wollen. Auf diese Weise hat die Lehrerin die Eigenverantwortlichkeit der Schülerinnen und Schüler respektiert, dabei aber zugleich ihre eigene Verantwortung als Pädagogin nicht verleugnet und ihre feministische Sicht durchaus wirksam sein lassen“ (1990, S. 44).

Die beschriebenen Modelle und Vorgehensweisen reflexiver Koedukation beinhalten neben Veränderungen des Interaktionsverhaltens und der Einstellungen auch das Nachdenken über Inhalte. Bereits in den Besprechungen der einzelnen Unterrichtsfächer (Kap. 4) liefen die Vorschläge für Veränderungen auch auf inhaltliche Neukonzipierungen hinaus, wobei die Orientierung an den Interessen der Mädchen das zentrale Moment dabei ausmachte. Darüber hinaus sind jedoch alle schulischen Inhalte auf die ihnen immanenten Geschlechtervorstellungen hin zu reflektieren und ggf. zu verändern. Für die Schulbücher liegen mittlerweile zahlreiche Analysen vor (vgl. Dick 1986), die alle darauf verweisen, welch problematisches Mädchen- und Frauenbild mit ihnen vermittelt wird. Veränderungsvorschläge gibt es vielfältige und z. T. auch bereits konkrete Veränderungen in neueren Schulbüchern.

Zur inhaltlichen Reflexion gehören insbesondere auch curriculare Ansätze, die explizit die geschlechtsspezifische Arbeitsteilung besprechen und Mädchen zu eigenständiger und selbstbewußter Lebensplanung verhelfen wollen, wie z. B. in den Fächern Geschichte (vgl. Kuhn u. Appenzeller 1985) oder im Berufswahlunterricht (vgl. Faulstich-Wieland 1981; Lemmermöhle-Thüsing 1990).

Die Lehrkräfte spielen im Prozeß der Verbesserung der Koedukation eine zentrale Rolle, denn sie sind sowohl Vorbilder wie Transporteure der kulturellen Bedeutung von Weiblichkeit und Männlichkeit. Das quantitativ sehr unterschiedliche Vorhandensein von Lehrerinnen und Lehrern in den verschiedenen Schultypen – in den Gymnasien sind nur 36,5% der hauptamtlichen Lehrkräfte weiblichen Geschlechts (BUNDESMINISTERIUM FÜR BILDUNG UND WISSENSCHAFT 1990, S. 92ff.) –, in den verschiedenen Fächern und nicht zuletzt in den Funktionsstellen sollte zugunsten gleicher Teilhabe verändert werden. Hier sind vor allem die Schulbehörden in ihrer Einstellungspraxis gefordert, Veränderungen vorzunehmen.

Aber auch die Lehrkräfte selber können viel zur Verbesserung der Koedukation beitragen, wenn sie selbst sensibel werden für geschlechtsspezifische Unterschiede und reflektieren, welche Ursache, Bedeutung und Konsequenz sie haben. Das eigene Bild von Weiblichkeit und Männlichkeit, die eigene Einstellung zur Geschlechtshierarchie gilt es sich zu verdeutlichen – Konsequenzen für ihre Veränderung zu realisieren. LehrerInnenaus- und -fortbildung kann für die Sensibilisierung ebenso wie weitere Forschung zum Geschlechterverhältnis Hilfestellung leisten.

Wenn wir nach Möglichkeiten zur Verbesserung der Schule für Mädchen und Jungen suchen, so sollten wir mutig genug sein, grundsätzlicher über Veränderungen und Alternativen nachzudenken: Es kann nicht darum gehen, bürokratische Regelungen etwa für die Realisierung einer zeitweiligen Trennung von Mädchen und Jungen auszuarbeiten, es muß vielmehr darum gehen, Phantasie zu entwickeln und Initiative zu entfalten, Schule so lebendig zu gestalten, daß Schülerinnen und Schüler, Lehrerinnen und Lehrer in ihr eine breite Palette an Fähigkeiten, Fertigkeiten und Verhaltensweisen entfalten können. Aus Frauensicht geht es um Veränderungen, die sich an Konzepten der Offenheit, Vielfalt und Veränderbarkeit orientieren und diese so anwenden, daß Geschlechterhierarchien abgebaut, Geschlechterdifferenzen akzeptiert, aber auch verändert werden können. *Reflexive Koedukation versucht, in verschiedenen Ansätzen positive Strategien zur Änderung des Geschlechterverhältnisses in der Schule zu entwickeln.*

# LITERATUR


Alic, M.: Hypathias Töchter (Der verleugnete Anteil der Frauen in der Naturwissenschaft). Zürich: Unionsverlag, 1987.

Altermann-Köster, M.: „Mädchen und neue Technologien". In: Dok. d. Tagung an der Uni Oldenburg. Kooperationsmöglichkeiten zwischen Wissenschaftlerinnen und kommunalen Gleichstellungsstellen. Oldenburg: Universität, 1989.

Altermann-Köster, M., Holtappels, H. G., Kanders, M., Pfeiffer, H. u. C. D. Witt: Bildung über Computer? (Informationstechnische Grundbildung in der Schule). Weinheim: Juventa, 1990.

– u. C. d. Witt: Mädchen und neue Technologien. Der nordrhein-westfälische Modellversuch. In: Kreienbaum, M. A. (Hrsg.): Frauen bilden Macht. Dortmund: Weißbach Verlag, 1989.

Angele, E.: Technik im Verständnis der Kinder (Empirische Untersuchungen über Einstellung, Wissen, Verständnis und Erfahrungen). Bielefeld: Pfeffersche Buchhandlung, 1976.

Anweiler, O. u. a.: Vergleich von Bildung und Erziehung in der Bundesrepublik Deutschland und in der Deutschen Demokratischen Republik (Materialien zur Lage der Nation). (Hrsg. vom Bundesministerium für innerdeutsche Beziehungen.) Köln: Verlag Wissenschaft und Politik, 1990.

Apel, H.-J.: Sonderwege zum Abitur im Deutschen Kaiserreich. ZfPäd, 1988, H. 2, S. 171–189.

– u. M. Klöckner: Schulwirklichkeit in Rheinpreußen (Analysen und neue Dokumente zur Modernisierung des Bildungswesens in der ersten Hälfte des 19. Jahrhunderts). Köln/Wien 1986.

Arbeitsgruppe Elternarbeit (Hrsg.): Die Schule lebt – Frauen bewegen die Schule. München: DJI, 1984.

Arolt, A.: Koedukation in der Diskussion: Das „Wesen der Geschlechter" als Kristallisationspunkt des Pro und Contra. In: Faulstich-Wieland, H. (Hrsg.): Abschied von der Koedukation? (Bd. 18). Frankfurt/Main: Schriftenreihe der Fachhochschule, 1987.

Auer, E.: Sektion von Rinderaugen – Erfahrungen aus dem Optikunterricht. Naturwissenschaften im Unterricht – Physik, 1990, H. 1, S. 29–31.

Bachmann, F., Döring, M, Kelber, H. u. L. Wagner: Weibsbildung (Wie Frauen trotz allem zu Wissen kamen). Berlin: Elefanten Press, 1990.

Bäumer, G.: Die höhere Mädchenschule. In: Schreiber, A. (Hrsg.): Das Buch vom Kinde (Bd. II). Leipzig: B. G. Teubner, 1907.
–: Koedukation. In: A. Schreiber (Hrsg.): Das Buch vom Kinde (Bd. II). Leipzig: B. G. Teubner, 1907.
–: Die Gegner der weiblichen Leitung öffentlicher Mädchenschulen und ihre Kampfesweise. Die Frau, 1911, Febr., S. 263–275.
Barz, M. u. S. Maier-Störmer: Schlagen und geschlagen werden. In: Brehmer, I. (Hrsg.): Sexismus in der Schule. Weinheim: Beltz, 1982.
Beckmann, E.: Die Entwicklung der höheren Mädchenbildung in Deutschland von 1870–1914 dargestellt in Dokumenten. Berlin: Herbig, 1936.
Beinke, L.: Mädchen und naturwissenschaftlich-technische Berufe. Die Realschule, 1989, H. 5, S. 187–192.
Bendit, A.: Koedukation im katholischen Bildungswesen Belgiens. Engagement, 1986, H. 2, S. 129–138.
Bentley, D. u. M. Watts: Constructing Feminist Science Education. In: Women Challenge Technology. European Conference on Women, Natural Science & Technology (Contributions Vol. I). Aalborg 1987.
Berg-Peer, J.: Wer hat Angst vor Mathematik? Die gesellschaftlich produzierte Distanz der Frauen zu Naturwissenschaft und Technik. In: Arbeitsgruppe Elternarbeit (Hrsg.): Die Schule lebt – Frauen bewegen die Schule. München: DJI, 1984.
Berghausen, F.: Koedukativer Sportunterricht an Berufsschulen? Körpererziehung, 1990, H. 1, S. 12–18.
Bierhoff-Alfermann, D.: Androgynie (Möglichkeiten und Grenzen der Geschlechterrollen). Opladen: Westdeutscher Verlag, 1989.
Binder, G.: Koedukative Erziehung im Jugendwohnzentrum. Theorie und Praxis der sozialen Arbeit, 1987, H. 11, S. 391–394.
Bittmann, F., Hartmann, W. u. H. Steinhaus: Das Problem „Koedukation" (Münsterische Beiträge zu pädagogischen Zeitfragen, H. 3). Münster: Deutsches Institut für wissenschaftliche Pädagogik, 1966.
Bund-Länder-Kommission für Bildungsplanung und Forschungsförderung (Hrsg.): Gesamtkonzept zur Bildungsplanung, H. 6. Bonn 1987.
Blochmann, E.: Das „Frauenzimmer" und die „Gelehrsamkeit" (Eine Studie über die Anfänge des Mädchenschulwesens in Deutschland). Heidelberg 1966.
Block, I., Pfister, G., Rieger, U. u. C. Schmeling (Hrsg.): Feminismus in der Schule. Berlin (West): Frauen + Schule Verlag, 1985.
Bundesministerium für Bildung und Wissenschaft (Hrsg.): Grund- und Strukturdaten 1990/91. Bonn 1990.
–: Jugend und Technik – Technik und Schule. Bad Honnef: Bock, 1982.
–: Chancen: Neue Bildungsmodelle für Frauen. Bonn 1987.
–: Frauen in Bildung und Wissenschaft (Eine Bilanz der Frauenförderung des

Bundesministers für Bildung und Wissenschaft in den achtziger Jahren). Bonn 1990.
Bundesministerium für Jugend, Familie und Gesundheit: Konzertierte Aktion Gleichberechtigung für die 90er Jahre (Erste bundesweite Gleichberechtigungskonferenz am 23.4.1990). Bonn 1990
Boder, E.: Lateinwortschatz als Fundgrube. Feminin – Maskulin. Friedrich Jahresheft VII, 1989, S. 144.
Bohnsack, A.: Die Bedeutung des Textilgewerbes für die Entwicklung von Arbeit und Produktion. Textilarbeit + Unterricht, 1990, H. 2, S. 62–64.
Borris, M.: Die Benachteiligung der Mädchen in den Schulen der Bundesrepublik und Westberlin. Frankfurt a. M. 1972.
Brehmer, I. (Hrsg.): Sexismus in der Schule (Der heimliche Lehrplan der Frauendiskriminierung). Weinheim: Beltz 1982.
–: Koedukation in der Schule: Benachteiligte Mädchen. In: Faulstich-Wieland, H. (Hrsg.): Abschied von der Koedukation? (Bd. 18). Frankfurt/Main: Schriftenreihe der Fachhochschule, 1987.
–, Küllchen, H. u. L. Sommer: Mädchen, Macht (und) Mathe (Geschlechtsspezifische Leistungskurswahl in der reformierten Oberstufe) (Dokumente und Berichte 10 der Parlamentarischen Staatsekretärin für die Gleichstellung von Mann und Frau). Düsseldorf: Landesregierung NW, 1989.
Brodtmann, D. u. C. Kugelmann: Mädchen und Jungen im Schulsport. Sportpädagogik, 1984, H. 2, S. 8–16.

Conrads, H. u. L. Uhlenbusch: Physik für Mädchen im Modellversuch MiNT. Naturwissenschaften im Unterricht – Physik, 1990, H. 1, S. 19–24.
Conradt, S. u. K. Heckmann-Janz: „... du heiratest ja doch!“ 80 Jahre Schulgeschichte von Frauen. Frankfurt/Main: Fischer Taschenbuch, 1985.

Dale, R. R.: Mixed or Single-sex-School? (A Research Study About Pupil-Teacher Relationships). London: Routledge & Kegan, 1969.
Dauzenroth, E.: Kleine Geschichte der Mädchenbildung (Der verbotene Baum oder Die Erziehung des anderen Geschlechts). Ratingen: A. Henn Verlag, 1971.
Decken-Eckard, C.-M. v. d.: Eine Schule für Jungen und Mädchen. Informationen zu den Fächern AWT, 1990, S. 3–8.
Demant, H.: Koedukation oder getrennte Erziehung? (Vergleichende Untersuchungen über Leistungen, Interessen, soziale Beziehungen sowie Einstellungen von Schülern und Lehrern in reinen und in Koedukationsklassen). Frankfurt/Main: Hirschgraben Verlag, 1955.
Demes, B.: Bio-Ideologie: Geschlechtsrollendiskurs in Biologieschulbüchern. Feminin – Maskulin, 1989, S. 108–112.
Dick, A.: Kommentierte Bibliographie zum Thema: Rolle und Bild der Frau in deutschen Schulbüchern (Sonderreihe H. 22). Wiesbaden: HIBS, 1986.

Dietz, H.: Koedukation in der Pubertät. Bildung und Erziehung, 1968, Jg. 21, S. 23–33.
Dikow, J.: Katholische Jungenschulen, Mädchenschulen und koedukative Schulen in freier Trägerschaft – Ein statistischer Überblick. Engagement, 1986, H. 2, S. 125–128.
Dohm, H.: Erziehung zum Stimmrecht der Frau. In: Schröder, H. (Hrsg.): Die Frau ist frei geboren (Texte zur Frauenemanzipation Bd. II: 1870 bis 1918). München: C. H. Beck, 1908.
Drüke, B., Jörißen, G. u. G. Unland: „Creadiva" – Eine Mädchen- und Frauenveranstaltung der KSJ. deutsche jugend, 1990, H. 6, S. 249–260.
Duismann, G., Keitel, C., Rieß, F. u. H. Sellin: Lernbereich Mathematik – Natur – Technik. In: Haller, H.-D. u. H. Meyer (Hrsg.): Enzyklopädie Erziehungswissenschaft (Bd. 3: Ziele und Inhalte der Erziehung und des Unterrichts). Stuttgart: Klett-Cotta, 1986.
Durchblick: Koedukation. 1990, H. 3.
Dweck, C. S., Davidson, W., Nelson, S. u. B. Enna: Sex Differences in Learned Helplessness: II: The Contingencies of Evaluative Feedback in the Classroom and III: An Experimental Analysis. Developmental Psychology, 1978, 14, Nr. 3, S. 268–276.

Eckelt, I.: Mathematik – nix für Frauen?!!. Frankfurt/Main: Albatros-Verlag, 1981.
Egen, H.: Karin und ihre Fahrzeuge. WPB, 1972, H. 3, S. 143–147.
Enders-Dragässer, U.: Mädchensozialisation – Jungensozialisation in der Schule. In: Kreienbaum, M. A. (Hrsg.): Frauen bilden Macht (Dokumentation des 7. Fachkongresses Frauen und Schule). Dortmund: Barbara Weißbach Verlag, 1989.
– u. C. Fuchs: Interaktionen der Geschlechter (Sexismusstrukturen in der Schule. Weinheim: Juventa, 1989.
– (Hrsg.): Frauensache Schule (Aus dem deutschen Schulalltag: Erfahrungen, Analysen, Alternativen). Frankfurt/Main: Fischer Taschenbuch 4733, 1990.
– u. P. Schmidt: „Weiblichkeit" und „Männlichkeit" in den Interaktionen des Unterrichts. Der Deutschunterricht, 1986, H. 3, S. 7–15.
Engel, R., Mesenholl, W., Niermann, J. u. R. Wüstenhagen: Ist koedukativer Sportunterricht in der Primarstufe notwendig? Empirische Befunde zu einer pädagogischen Begründung. In: Kröner, S. u. G. Pfister (Hrsg.): Nachdenken über Koedukation im Sport. Ahrensburg: Verlag Ingrid Czwalina, 1985.
Eppel, E.-M.: Was passiert mit den letzten Mädchenschulen? Frauen + Schule, 1985, H. 9, S. 4–5.
Erbe, H. W.: Koedukation. In: Lexikon der Pädagogik (Bd. 2). Freiburg: Herder, 1970.

–: Zur Frage der Koedukation. Die Sammlung, 1957, H. 12, S. 435–441.
Ewert, O.: Selbstkonzeptänderung beim Eintritt von Mädchen in die Reifezeit. In: Olbrich, E. u. E. Todt (Hrsg.): Probleme des Jugendalters (Neuere Sichtweisen). Berlin: Springer-Verlag, 1984.

Faulstich, P. u. H. Faulstich-Wieland: Computer-Kultur (Erwartungen – Ängste – Handlungsspielräume). München: Lexika, 1988.
Faulstich-Wieland, H.: Berufsorientierende Beratung von Mädchen. Frankfurt/Main: Diesterweg, 1981.
–: Pionierinnen oder Außenseiterinnen? Mädchen und Informatik. Frauenforschung, 1987, H. 1/2, S. 97–118.
–: „Mädchenbildung und neue Technologien". Frauenforschung, 1987, H. 1/2, S. 75–95.
–: Pionierinnen oder Außenseiterinnen? Die Teilnehmerinnen am Bundeswettbewerb Informatik. Log in, 1988, S. 36–39.
–: Koedukation – ein fragwürdig gewordener Fortschritt? Oldenburger Vor-Drucke, 1988 (H. 56/88).
–: Koedukation und Utopie. In: Hansmann, O. u. W. Marotzki (Hrsg.): Diskurs Bildungstheorie II: Problemgeschichtliche Orientierungen (Rekonstruktion der Bildungstheorie unter Bedingungen der gegenwärtigen Gesellschaft). Weinheim: Deutscher Studien Verlag, 1989.
–: Frauensicht als humane Perspektive oder: Wider die Verkürzung der naturwissenschaftlich-technischen Bildung. Friedrich Jahresheft VII, 1989, S. 83–85.
– (Hrsg.): Abschied von der Koedukation? (Schriftenreihe der Fachhochschule Frankfurt/Main, Bd. 18). Frankfurt/Main 1987.
– u. A. Dick: „Wir Mädchen können das, auch wenn die Jungen lachen ..." (HIBS-Sonderreihe, H. 27). Wiesbaden 1988.
–: Mädchenbildung und neue Technologien (Abschlußbericht der wissenschaftlichen Begleitung zum hessischen Vorhaben). Wiesbaden: HIBS, 1989 (Sonderreihe, H. 29).
Faulstich-Wieland, H. u. M. Horstkemper: Lebenspläne und Zukunftsentwürfe von Jungen und Mädchen am Ende der Sekundarstufe I. Die deutsche Schule, 1985, H. 6, S. 478–491.
Faulstich-Wieland, H., Koch, C. u. B. Landwehr: „Mädchen können keine Naturwissenschaftler sein" oder: Die Bedingungen der Technikdistanz von Mädchen und Frauen. In: Faulstich-Wieland, H. (Hrsg.): Abschied von der Koedukation? Schriftenreihe der Fachhochschule Ffm., Bd. 18. Frankfurt/Main 1987.
Faulstich-Wieland, H. u. G. Schefer-Vietor: Koedukation – Geschlechterverhältnisse in der Erziehung. In: Beck, K., Herrlitz, H.-G. u. W. Klafki (Hrsg.): Erziehung und Bildung als öffentliche Aufgabe. Z. f. Päd., 23. Beih. Weinheim: Beltz, 1988.

Fauser, R. u. N. Schreiber: Was erwarten Jugendliche und Erwachsene von informationstechnischer Bildung? (Abschlußbericht). Konstanz: Universität, 1988.
–: Ansatzpunkte für eine informationstechnische Grundbildung. Z. f. Päd., 1989, H. 2, S. 219–240.
– (Hrsg.): Sozialwissenschaftliche Überlegungen, empirische Untersuchungen und Unterrichtskonzepte zur informationstechnischen Bildung (Werkstattbericht 1: Projekt Informationstechnische Bildung). Konstanz: Universität, 1986.
FIF, Enders-Dragässer, U. u. G. Stanzel: Frauen Macht Schule (Dokumentation der 4. Fachtagung der AG Frauen + Schule in Frankfurt/Main). Frankfurt a. M.: FIF, 1986.
Filter, C.: Pro Koedukation. Emma, 1989, S. 28.
Flaake, K.: Weibliche Identität und Arbeit in der Schule: Das unterschiedliche Verhältnis von Lehrerinnen und Lehrern zu ihrem Beruf. In: Giesche, S. u. D. Sachse (Hrsg.): Frauen verändern Lernen. Kiel: Hypatia-Verlag, 1988.
Fox, L. H.: Die Zeiten ändern sich – die Erziehung hochbegabter Mädchen. In: Urban, K. K. (Hrsg.): Hochbegabte Kinder. Heidelberg: Schindele Verlag, 1982.
Frasch, H. u. A. C. Wagner: „Auf Jungen achtet man einfach mehr ...“. In: Brehmer, I. (Hrsg.): Sexismus in der Schule. Weinheim: Beltz 1982.
Frauen und Schule: Koedukation. 1985.
Frauen und Schule. Für eine reformierte Koedukation. 1988.
Frauen und Schule: Pädagogik des Unterschieds. 1988.
Fried, L.: Werden Mädchen im Kindergarten anders behandelt als Jungen? Z. f. Päd. 1989, H. 4, S. 471–492.
Friedrich Jahresheft VII: Feminin – Maskulin. Konventionen, Kontroversen, Korrespondenzen. 1989.
Funk, H. u. H. Huber: Mädchenkultur – Lebensbewältigung zwischen Tradition und Moderne. In: Hebenstreit-Müller, S. u. I. Helbrecht-Jordan (Hrsg.): Frauenleben in ländlichen Regionen. Bielefeld: Kleine Verlag, 1990.

Gardner, P. L.: Schülerinteressen an Naturwissenschaften und Technik. In: Lehrke, M. u. L. Hoffmann (Hrsg.): Schülerinteressen am naturwissenschaftlichen Unterricht. Köln: Aulis Verlag, 1987.
Gdaniec, C.: Der alltägliche Sexismus im Englischunterricht. EAST, 1982, H. 4, S. 627–629.
Geißler, R.: Jugend und Technik. Gegenwartskunde, 1990, H. 1, S. 47–57.
Giebeler, K.: “... Body talks”. Körper und Körpererfahrungen Jugendlicher als Gegenstand politischer Bildung. deutsche jugend, 1990, H. 6, S. 269–276.
Giesche, S. u. D. Sachse (Hrsg.): Frauen verändern Lernen (Dokumentation der 6. Fachtagung der AG Frauen und Schule). Kiel: Hypatia, 1988.

Gleim, B.: Erziehung und Unterricht des weiblichen Geschlechts (Neudruck mit einer Einleitung von Ruth Bleckwenn) (Quellen und Schriften zur Geschichte der Frauenbildung, Bd. 4). Paderborn: Verlag M. Hüttemann, 1810 (1989).

Glötzner, J.: Heidi häkelt Quadrate, Thomas erklärt die Multiplikation. In: Brehmer, I. (Hrsg.): Sexismus in der Schule. Weinheim: Beltz, 1982.

–: Ist ein mathematisches Weib wider die Natur? In: Brehmer, I. (Hrsg.): Sexismus in der Schule. Weinheim: Beltz, 1982.

–: Sexismus in neuen Mathematikbüchern. Pädagogik heute, 1987, H. 3, S. 19–21.

Gottschalk-Scheibenpflug, J.: Ist Jugendarbeit Jungenarbeit? Aspekte zur Koedukation. In: Beck, K., Herrlitz, H.-G. u. W. Klafki (Hrsg.): Erziehung und Bildung als öffentliche Aufgabe (Z. f. Päd., 23. Beih.). Weinheim: Beltz, 1988.

Greenglass, E. R.: Geschlechterrolle als Schicksal (Soziale und psychologische Aspekte weiblichen und männlichen Rollenverhaltens). Stuttgart: Klett-Cotta, o. J. (1986).

Grossmann, W. u. B. Naumann (Hrsg.): Frauen- und Mädchenrollen in Kinder- und Schulbüchern (Dokumentation der Tagung der Max Träger Stiftung vom 7.–9. 11. 1986 in Schmitten). Frankfurt a. M. 1987.

Häußler, P. u. L. Hoffmann: Physikunterricht für Mädchen und Jungen getrennt? Naturwissenschaften im Unterricht – Physik, 1990, H. 1, S. 32–33.

–: Wie Physikunterricht auch für Mädchen interessant werden kann. Naturwissenschaften im Unterricht – Physik, 1990, H. 1, S. 12–18.

Hagenmaier, T.: Mädchenbildung in den Bildungsplänen der Bundesrepublik. Die Schulwarte, 1969, H. 22, S. 81–90. (Abgedruckt in: Pfister, G.: Zurück zur Mädchenschule? Pfaffenweiler 1988, S. 249–258.)

Hahne, K., Heidorn, F. u. A. Scheiterle: Wie Schüler mit naturwissenschaftlichen Unterrichtsinhalten umgehen. Wechselwirkung, 1980, H. 5, S. 17–21.

Hamburg macht Schule: Mädchen und Jungen. Sozialisation in der Schule. 1989, H. 5.

Hannover, B. u. a.: Mehr Mädchen in Naturwissenschaft und Technik (Abschlußbericht) (hekt. Man.). Berlin: Inst. f. Psych. d. TUB, 1989.

Hansmann, O. u. W. Marotzki (Hrsg.): Diskurs Bildungstheorie II: Problemgeschichtliche Orientierungen (Rekonstruktion der Bildungstheorie unter Bedingungen der gegenwärtigen Gesellschaft). Weinheim: Deutscher Studien Verlag, 1989.

Hansot, E. u. D. Tyack: Gender in American Public Schools: Thinking Institutionally. Signs, 1988, 13 (H. 4), S. 741–760.

Harding, S.: Feministische Wissenschaftstheorie (Zum Verhältnis von Wissenschaft und sozialem Geschlecht). Hamburg: Argument, 1990.

Harless, H. (Hrsg.): Jugend im Werden (Getrennte oder gemeinsame Erziehung der Geschlechter? Stimmen zur Koedukation). Bremen: Verlag Manz und Lange, 1955.

Harreis, H. u. H. Sanfleber: Herausforderungen an die Realschule: Naturwissenschaften – insbesondere Physik – und Technik auch für Mädchen. Die Realschule, 1989, H. 5, S. 207–213.

Haßler, R.: Geliebte Töchter (Bd. I: Eine der ältesten höheren Mädchenschulen erzählt [1795/1812–1912]; Bd. II: Eine Schulgeschichte [ab 1912]). Bechhofen a. d. H.: Haßler Verlag, 1987.

Heiliger, A. u. H. Funk (Hrsg.): Neue Aspekte der Mädchenförderung. München: DJI, 1990.

Heinemann, M.: Familienrecht und Mädchenerziehung im 19. Jahrhundert in Preußen. In: Hohenzollern, J. G. P. v. u. M. Liedtke (Hrsg.): Der weite Schulweg der Mädchen. Bad Heilbrunn: Klinkhardt, 1990.

Heinrichs, U. u. T. Schulz: Mädchen und Naturwissenschaften. Pädagogik, 1989, S. 36–39.

Hell, K.: Interesse und Leistungen im Fach Physik bei Hauptschülern und Hauptschülerinnen (Eine unterrichtspsychologische und geschlechterpsychologische Untersuchung). Diss. Essen 1982.

Henseler, K.: Zur Situation des Technikunterrichts. arbeiten + lernen, 1988, H. 55, S. 3–7.

Hepting, R.: Mädchenbildung versus Koedukation (Eine vergleichende Untersuchung über die Sozialisation der Mädchen in privaten konfessionellen Mädchengymnasien und staatlichen koedukativen Gymnasien). Stuttgart: Hochschulverlag, 1978.

Hierdeis, I.: Mädchenerziehung heute. Pädagogische Welt, 1974, H. 7, S. 394–406.

Höher, F.: Professionelle Frauen und mütterliche Väter. Ein Plädoyer für das andere im eigenen Geschlecht am Beispiel frauenpolitischer Praxis und antisexistischer Jungenarbeit. In: Schlüter, A., Roloff, C. u. M. A. Kreienbaum (Hrsg.): Was eine Frau umtreibt (Frauenbewegung – Frauenforschung – Frauenpolitik). Pfaffenweiler: Centaurus, 1990.

Hoffmann, L.: Mädchen / Frauen und Naturwissenschaften / Technik. In: Giesche, S. u. D. Sachse (Hrsg.): Frauen verändern Lernen. Kiel: Hypatia Verlag, 1988.

–: Die Interessen von Schülerinnen an Physik und Technik. Die Realschule, 1989, H. 5, S. 201–205.

–: Mädchen und Physik – ein aktuelles, ein drängendes Thema. Naturwissenschaften im Unterricht – Physik, 1990, H. 1.

Hohenzollern, J. G. P. v. u. M. Liedtke (Hrsg.): Der weite Schulweg der Mädchen. Bad Heilbrunn: Klinkhardt, 1990.

Hopfner, J.: Mädchenerziehung und weibliche Bildung um 1800 (Im Spiegel der populär-pädagogischen Schriften der Zeit). Bad Heilbrunn: Klinkhardt, 1990.

Horstkemper, M.: Schule, Geschlecht und Selbstvertrauen. Weinheim: Juventa, 1987.
– u. L. Wagner-Winterhagen (Hrsg.): Mädchen und Jungen – Männer und Frauen in der Schule (1. Beih. der Zeitschrift Die Deutsche Schule). Weinheim: Juventa, 1990.
Hürlimann, B. L.: Gemischt oder getrennt – wo haben Mädchen mehr Chancen? Schweizer Schule, 1989, H. 7–8, S. 11–13.
Huntgeburth, H.: Koedukation und geschlechtsspezifische Erziehung in der Familie. Engagement, 1986, H. 2, S. 106–112.
Hurrelmann, K., Rodax, K. u. N. Spitz: Zur Bildungssituation von Mädchen im allgemeinbildenden Schulbereich. In: Hurrelmann, K. u. a. (Hrsg.): Koedukation – Jungenschule auch für Mädchen? (Alltag und Biografie von Mädchen B. 14). Opladen: Leske + Budrich, 1986.
Hurrelmann, Klaus u. a.: Koedukation – Jungenschule auch für Mädchen? (Alltag und Biographie von Mädchen, Bd. 14). Opladen: Leske + Budrich, 1986.
HVHS Frille, Book, M. u. a.: Parteiliche Mädchenarbeit & antisexistische Jungenarbeit (Abschlußbericht des Modellprojekts „Was Hänschen nicht lernt ... verändert Clara nimmer mehr!“). Frille: o. J., 1989.

IGEBP: Mädchen in technischen Berufen: Erfolge/Schwierigkeiten/Empfehlungen (Kurzdokumentation des Zweiten Deutsch-Niederländischen Seminars in Aachen). Solingen 1990.
Imhof, M.: Mädchen – Jungen. Veränderungen der Geschlechterbeziehungen im Zusammenhang mit Selbsterfahrungsarbeit in der Grundschule. In: Prengel, A., Schmid. P., Sitals, G. u. C. Willführ (Hrsg.): Schulbildung und Gleichberechtigung. Frankfurt a. M. 1987.

Jacobi-Dittrich, J.: Geschichte der Mädchenbildung. Feminin – Maskulin, 1989, S. 59–63.
Jacobs, W., Ruprecht, H., Hüne, H. M. u. H. D. Eheim: Technische Bildung (Empirische Untersuchungen und curriculare Vorarbeiten). Hannover: Schroedel, 1974.
Janshen, D. (Hrsg.): Hat die Technik ein Geschlecht? (Denkschrift für eine andere technische Zivilisation). Berlin: Orlanda Frauenverlag, 1990.
– u. H. Rudolf (Hrsg.): Frauen gestalten Technik (Ingenieurinnen im internationalen Vergleich). Pfaffenweiler: Centaurus, 1988.
Joerger, K.: Koedukation im Lichte eines Schul-Sozial-Tests. Schule und Psychologie, 1963, H. 10, S. 369–373.
Jörißen, G.: Kritik an erlebnispädagogisch verkürzter Mädchenarbeit. deutsche jugend, 1990, H. 6, S. 266–268.
Jungfer, H.: Naturwissenschaftliche Begabungen – an Mädchengymnasien stärker gefördert als an Koedukativen. Zweiwochendienst Frauen und Politik, 1987, S. 3–7.

Kauermann-Walter, J. u. S. Metz-Göckel: Geschlechterverhältnis und Computerbildung. In: Kreienbaum, M. A. (Hrsg.): Frauen bilden Macht (Dokumentation des 7. Fachkongresses Frauen und Schule). Dortmund: Barbara Weißbach Verlag, 1989.

Kauermann-Walter, J., Kreienbaum, M. A. u. S. Metz-Göckel: Formale Gleichheit und diskrete Diskriminierung: Forschungsergebnisse zur Koedukation. In: Rolff, H.-G., Klemm, K., Pfeiffer, H. u. E. Rösner (Hrsg.): Jahrbuch der Schulentwicklung (Bd. 5). Weinheim: Juventa, 1988.

Keeves, J. P.: Sex Differences in Ability and Achievement. In: T. Husen u. T. W. Postlethwaites (Hrsg.): The International Encyclopedia of Education (Bd. 8). Oxford 1985.

Kerner, C.: Lise, Atomphysikerin (Die Lebensgeschichte der Lise Meitner). Weinheim: Beltz, 1986.

Kindermann, G., Mauersberger, B. u. I. Pilwousek (Hrsg.): Frauen verändern Schule. Berlin (West): Frauen + Schule Verlag, 1987.

Klees, R., Marburger, H. u. M. Schumacher: Mädchenarbeit (Praxishandbuch für die Jugendarbeit, Teil 1). Weinheim: Juventa, 1989.

Kleinau, E.: Die „Hochschule für das weibliche Geschlecht" und ihre Auswirkungen auf die Entwicklung des höheren Mädchenschulwesens in Hamburg. ZfPäd, 1990, H. 1, S. 121–138.

Kleinespel, K.: Schule als biographische Erfahrung (Die Laborschule im Urteil ihrer Absolventen). Weinheim: Beltz-Verlag, 1990.

KMK: Neue Medien und moderne Technologien in der Schule (Bestandsaufnahme über die Aktivitäten in den Ländern zur informationstechnischen Bildung [Stand: Februar 1986]). Bonn 1986.

Knab, D.: Mädchenbildung. In: Speck, J. u. H. Wehle (Hrsg.): Handbuch pädagogischer Grundbegriffe. München 1970.

–: Diskussionsanstöße zum Thema „Katholische freie Schule und Koedukation". Engagement, 1986, H. 2, S. 120–124.

–: Koedukationskritik als erster Schritt zur Koedukation. Universitas, 1990, H. 9, S. 817–820.

Köppel, A.-P.: Eröffnetes Cabinet Deß Gelehrten Frauen-Zimmers/Darinnen Die Berühmtesten dieses Geschlechts umbständlich vorgestellet werden. Feministische Studien, 1985, H. 1, S. 107–129.

Koerner, M.: Auf die Spur gekommen (Frauengeschichte in Göttingen). Neustadt: Calenberg Press, 1989.

Kolmer, C.: Mädchen auf neuen Wegen (Leitlinien von Mädchen- und Frauenarbeit). Frankfurt/Main: Internationaler Bund für Sozialarbeit, 1990.

Kopp-Degethoff, H.: Geschichten (nicht nur) für Mädchen – Mädchenbücher im Deutschunterricht. In: Kreienbaum, M. A. (Hrsg.): Frauen bilden Macht. Dortmund: Barbara Weißbach Verlag, 1989.

Krause, C.: Mädchen und Jungen in der Schule der DDR. Die deutsche Schule, 1990, 1. Beih., S. 126–138.

Kreienbaum, M. A. (Hrsg.): Frauen bilden Macht (Dokumentation des 7. Fachkongresses Frauen und Schule). Dortmund: Barbara Weißbach Verlag, 1989.
Kröner, S.: Leitbild Androgynität – Eine Utopie im Sport? In: Kröner, S. u. G. Pfister (Hrsg.): Nachdenken über Koedukation im Sport. Ahrensburg: Verlag Ingrid Czwalina, 1985.
–: Weibliche Kraft und männliche Anmut. Zur Kontroverse koedukativen Sportunterrichts. In: Pfister, G. (Hrsg.): Zurück zur Mädchenschule? Pfaffenweiler: Centaurus, 1989.
Kröner, S. u. G. Pfister (Hrsg.): Nachdenken über Koedukation im Sport (Ein Reader mit weiterführenden Perspektiven). Ahrensburg: Verlag I. Czwalina, 1985.
Krogh-Jensen, G.: Der Unterschied im männlichen und weiblichen Entwicklungstempo und seine Bedeutung für die moderne Koedukationsfrage. Archiv für die gesamte Psychologie, 1923, H. 45, S. 1–82.
Kubli, F.: Piagets klinisches Experiment als eine Methode, Interessenstrukturen zu identifizieren. In: Lehrke, M. u. L. Hoffmann (Hrsg.): Schülerinteressen am naturwissenschaftlichen Unterricht. Köln: Aulis Verlag, 1987.
Kuhn, A. u. D. Appenzeller (Hrsg.): Mehrheit ohne Macht (Frauen in der Bundesrepublik Deutschland). Düsseldorf: Schwann Verlag, 1985.
Kuhrke, R.: Jungenchemie – Mädchenchemie? In: Ministerium für Bildung, Wissenschaft, Jugend und Kultur. Koedukation und Naturwissenschaften. Kiel 1990.
Kunst + Schule: Ästhetische Leitbilder und Geschlechterrollen. 1982, H. 76.
Kunst + Unterricht: Mädchenästhetik. 1983, H. 80.

Ladj-Teichmann, D.: Erziehung zur Weiblichkeit durch Textilarbeiten (Ein Beitrag zur Sozialgeschichte der Frauenarbeit im 19. Jahrhundert). Weinheim: Beltz, 1983.
Lehrke, M. u. L. Hoffmann (Hrsg.): Schülerinteressen am naturwissenschaftlichen Unterricht. Köln: Aulis Verlag, 1987.
Lemmermöhle-Thüsing, D.: „Meine Zukunft? Naja, heiraten, Kinder haben und trotzdem berufstätig bleiben. Aber das ist ja fast unmöglich." Über die Notwendigkeit, die Geschlechterverhältnisse in der Schule zu thematisieren: das Beispiel Berufsorientierung. In: Rabe-Kleberg, U. (Hrsg.): Besser gebildet und doch nicht gleich! (Frauen und Bildung in der Arbeitsgesellschaft). Bielefeld: Kleine Verlag, 1990.
Lengerke, C. v., Nohr, K., Weiss, R., Sattler, A. u. D. Schuntermann: Verführung zur Ohnmacht. Koedukation. Courage, 1980, H. 9, S. 33–37.
Lenske, W. u. H. Wollenweber (Hrsg.): Frauen im Beruf (Förderung naturwissenschaftlich-technischer Bildung für Mädchen in der Realschule). Köln: DIV, 1990.
Lerche-Renn, H.: Mit Nadel, Faden, Fingerhut (Geschichte des Handarbeits-

unterrichts im Rahmen der Mädchenbildung). Bergisch Gladbach: Bergisches Museum für Bergbau, Handwerk und Gewerbe, 1987.
Lerche-Renn, H.: Textilunterricht und Koedukation. Textilarbeit + Unterricht, 1990, H. 2, S. 49–56.
Libreria della donna di Milano: Wie weibliche Freiheit entsteht (Eine neue politische Praxis). Berlin: Orlanda Frauenverlag, 1988.
Lindemann, A.: Die Gemeinschaftserziehung vom Elternstandpunkt. Die Frau, 1912, H. 3, S. 129–137.
Litschke, I., Morlock, A. u. U. Peters-Wellmer: Untersuchungen über hauswirtschaftliche Themen und Inhalte im hauswirtschaftlichen Unterricht sowie in der Arbeitslehre in den einzelnen Bundesländern (Sek. I). Hauswirtschaftliche Bildung, 1986, H. 2 u. H. 4, S. 71–95 u. S. 187–208.
Lochner, R.: Geschlechtertrennung und Geschlechtervereinigung im deutschen Schulwesen der Vergangenheit. Langensalza: Hermann Beyer & Söhne, 1923.
Loduchowski, H.: Teenager und Koedukation? (Jugend der freien Welt in Gefahr). Freiburg: Herder, 1960.
Luhmann, B.: Die Vorteile der Mädchenerziehung – Plädoyer aus der Sicht einer Katholischen Schule. Hamburg macht Schule, 1989, S. 18–19.
Lundgreen, P.: Institutionalisierung des höheren Schulwesens. In: Baethge, M. u. K. Nevermann (Hrsg.): Organisation, Recht und Ökonomie des Bildungswesens (Bd. 5 der Enzyklopädie Erziehungswissenschaft). Stuttgart: Klett-Cotta, 1984.
Luysberg, J. u. L. Uhlenbusch: Vom Glücksrad zum Elektromotor – Spiel und physikalischer Erkenntnisgewinn. Naturwissenschaften im Unterricht – Physik, 1990, H. 1, S. 25–28.

Mader, H. P.: Pädagogische Relevanz von Theorie und Realität der männlichen und weiblichen Geschlechtsrolle. Frankfurt/Main: Rita G. Fischer, 1980.
Marburger, H. u. E. Nyssen: „Mit Problemen können wir nicht dienen". In: Kreienbaum, M. A. (Hrsg.): Frauen bilden Macht (Dokumentation des 7. Fachkongresses Frauen und Schule). Dortmund: Barbara Weißbach Verlag, 1989.
Marsh, H. W. u. a.: The Transition from Single-Sex to Coeducational High Schools: Teachers Perception, Academic Achievement und Self-Concept. British Journal of Educational Psychology, 1989, H. 2, S. 155–173.
Martens, G. u. H. Bockhorst (Hrsg.): Feministische Kulturpädagogik (Projekte und Konzepte). Remscheid: Verlag Alexander T. Rolland, 1989.
Martial, I. F. v.: Zur neuen Diskussion um Koedukation und die Geschlechtertrennung in der Schule. Die Realschule, 1990, H. 2, S. 81–86.
–: Geschlechtertrennung und Koedukation in der Schule – Zur Diskussion um zwei schulorganisatorische Prinzipien. Engagement, 1986, H. 2, S. 95–105.

–: Koedukation – Vorteile für Mädchen? Recht der Jugend und des Bildungswesens, 1988, H. 1, S. 56–63.
–: Koedukation und Geschlechtertrennung in der Schule (Schriftenreihe der Fördergemeinschaft der Schulen in freier Trägerschaft e. V., H. 38). Köln: Adams Verlag, 1989.
Merz, F.: Geschlechterunterschiede und ihre Entwicklung (Lehrbuch der Differentiellen Psychologie, Bd. 3). Göttingen: Hogrefe, 1979.
Metz-Göckel, S. u. E. Nyssen: Frauen leben Widersprüche (Zwischenbilanz der Frauenforschung). Weinheim: Beltz, 1990.
Meyer, W.-U. u. F.-O. Plöger: Scheinbar paradoxe Wirkungen von Lob und Tadel auf die wahrgenommene eigene Begabung. In: Filipp, S.-H. (Hrsg.): Selbstkonzept-Forschung (Probleme, Befunde, Perspektiven). Stuttgart: Klett-Cotta, 1979.
Michel-Adler, E.: Sowohl gemeinsam als auch getrennt: Mädchen und Buben in der Schule. Schweizer Schule, 1989, H. 7–8, S. 3–7.
Ministerium für Bildung, Wissenschaft, Jugend und Kultur des Landes Schleswig-Holstein (Hrsg.): Koedukation und Naturwissenschaften (Was leistet der gemeinsame Unterricht für Jungen und Mädchen?) (Dokumentation zum Forum am 12. 1. 1990 in Kiel). Kiel 1990.
Mittenzwey, L.: Frauenfrage und Schule mit besonderer Berücksichtigung der Gemeinschaftserziehung – Koedukation – beider Geschlechter. Langensalza: Hermann Beyer & Söhne, 1909.
Münch, W.: Zur Erziehung der Geschlechter. In: Porger, G. (Hrsg.): Pädagogische Zeit- und Streitfragen. Bielefeld: Velhagen & Klasing, 1926.
Murray, B.: Sex Differences in Education (A Comparative Study of Ireland and Switzerland). Bern: Peter Lang Verlag, 1985.

Neubauer, V. E.: Über die Entwicklung der technischen Begabung bei Kindern. Zeitschrift für angewandte Psychologie, 1928, H. 29, S. 289–336.
Neutzling, R. u. D. Schnack: Jungen sind ganz anders. Sozialmagazin, 1990, H. 7/8, S. 15–25.
Nötzel, R.: Spiel und geschlechtsspezifische Arbeitsteilung. Pfaffenweiler: Centaurus, 1987.
–: Geschlechtsspezifische Bewegungssozialisation durch Spiel und Sport. In: Giesche, S. u. D. Sachse (Hrsg.): Frauen verändern Lernen. Kiel: Hypatia-Verlag, 1988.
Nyssen, E.: Koedukation – ein Problem für die LehrerInnenausbildung? In: Konrad, M. (Hrsg.): Theorie und Praxis in der Lehrerausbildung (IFS-Werkheft 29). Dortmund: IFS, 1988.

Oberliesen, R.: Einstellungen der Schüler zum Unterrichtsfach Technik und deren Veränderlichkeit durch Unterricht. Die Arbeitslehre, 1974, H. 2, S. 49–56.

Opitz, U.: „Mädchen-Marlboro". Alternative Ansätze der Mädchenbildungsarbeit. deutsche jugend, 1990, H. 6, S. 261–265.
Oswald, H., Krappmann, L., Chowdhuri, I. u. M. v. Salisach: Grenzen und Brücken: Interaktionen zwischen Mädchen und Jungen im Grundschulalter. KZfSS, 1986, H. 3, S. 560–580.
Otto, I.: Bürgerliche Töchtererziehung im Spiegel illustrierter Zeitschriften von 1865 bis 1915. Hildesheim: Verlag August Lax, 1990.
Otto, K.: Disziplin bei Mädchen und Jungen (Ein Beitrag zur Gleichberechtigung der Geschlechter aus psychologischer, pädagogischer, soziologischer und historischer Sicht). Berlin (Ost): Volk und Wissen, 1974.
Ottweiler, O.: Koedukation – heimlicher Lehrplan zur Unterdrückung der Mädchen? Lehrer Journal Hauptschulmagazin, 1990, H. 3, S. 9–12.

Pestalozza, H. G. v.: Der Streit um die Koedukation in den letzten 30 Jahren in Deutschland. Langensalza: Beyer & Mann, 1922.
Pfeiffer, L.: Turnunterricht im Dritten Reich (Erziehung für den Krieg?). Köln: Pahl Rugenstein, 1987.
Pfister, G.: Geschlechtsspezifische Sozialisation und Koedukation im Sport. Berlin: Bartels und Wernitz, 1983.
– (Hrsg.): Zurück zur Mädchenschule? Pfaffenweiler: Centaurus Verlag, 1989.
– u. M.-L. Klein: Kooperation – Konflikt – Gewalt. Zur Friedenserziehung der Mädchen im Sportunterricht. In: Block, I., Pfister, G., Rieger, U. u. C. Schmeling (Hrsg.): Feminismus in der Schule. Berlin: Frauen + Schule Verlag, 1985.
Pichol, K.: Anmerkungen zum allgemeintechnologischen und zum mehrperspektivischen Ansatz in der Technikdidaktik. arbeiten + lernen, 1990, H. 68, S. 3–11.
Praxis Deutsch: Mädchen – Junge als Thema des Deutschunterrichts. 9/1985, H. 73.
Prengel, A.: Der Beitrag der Frauenforschung zu einem anderen Blick auf die Erziehung von Jungen. Sozialmagazin, 1990a, H. 7/8, S. 36–47.
–: Erziehung von Mädchen & Jungen. Plädoyer für eine demokratische Differenz. Pädagogik, 1990b, H. 7–8, S. 40–44.
Pross, H.: Über die Bildungschancen von Mädchen in der Bundesrepublik. Frankfurt/Main 1969.
PZ-Information: Mathematik, Naturwissenschaften und Technik – nichts für Mädchen? Bad Kreuznach: PZ-Rheinland-Pfalz, 1989, H. 4.

Quenstedt, F.: Keine Integration ohne Koedukation: Zur Sexualerziehung seelisch gestörter und verhaltensauffälliger Schüler. Jugendwohl, 1985, S. 232–234.

Rabe-Kleberg, U.: Sozialarbeit und Sozialpädagogik in der Schule – Auch für Mädchen? In: Hurrelmann, K. u. a. (Hrsg.): Koedukation – Jungenschule auch für Mädchen? (Alltag und Biografie von Mädchen 14). Opladen: Leske + Budrich, 1986.
– (Hrsg.): Besser gebildet und doch nicht gleich! (Frauen und Bildung in der Arbeitsgesellschaft). Bielefeld: Kleine Verlag, 1990.
Rauch, J.: Pro Mädchenschule. Emma, 1989, S. 29.
–: K. O. edukation. Emma, 1989, S. 16–20.
Reble, A.: Geschichte der Pädagogik. Frankfurt/Main 1981.
Reineke, V.: Mädchen im Informatikunterricht. Log in, 1988, H. 1, S. 39–40.
Rife, P.: Lise Meitner (Ein Leben für die Wissenschaft). Düsseldorf: Claassen, 1990.
Röhner, C.: „Frauen sind wie Türken. Die kann ich auch nicht leiden." Beobachtungen zum Geschlechtsverhältnis in der Grundschule. In: FIF, Enders-Dragässer, U. u. G. Stanzel: Frauen Macht Schule. Frankfurt/Main 1985.
Rogge, J. U.: Frauen und Computer. Zwischen Pragmatismus, Skepsis und Unbehagen. Neue Praxis, 1987, H. 2, S. 18–21.
Roloff, C.: Von der Schmiegsamkeit zur Einmischung (Professionalisierung der Chemikerinnen und Informatikerinnen). Pfaffenweiler: Centaurus, 1989.
–: Konzeptualisierung des Versteckten. Überlegungen zum Frauenforschungsschwerpunkt „Technik- und Naturwissenschaftspotentiale von Frauen" am HDZ der Universität Dortmund. In: Schlüter, A., Roloff, C. u. M. A. Kreienbaum (Hrsg.): Was eine Frau umtreibt (Frauenbewegung – Frauenforschung – Frauenpolitik). Pfaffenweiler: Centaurus, 1990.
–: Frauenförderung in Naturwissenschaft und Technologie im internationalen Vergleich. Dortmund: Universität – HDZ, 1990.
– u. a.: Nicht nur ein gutes Examen (Dortmunder Diskussionsbeiträge zur Hochschuldidaktik, Bd. 11). Dortmund 1987.
Roth, L. (Hrsg.): Handlexikon zur Didaktik der Schulfächer. München: Ehrenwirth, 1980.
Rutschky, K.: Deutsche Schul-Chronik (Lernen und Erziehen in vier Jahrhunderten). Köln: Kiepenheuer & Witsch, 1987.

Sachs, B.: Frauen und Technik – Mädchen im Technikunterricht. tu, 1987, H. 46, S. 5–14.
–: Grundlinien einer Geschichte des Technikunterrichts. tu, 1988, H. 48, S. 5–15.
Sander, W. (Hrsg.): Schülerinteressen am Computer (Ergebnisse aus Forschung und Praxis). Opladen: Westdeutscher Verlag, 1988.
Sarges, H.: Mädchen und Mathematikunterricht. In: Arbeitsgruppe Elternarbeit (Hrsg.): Die Schule lebt – Frauen bewegen die Schule. München: DJI, 1984.

Scharffenorth, G.: Bildung für die Lebenswelt. In: Kuhn, A. u. G. Tornieporth (Hrsg.): Frauenbildung und Geschlechtsrolle. Gelnhausen: Burckhardthaus-Laetare Verlag, 1980.

Scheffel, H. u. W. Thies: Parteilichkeit im koedukativen Sportunterricht. In: Kreienbaum, M. A. (Hrsg.): Frauen bilden Macht. Dortmund: Barbara Weißbach Verlag, 1989.

–: Mädchen und Selbstbestimmung. Sportpädagogik, 1989, H. 2, 47–52.

Schildkamp-Kündiger, E.: Frauenrolle und Mathematikleistung (Eine empirische Untersuchung an 13- und 14jährigen Oberschülerinnen über Beziehungen zwischen Persönlichkeitsvariablen und Mathematikleistungen). Düsseldorf: Pädagogischer Verlag Schwann, 1974.

Schmeling, C.: Das Frauenbild im Englischlehrwerk. In: Block, I., Pfister, G., Rieger, U. u. C. Schmeling (Hrsg.): Feminismus in der Schule. Berlin: Frauen + Schule Verlag, 1985.

Schmid, P.: Bürgerliche Theorien zur weiblichen Bildung. Klassiker und Gegenstimmen um 1800. In: Hansmann, O. u. W. Marotzki (Hrsg.): Diskurs Bildungstheorie II: Problemgeschichtliche Orientierungen (Rekonstruktion der Bildungstheorie unter Bedingungen der gegenwärtigen Gesellschaft). Weinheim: Deutscher Studien Verlag, 1989.

Schmidt, W.: Die Einstellungen von Lehrpersonen zur Koedukation im Schulsport. In: Kröner, S. u. G. Pfister (Hrsg.): Nachdenken über Koedukation im Sport. Ahrensburg: Verlag Ingrid Czwalina, 1985.

Schmitter, Romina u. a.: Koedukation. BLZ (Zeitschrift der GEW Bremen), 1990, H. 10, S. 4–12.

Schnack, D. u. R. Neutzling: Kleine Helden in Not (Jungen auf der Suche nach Männlichkeit). Reinbek: rororo, 1990.

Schnorrenberg, K. u. K. Völkel: Koedukation: Oder die Anpassung an das allgemein Männliche. In: Pfister, G. (Hrsg.): Zurück zur Mädchenschule? Pfaffenweiler: Centaurus, 1988.

Schnyder, B.: Gemischte Klassen auf der Mittelstufe: Rollenstereotype ausbalancieren. Schweizer Schule, 1989, H. 7–8, S. 8–10.

Schrader, C.: Geschlechtsspezifische Wahrnehmung (Empirische Untersuchung zur geschlechtsspezifischen Wahrnehmung von Bildinhalten im Kunstunterricht) (Arbeitsberichte Folge 59/88). Bremen: Wissenschaftliches Institut für Schulpraxis, 1988.

Schröder, A.: Textilunterricht. In: Roth, L. (Hrsg.): Handlexikon zur Didaktik der Schulfächer. München: Ehrenwirth, 1980.

Schröteler, J. (Hrsg.): Geschlechtertrennung oder Geschlechtermischung (Beiträge zum Koedukationsproblem). Düsseldorf: Pädagogischer Verlag, 1933.

Schwank, I.: Zum algorithmischen Denken von Mädchen. Beiträge zum Mathematikunterricht, 1988, S. 289–292.

Siedenburg, H.: Koedukation im Textilunterricht – Erfahrungsaustausch. Textilarbeit + Unterricht, 1990, H. 2, S. 71.

Simons, A. u. H. Simons: Über die Veränderungen von Sympathie- und Antipathiebeziehungen zwischen Jungen und Mädchen in der Grundschule. Z. f. Empirische Pädagogik, 1978, H. 3, S. 178–191.
Sinhart-Pallin, D.: Die technik-zentrierte Persönlichkeit (Sozialisationseffekte mit Computern). Weinheim: Deutscher Studien Verlag, 1990.
–: Computer im Unterricht: Am Ende bleibt die Wissenskluft. ZSE, 1990, H. 3.
Skinningsrud, T.: Mädchen im Klassenzimmer: warum sie nicht sprechen. Frauen + Schule, 1984, S. 21–23.
Sklorz-Weiner, M.: Jungen und Mädchen und Computer: Verhalten und Einstellungen zu neuen Technologien. Zf. Päd. Psych., 1989, H. 2, S. 129–137.
Sommerkorn, I.: Beeinflußt die Schule das Technik(des)interesse von Mädchen und Frauen? (Dokumentation des Colloquiums zu Fragen der Frauenforschung am IZHD). Hamburg: IZHD, 1989.
Speichert, H.: Null Bock auf Newton, Einstein und Konsorten. Soznat, 1982, S. 3–14.
Spender, D.: Frauen kommen nicht vor. Sexismus im Bildungswesen. Frankfurt/Main: Fischer Taschenbuch, 1985.
Sportpädagogik: Koedukation (Schwerpunktthema). 1984, H. 2.
Srocke, B.: Mädchen und Mathematik. Wiesbaden: Deutscher Universitäts Verlag, 1989.
Stanworth, M: Gender and Schooling. London 1983.
Steedman, J.: Examination Results in Mixed and Single Sex-Secondary Schools. In: Reynolds, D. (Hrsg.): Studying School Effectiveness. London: The Falmer Press, 1985.
Steinhaus, H.: Zur pädagogischen Diskussion um das Problem der Koedukation. In: Speck, J. (Hrsg.): Das Problem „Koedukation“ (Münsterische Beiträge zu pädagogischen Zeitfragen). Münster: Deutsches Institut für wissenschaftliche Pädagogik, 1966.
Strobl, I.: Koedukation macht Mädchen dumm! Ein Plädoyer für Mädchenschulen? Emma, 1981, H. 3, S. 8–13.
Stubbe-da Luz, H.: Emmy Beckmann: „... dem mütterlichen Prinzip in der Welt wieder Raum geben.“ In: Brehmer, I. (Hrsg.): Mütterlichkeit als Profession? Pfaffenweiler: Centaurus, 1990.

Tews, J.: Das Volksschulwesen. In: Schreiber, A. (Hrsg.): Das Buch vom Kinde (II. Band). Leipzig: B. G. Teubner, 1907.
Thiele-Wittig, M. u. I. Litschke: Lehrpläne für den Haushaltsunterricht als Rahmenbedingung für die Förderung oder Behinderung der Gleichstellung der Geschlechter? In: Meyer-Harter, R. (Hrsg.): Hausarbeit und Bildung (Zur Didaktik der Haushaltslehre). Frankfurt/Main: Campus, 1989.
Thöneböhn, F.: Mädchen und Naturwissenschaften/Technik/Neue Technologien. Die Realschule, 1989, H. 5, S. 193–200.

Thomas, H. u. A. Albrecht-Heide: Ungleichheit der Bildungschancen als Faktor der Diskriminierung von Mädchen und Frauen unter besonderer Berücksichtigung des Sekundarschulwesens. Berlin: TU, 1978.

Thomas, R.: Förderung der Chancengleichheit von Mädchen und Jungen in der Berliner Schule (Informationen für Lehrerinnen und Lehrer). Berlin: Senatsverwaltung für Schule, 1990.

Thum-Kraft, M.: Technik ist auch Frauensache. Erziehung und Unterricht, 1989, H. 2, S. 110–117.

Tidick, M.: Naturwissenschaft und Technik – Nichts für Mädchen? Die Höhere Schule, 1987, H. 7, S. 222–230.

Tobel, K.: Geschlechtsgetrennte Lerngruppen in Naturwissenschaften. Hamburg macht Schule, 1989, S. 1.

Tornieporth, G.: Studien zur Frauenbildung. Weinheim: Beltz, 1979.

–: Rollenklischees in der Schulausbildung: Beispiel Arbeitslehre. In: Kuhn, A. u. G. Tornieporth (Hrsg.): Frauenbildung und Geschlechtsrolle. Gelnhausen: Burkhardthaus-Laetare Verlag, 1980.

Traebert, W. E. (Hrsg.): Technik als Schulfach (Bd. 3: Lehren und Lernen im Technikunterricht). Köln: VDI-Verlag, 1980.

– (Hrsg.): Technik als Schulfach (Bd. 4: Naturwissenschaft und Technik im Unterricht). Köln: VDI-Verlag, 1981.

Trautner, H. M., Hoppe-Graff, S., Wethkamp, B. u. A. Lohaus: Geschlechtsunterschiede beim Lösen von Raumvorstellungsaufgaben mit unterschiedlicher Aufgabenstruktur. Z. f. Differentielle und Diagnostische Psychologie, 1985, H. 2, S. 51–63.

Treuge, M.: Die Gemeinschaftserziehung vom Standpunkt der Schule. Die Frau, 1913, H. 5, S. 257–266.

Underwood, G. u. M. McCaffrey: Gender Differences in a Cooperative Computer-based Language Task. Educational Research, 1990, H. 1, S. 44–49.

Valtin, R. u. R. Kopffleisch: „Mädchen heulen immer gleich“ – Stereotypen bei Mädchen und Jungen. In: Valtin, R. u. U. Warm (Hrsg.): Frauen machen Schule. Frankfurt/Main 1985.

– u. U. Warm (Hrsg.): Frauen machen Schule (Probleme von Mädchen und Lehrerinnen in der Grundschule). Frankfurt/Main: Arbeitskreis Grundschule, 1985.

Vermehren, I.: Mädchenerziehung und was man dafür sagen kann! Engagement, 1986, H. 2, S. 113–119.

Völger, G. u. K. v. Welck (Hrsg.): Männerbande – Männerbünde (Zur Rolle des Mannes im Kulturvergleich – Ausstellungskatalog). Köln: Rautenstrauch-Joest-Museum, 1990.

Vogt, H.: Lernziel: Gleichberechtigung (Hinweise und Anregungen für Schule und Unterricht). Hamburg: Leitstelle Gleichstellung der Frau, 1986.

Wagenschein, M.: Verstehen lehren. Weinheim: Beltz, 1989.
–: Kinder auf dem Wege zur Physik. Weinheim: Beltz, 1990.
Wagner, A. (Hrsg.): Bewußtseinskonflikte im Schulalltag. Weinheim: Beltz, 1984.
Wawrzyniak, K.: Grundfragen der Koedukation (Ein Beitrag zur Pädagogik der Rolle der Geschlechter (Beih. 9, Schule und Psychologie). München: Ernst Reinhardt Verlag, 1959.
Weber, A.: Ernest et Célestine, musiciens des rues. Feminin – Maskulin, 1989, Friedrich Jahresheft VII, S. 130–133.
Weinbach, I.: Das Verhältnis von Mädchen zu den naturwissenschaftlichen Fächern – Abriß der Forschungssituation. Empirische Pädagogik, 1988, H. 2, S. 105–125.
Weirich, H.-J.: Der Normalfall ist eingekehrt. Engagement, 1986, H. 2, S. 139–150.
Weltner, K. u. a.: Das Interesse von Jungen und Mädchen an Physik und Technik. NiU – P/C, 1978, H. 27, S. 321–325.
Weschke-Meißner, M.: Der stille Beitrag der Mädchen zur Schulkultur. Die deutsche Schule, 1990, 1. Beih., S. 89–96.
Wientzek, C.: Computerprojekt für Mädchen einer 9. Klasse Hauptschule (Projektbericht und Materialentwicklung). Weinheim: Freudenberg Stiftung, 1990.
Wildt, C. u. G. Naundorf: „Der Streit um die Koedukation". In: K. Hurrelmann u. a. (Hrsg.): Koedukation – Jungenschule auch für Mädchen? (Alltag und Biografie von Mädchen 14). Opladen: Leske + Budrich, 1986.
Wodak, R.: Geschlechtsspezifische Unterschiede in der Aufsatzgestaltung. Unterrichtswissenschaft, 1985, H. 1, S. 30–41.
Wollenweber, H.: Frauen im Beruf – Mädchen und naturwissenschaftlich-technische Bildung. Die Realschule, 1989, H. 9, S. 348–351.
Wychgram, J.: Gymnasialbildung der Mädchen. In: Schreiber, A. (Hrsg.): Das Buch vom Kinde (II. Band). Leipzig: B. G. Teubner, 1907.

Ziehen, J.: Höhere Knabenschulen. In: Schreiber, A. (Hrsg.): Das Buch vom Kinde (Bd. II). Leipzig: B. G. Teubner, 1907.
Zinnecker, J.: Sozialgeschichte der Mädchenbildung (Zur Kritik der Schulerziehung von Mädchen im bürgerlichen Patriarchalismus). Weinheim: Beltz, 1973.
–: Emanzipation der Frau und Schulausbildung. Weinheim: Beltz, 1978.
Zumbühl, U.: Learning English and Sexism. In: Brehmer, I. (Hrsg.): Sexismus in der Schule. Weinheim: Beltz, 1982.
Zymek, B.: Der Strukturwandel des höheren Mädchenschulsystems in Preußen 1908–1941. ZfPäd, 1988, H. 2, S. 191–203.

# REGISTER